DIE SALZBURGER FESTSPIELE
BAND I

In Zusammenarbeit mit der
Max-Reinhardt-Forschungs- und Gedenkstätte
und den Salzburger Feststpielen,
mit Unterstützung des Vereins der
»Freunde der Salzburger Festspiele«

© 1990 Residenz Verlag, Salzburg und Wien
Alle Rechte, insbesondere das des auszugsweisen Abdrucks
und das der photomechanischen Wiedergabe, vorbehalten
Printed in Austria by Druckhaus Nonntal Ges.m.b.H., Salzburg
ISBN 3-7017-0630-1

Die SALZBURGER FESTSPIELE

BAND I
1920–1945

Ihre Geschichte in Daten, Zeitzeugnissen und Bildern

EDDA FUHRICH
GISELA PROSSNITZ

Residenz Verlag

Vorwort

Die Salzburger Festspiele sind als Ereignis von außerordentlichem künstlerischen Rang längst zu einer kulturellen Institution von Weltwirkung geworden. Ihre programmatische Sinngebung, historische Entwicklung und jeweils zeitgemäße Erscheinungsform haben in Pro und Contra immer wieder zu Diskussionen Anlaß gegeben, haben stets aufs neue die Frage nach ihrem ideellen Standort provoziert. Im Mittelpunkt steht dabei vorzugsweise das vielbewunderte Phänomen, wie sich das unleugbare, unverwechselbare Ambiente der traditionsreichen Stadt mit künstlerischen Ereignissen von höchstmöglicher Qualität verbindet, wobei, in breitgefächerter Auswahl, auserlesene Werke der Musik und der Dichtung in optimaler Besetzung vor einem internationalen Publikum aufgeführt werden.

Dazu kommt die fundamentale, auch in neuester Zeit wieder beschworene humanitäre Grundidee eines »Friedenswerkes«: Einst, nach dem Ersten Weltkrieg, erwuchs aus dem unerschütterlichen kulturellen Sendungsbewußtsein eines – wenn auch klein gewordenen – Österreich der Gedanke eines Festes, das von Alltag und Realität abgehoben, Menschen über alle Grenzen hinweg im Zeichen der Kunst zusammenführen sollte. Was damals die Festspielinitiatoren visionär konzipiert haben, hat nichts an Aktualität verloren, ebensowenig wie die Tatsache, daß es – trotz der so gerne strapazierten »Programmatik« – vor allem herausragende Künstlerpersönlichkeiten waren, die den Festspielen ihr Profil gaben.

Die Überlegungen rund um die Salzburger Festspiele fanden ihren Niederschlag in einer Flut von Schriften, deren Bogen sich vom dichterisch Verklärenden und geistreich Essayistischen über kritisch Bewertendes bis zum plakativ Werbenden spannt. Feste und Glanz spiegeln sich darin ebenso wie herbe Kritik an der »ästhetisierenden Kulturinsel«, wie man Salzburg auch immer wieder nennt.

Für die Dokumentation der siebzigjährigen Geschichte der Salzburger Festspiele wurde hier erstmals die Form einer Chronik gewählt, die in einer klar überschaubaren und detailreichen Gliederung einen Rückblick auf die künstlerischen Ereignisse wie auch auf die sie begleitenden und mitbestimmenden Faktoren – die politischen, wirtschaftlichen, organisatorischen und legistischen Hintergründe – vermittelt. Das Ereignishafte jedes einzelnen Festspielsommers wird als Summe der gebotenen Veranstaltungen betont, reflektiert aber gleicherweise die von Jahr zu Jahr dafür zu leistende Arbeit: Stets geht es von neuem um das Zusammenwirken aller beteiligten Kräfte – beginnend mit den künstlerischen Aspekten der Spielplangestaltung und Besetzung, über die administrativen Belange wie Budgetierung und Engagementverhandlungen, bis zur tatsächlichen Durchführung, ihre Aufnahme bei Publikum und Kritik und ihre effiziente Vermarktung. Auch den wechselnden staatlichen und ökonomischen Konstellationen wird immer wieder Rechnung getragen, ebenso wie den verschiedenen inneren Kontroversen und den Angriffen und Widerständen von außen.

Die angeführten Daten, Fakten und Dokumente – gewonnen aus einer Fülle gesichteter Archivalien aus öffentlichen und privaten

Sammlungen des In- und Auslandes – sprechen für sich, machen oftmals darüber hinaus bisher undurchschaubare Zusammenhänge erkennbar und lassen vieles in einem neuen Licht erscheinen. Das vielfältige Material – manches davon bislang noch nicht zugänglich – besteht aus Programmschriften, Aufrufen, Memoranden und Reformvorschlägen, aus Verwaltungsakten, Protokollen, Verträgen, Gesetzesentwürfen und Statistiken, aus Bauplänen zu den verschiedenen Spielstätten, ferner aus Briefen, Tagebuchaufzeichnungen und Memoiren, Zeitungsmeldungen und Kritiken. Dazu kommt eine Auswahl besonders bezeichnender, zum Teil bisher ebenfalls unveröffentlichter Bilder – Szenen-, Proben- und Rollenfotos, Aufnahmen von den Veranstaltungsorten und private Schnappschüsse von Mitwirkenden und Publikum – aber auch Karikaturen und Faksimiles, die den Text illustrieren und ergänzen.

Über die sachliche Information hinaus eröffnen diese Zeitzeugnisse interessante und amüsante Einblicke in das gesellschaftliche und touristische Leben der Festspielstadt, die von drei Gruppen beherrscht wird: den Künstlern, dem internationalen Publikum – vom prominenten Staatsmann bis zum begeisterten Fan – und nicht zuletzt der Salzburger Bevölkerung, die durchaus ambivalent auf die jährliche Inbesitznahme ihrer Stadt durch die zahlreichen Besucher reagiert.

Der hier vorliegende erste Teil des zweibändigen Werkes umfaßt die Vorgeschichte der Salzburger Festspiele und die Jahre 1920 bis 1945, also die Zeit bis zum Ende des Zweiten Weltkriegs. Der Anhang bringt neben einem Personen- und Stückregister eine Auflistung der Schauspiel-, Opern- und Ballettinszenierungen mit der Angabe ihrer Aufführungszahl.

Salzburg/Wien, Februar 1990

Edda Fuhrich
Gisela Prossnitz

Vorgeschichte

Die Wende vom 18. zum 19. Jahrhundert bringt Salzburg einschneidende politische Veränderungen. Der Reichsdeputations-hauptschluß vom 25. 2. 1803 verwandelt das geistliche Fürstentum Salzburg in ein weltliches Kurfürstentum. Durch den Frieden von Preßburg im Jahr 1805 kommt Salzburg an Österreich, 1809 gerät das Land unter französische Verwaltung, um bereits ein Jahr darauf an Bayern abgegeben zu werden. Am 1. 5. 1816 kommt Salzburg endgültig an Österreich.

Diese kriegerisch und politisch so bewegte Zeit bleibt nicht ohne Auswirkung auf das kulturelle Leben. Die Stadt verliert auf künstlerischem Gebiet für Jahrzehnte an Bedeutung. Den Anstoß zu einem neuen kulturellen Aufschwung gibt 1842 die Enthüllung des Mozart-Denkmals von Ludwig Schwanthaler vor dem Regierungsgebäude. Das damit verbundene erste Mozart-Fest sowie zwei weitere (1852 und 1856) werden von dem 1841 initiierten »Dommusikverein und Mozarteum« durchgeführt, mit dem Anliegen, durch musikalische und gesellschaftliche Darbietungen das Andenken an W. A. Mozart in der Öffentlichkeit zu ehren und seine Musik zu pflegen. 1870 wird die »Internationale Mozart-Stiftung« gegründet, die ab 1880, nunmehr unter der Bezeichnung »Internationale Stiftung Mozarteum«, gemeinsam mit dem, vom »Dommusikverein« getrennten, »Mozarteum« die bisher stark lokalgebundene Mozart-Pflege in internationale Bahnen lenkt. Die Veranstaltungen von acht Salzburger Musikfesten, die zwischen 1877 und 1910 in unregelmäßigen Abständen jeweils einige Tage im Juli oder August stattfinden, bringen bedeutende Persönlichkeiten des Musiklebens nach Salzburg. Dirigenten wie Karl Muck, Felix Mottl, Hans Richter, Gustav Mahler und Richard Strauss leiten die Opern- und Konzertaufführungen. Mitwirkende sind die Wiener Philharmoniker und so namhafte Sänger wie Lilli Lehmann, Marie Gutheil-Schoder, Geraldine Farrar, Francesco d'Andrade, Leo Slezak und Richard Mayr.

1887 regt Hans Richter alljährliche Mozart-Festspiele und den Bau eines Mozart-Festspielhauses in Salzburg nach Bayreuther Vorbild an. 1890 konstituiert sich ein »Actions-Comité«, die Theaterarchitekten Helmer und Fellner präsentieren Baupläne für ein Opernhaus auf dem Mönchsberg und in der Broschüre »Das Mozartfestspielhaus in Salzburg« ist ein Programm mit mustergültigen Aufführungen von Mozart-Opern, ergänzt durch die Pflege klassischer Opernwerke, unter Mitwirkung ausgewählter Kräfte verschiedener Bühnen festgelegt.

Diese Projekte werden ebensowenig realisiert wie die Idee von Hermann Bahr und Max Reinhardt, ihrem geplanten »Vier-Städte-Theaterverband« Salzburg anzugliedern und für den Sommer 1904 das Stadttheater zu pachten, um außerhalb der Spielzeit einem zahlungskräftigen Reisepublikum außergewöhnliche Schauspiel- und Ballettvorstellungen mit so hochkarätiger Besetzung wie Eleonora Duse, Kräften des Berliner Reinhardt-Ensembles und Isadora Duncan zu bieten. Auch in den kommenden Jahren greifen sie den Salzburger Festspielplan immer wieder auf, Henry van de Velde ist als Architekt eines Festspielhauses vorgesehen, für das Hugo von Hofmannsthal und dessen Freund, Harry

Graf Kessler, die finanziellen Mittel beschaffen wollen.

1910 konzentriert sich mit der Grundsteinlegung für das Mozarteums-Gebäude das Interesse der »Internationalen Stiftung Mozarteum«, die auch Mozarts Geburtshaus erwerben will, auf den Bau dieses Hauses. Der Jurist Dr. Friedrich Gehmacher – Direktor der Arbeiter-Unfall-Versicherungsanstalt Salzburg und Zentralvorsteher der Internationalen Mozart-Gemeinde – sieht darin jedoch nur eine Zwischenlösung für ein Festspielhaus. Im Oktober 1913 stellt er an die Stiftung den Antrag zur Abhaltung regelmäßiger, mindestens einen Monat im Jahr dauernder Festspiele. Weiters fordert er ein den künstlerischen Bedürfnissen entsprechendes Festspielhaus und die Einrichtung einer ständigen Festspielleitung, die berufsmäßig die Agenden der Festspiele führt.

Auch nach Ausbruch des Ersten Weltkriegs und Fertigstellung des Mozarteums (1914) verfolgt Gehmacher konsequent seine Pläne. 1916 glauben er und der Wiener Musik- und Theaterkritiker Heinrich Damisch, unterhalb der Wallfahrtskirche Maria Plain den geeigneten Festspielhaus-Bauplatz gefunden zu haben. Die Initiative ergreift nun Damisch, der in Wien die Gründung einer Festspielhaus-Gemeinde einzuleiten beginnt und interessierte Persönlichkeiten aus Kunst und Wirtschaft in einer Ortsgruppe vereinigen kann.

Heftiger Widerstand kommt von den Mitgliedern des Mozarteums, allen voran von Lilli Lehmann, die sich um die Stiftung und die Musikfeste besonders verdient gemacht hat. Über die Gründe schreibt Gehmacher an Damisch am 28. 8. 1916:

»1. Die Besorgnis, daß darunter die Aktion ›Ankauf von Mozarts Geburtshaus‹ Schaden leiden könnte. 2. Die Besorgnis, daß darunter die Musikfeste in ihrem Geiste, ihrem Ansehen und ihrer patriarchalisch-würdevollen Durchführung beeinträchtigt werden könnten. Hiezu kommt noch die Anschauung, daß das Festspielhaus-Unternehmen so große Mittel (moralisch und physisch) erfordert, daß an die Durchführung nicht zu denken ist.« (Oskar Holl: Dokumente zur Entstehung der Salzburger Festspiele, S. 158)

Da keine Einigung möglich scheint, schlägt Damisch Mitte Oktober 1916 die Trennung zwischen Mozarteum und Festspiel-Idee vor, um diese nun auf eine eigene, unabhängige Basis zu stellen.

1917

Vorbereitung der organisatorischen Form

Januar/Februar

Heinrich Damisch und der Wiener Rechtsanwalt Dr. Arthur Schey arbeiten die organisatorischen Unterlagen für die Vereinsbildung aus.

28. April

Damisch reicht die Statuten beim k.k. Ministerium des Inneren mit der Bitte um Genehmigung des Vereins ein.

Max Reinhardts »Denkschrift zur Errichtung eines Festspielhauses in Hellbrunn«

April

Max Reinhardt übermittelt von Berlin aus der Generalintendanz der k.k. Hoftheater in Wien eine »Denkschrift zur Errichtung eines Fest-

spielhauses in Hellbrunn«. Darin verweist er
auf die Notwendigkeit und Bedeutung von
Salzburger Festspielen, betont ihre Aufgabe
»als erstes Friedenswerk« sowie ihre ökonomischen Möglichkeiten und fordert ein Programm auf breiter Basis. (Vgl. ÖNB/ThS-Re
30/679/3)
26. April
Reinhardts Denkschrift wird, noch bevor die
beiden Direktoren der Hoftheater dazu Stellung nehmen können, »ad acta« gelegt.

Gründung des Vereins »Salzburger Fest-
spielhaus-Gemeinde« (= SFG)

14. Juni
Mit Erlaß des k.k. Ministeriums des Inneren
werden die Satzungen des Vereins »Salzburger Festspielhaus-Gemeinde« genehmigt:
Der Sitz des Vereins ist Wien. Der Finanzaus-
schuß und die Zentralkassastelle befinden sich
»als dem Bauort zunächst« in Salzburg. Als
Zweck des Vereins führen die Statuten unter
anderem an: »Die Beschaffung der Mittel zur
Erbauung eines Festspielhauses in der Nähe
von Salzburg oder in der Stadt Salzburg zur
Abhaltung geistlicher und weltlicher Festspiele« und »die Schaffung eines Fonds zur
dauernden Instandhaltung dieses Festspielhauses«. (ASF)
Der Verein setzt sich aus dem Hauptverein in
Wien, einem Zweigverein in Salzburg und
auswärtigen Ortsgruppen zusammen. Ordentliche Mitglieder können sein: Stifter, die einen
einmaligen Betrag von 50.000 Kronen zahlen, Gründer mit einer einmaligen Beitrags-
leistung von 10.000 Kronen sowie fördernde
und unterstützende Mitglieder, die jährlich 100 Kronen bzw. 10 Kronen entrichten.
Im Direktorium sind angesehene Persönlichkeiten aus Kunst-, Finanz-, Industrie- und
Gesellschaftskreisen vertreten.
1. August
Das Wiener und das Salzburger Proponenten-
komitee finden sich im Richard-Wagner-Saal
im Musikvereinsgebäude in Wien zur Gründung des Vereins der SFG ein.

Dr. Friedrich Gehmacher (1866—1942)

Heinrich Damisch (1872—1961)

Verein
Salzburger Festspielhaus·Gemeinde

Gegründet am 1. August 1917

Sitz in Wien, I. Giselastraße 12, Gebäude der Gesellschaft der Musikfreunde

Der Verein bezweckt die Errichtung von **Festspielhaus-Bauten in Salzburg** zur Abhaltung von internationalen musikalischen und dramatischen Festspielen weltlichen und geistlichen Inhalts unter Führung der deutschen Kunst

Präsidium der Direktion: Alexander Thurn-Taxis (Wien) Präsident; Direktor **Friedrich Gehmacher** (Salzburg) I. Vizepräsident; Dr. **Karl Wiener** (Wien) Präsident d. R. d. Staatsakademie für Musik und darstellende Kunst, betraut mit der Funktion als II. Vizepräsident; Redakteur **Heinrich Damisch** (Wien) geschäftsführendes Direktionsmitglied; Direktor **Emil Ronsperger** (Wien) Finanzreferent; Landes-Oberrechnungsrat **Arthur Sacher** (Salzburg) Zentralkassier; Oberstleutnant d. R. **Adolf Frank** (Salzburg) Hauptschriftführer; **Georg Jung** (Salzburg) Zentralvorsteher der Ortsgruppen

In die Direktion entsendete Regierungsvertreter: Sektionsrat Dr. **Karl Kobald** vom Staatsamt für Inneres und Unterricht; Sektionsrat Dr. **Gustav Huber** vom Staatsamt für Verkehrswesen; Oberbaurat Ing. **Gustav Gelse** vom Staatsamt für Handel und Gewerbe, Industrie und Bauten

Kunstrat: Dr. **Hugo Hofmannsthal** (Wien), Professor **Max Reinhardt** (Berlin), Hofrat Prof. **Alfred Roller** (Wien), Direktionsmitglied Operndirektor Prof. **Franz Schalk** (Wien), Operndirektor Dr. **Richard Strauß** (Wien)

Vorstände der Zweigvereine: Direktionsmitglied Generaldirektor Dr. **Siegmund Stransky,** Zweigverein Wien; Direktionsmitglied Direktor **Friedrich Gehmacher,** Zweigverein Salzburg

Sekretariate: Wien: I. Giselastraße 12 (Karlsplatz 6), Musikvereinsgebäude. Salzburg: Churfürstenstraße 1, Residenzgebäude

Auszug aus den Satzungen

§ 8 Ordentliche Mitglieder. I. Gruppe: a) **Stifter,** welche ein für allemal einen Betrag von K 50.000'— erlegen, b) **Gründer,** welche ein für allemal einen Betrag von K 10.000'— erlegen, c) **Förderer,** welche ein für allemal einen Betrag von K 2000'— erlegen, d) **Spender,** welche ein für allemal einen Betrag von K 1000'— erlegen

II. Gruppe: e) **Fördernde Mitglieder** mit einem jährlichen Beitrag von mindestens K 100'—, f) **Unterstützende Mitglieder** mit einem jährlichen Beitrag von mindestens K 10'—, g) **Ortsgruppen** als solche, welche einen Gesamtbeitrag von mindestens K 100'— jährlich leisten. (Ortsgruppen-Einzelbeitrag für **werbende Mitglieder** K 5'—)

Der Verein gibt monatlich eine eigene Kunstzeitschrift „Mitteilungen der Salzburger Festspielhaus-Gemeinde", heraus, welche sich mit allen einschlägigen künstlerischen und literarischen Fragen befaßt und die laufenden Vereinsangelegenheiten behandelt. Hauptschriftleiter: **Heinrich Damisch,** Wien, I. Giselastraße 12. Bezugspreis für Mitglieder jährlich K (Mk.) 10'—, für Nichtmitglieder jährlich K (Mk.) 15'—, Einzelnummer K (Mk.) 1'50

Anmeldungen als Mitglied und Abonnements der „Mitteilungen" werden täglich mündlich oder schriftlich angenommen in den Sekretariaten der Salzburger Festspielhaus-Gemeinde, Wien, I. Giselastraße 12, und Salzburg, Churfürstenstraße 1

(»Musikblätter des Anbruch«, 1. Februar-Heft, 1920, S. 123)

Oktober
Damisch veröffentlicht den ersten Aufruf der SFG in der Oktobernummer der Wiener Musikzeitschrift »Der Merker«.

Der Salzburger Zweigverein

13. Oktober
Die Salzburger Landesregierung genehmigt die Statuten des Salzburger Zweigvereins (mit Sitz in Salzburg, Dreifaltigkeitsgasse 16; später in der Churfürststraße 1).

7. Dezember
Der Salzburger Zweigverein hält seine Gründungsversammlung ab. Obmann und zugleich Vizepräsident des Gesamtvereins ist Friedrich Gehmacher. Stellvertreter sind der Hotelier Georg Jung und der Kaufmann Richard Bünsch.

27. Oktober
Stefan Zweig kauft das Paschinger-Schlößl auf dem Kapuzinerberg.

1918

Stimmen zum Salzburger Festspielhaus

März
Die SFG bittet hervorragende Künstler zur »Errichtung eines österreichischen Festspielhauses, das im Geiste Mozarts gegründet, der Kunst dienen soll« (»Salzburger Chronik«, 9. 3.), Stellung zu nehmen. Eine Zusammenfassung der Grußadressen so namhafter Persönlichkeiten wie Gerhart und Carl Hauptmann, Siegfried Jacobsohn, Anton Wildgans, Alfred Roller, Felix von Weingartner, Bruno Walter oder Leo Slezak erscheint in verschiedenen Tageszeitungen, die wörtliche Wiedergabe zunächst im Jahresbericht für das erste Vereinsjahr 1917/18, erstellt am 30. 7. 1918, später publiziert unter dem Titel »Kundgebungen zur Errichtung des deutsch-österreichischen Festspielhauses in Salzburg«.

Schloßherr Max Reinhardt

16. April
Max Reinhardt unterzeichnet den Kaufvertrag für Schloß Leopoldskron, das er für die kommenden 20 Jahre zu seinem Sommersitz und Treffpunkt der internationalen Gesellschaft macht.
Über Reinhardts Interesse an Salzburg

schreibt Gehmacher an Damisch am 6. 2.: »Reinhardt hat mir doch schon vor zwei Jahren erklärt, daß er nach Salzburg will und hier mit Freilichtaufführungen beginnen wird. Wir wollen doch durch unseren Verein unter anderem auch verhindern, daß Reinhardt das Festspielhaus baut. Die Freilichtaufführungen kann er machen. Eventuell müssen wir sogar eine Verbindung mit ihm eingehen, nur damit wir einen bestimmten Einfluß auf das Festspielhaus gewinnen und Reinhardt nicht alleine herrschen soll«. (Oskar Holl: Dokumente zur Entstehung der Salzburger Festspiele, S. 172 f.)

Alexander Prinz Thurn und Taxis wird erster Präsident der SFG

15. Mai
In der gründenden Sitzung des Wiener Hauptvereins wird Alexander Prinz Thurn und Taxis zum Präsidenten des Gesamtvereins gewählt.

Vereinsanmeldung an die k. k. Polizeidirektion

17. Mai
Die führenden Positionen sind nun folgen-

dermaßen besetzt: Präsident: Alexander Prinz Thurn und Taxis; erster Vizepräsident: Dr. Friedrich Gehmacher; zweiter Vizepräsident: Karl August Artaria, Präsident der Wiener Konzerthausgesellschaft; Geschäftsführendes Direktoriumsmitglied: Heinrich Damisch; Finanzreferent: Emil Ronsperger, Direktor der Könighofer Zementfabrik AG; Pressereferent: Schriftsteller Rudolf Holzer, Chefredakteur der »Wiener Zeitung«; Zentralvorsteher der Ortsgruppen: Georg Jung aus Salzburg. In die Leitung nominiert sind u. a. Hofopernkapellmeister Franz Schalk, Dr. Karl von Wiener, Präsident der k.k. Akademie für Musik, Hof- und Gerichtsadvokat Dr. Arthur Schey, Generaldirektor Dr. Sigmund Stransky.

In einer undatierten Legende zur Vereinsmeldung an die k.k. Polizeidirektion heißt es unter anderem:»Die Bedeutung des Vereines ist in kultureller und volkswirtschaftlicher Beziehung eine ganz außerordentliche. Er strebt mit dem Baue des österreichischen Festspielhauses die Errichtung einer Welt-Kunstzentrale auf österreichischem Boden an. Das österreichische Kunstleben soll den ihm gebührenden ersten Platz im internationalen Kunstleben einnehmen. Das österreichische Festspielhaus, in dem die Meisterwerke aller Nationen auf dem Gebiete der Oper, des Schauspiels und Oratoriums in festlichen Musteraufführungen zur Darstellung gelangen und zu besonderen Zeiten die geistliche Kunst wiedererweckt und gepflegt werden wird, soll nach dem Kriege die Annäherung der Völker durch die versöhnende und bezwingende Macht der Kunst anbahnen und fördern.« (ASF)

Das »allerhöchste Protektorat«
14. Juni
Der Verein wendet sich an Karl I., Kaiser von Österreich, mit der Bitte, daß »Eure kaiserliche und königliche Apostolische Majestät, unser Allergnädigster Kaiser und Herr, huldvollst geruhen wollten, das Allerhöchste Protektorat über denselben zu übernehmen.« (ASF / Brief SFG an Kaiser Karl I. vom 14. 6.)

Die »Mitteilungen der Salzburger Festspielhaus-Gemeinde« erscheinen von Juli 1918 bis Dezember 1922.

»Mitteilungen der SFG«
1. Juli
Die erste Nummer der »Mitteilungen der Salzburger Festspielhaus-Gemeinde« erscheint. – Die 32 Hefte, die bis Dezember 1922 in unregelmäßigen Abständen heraus-

Zahlschein für ein Abonnement der »Mitteilungen der Salzburger Festspielhaus-Gemeinde«

kommen, bringen neben Vereinsmitteilungen Aufsätze über das Festspielhaus in Salzburg, allerlei Wissenswertes auf dem Gebiet der Musik und des Theaters, Beiträge über Komponisten, Dramatiker und Sänger, zu Aufführungsfragen, darunter ein Artikel des damals erst 17jährigen Oscar Fritz Schuh »Zur Inszenierung der Zauberflöte« (IV. Jahrgang, Heft 9/10, 1921). Der Titelblattentwurf der Hefte des II. Jahrganges der Mitteilungsblätter stammt von dem Salzburger Maler Georg Jung, Besitzer des renommierten Hotels de l'Europe und Direktoriumsmitglied der SFG.

Wichtige Versammlungen
30. Juli
Erste ordentliche Generalversammlung des Hauptvereins Wien mit 117 Mitgliedern.
3. August
Erste ordentliche Generalversammlung des Zweigvereins Salzburg mit 288 Mitgliedern.

Ein Kunstrat wird gewählt
14. August
Das Direktorium hält im Hotel de l'Europe seine erste Sitzung ab. Auf der Tagesordnung steht unter anderem der Antrag von Heinrich Damisch, einen mehrgliedrigen Kunstrat für künstlerische Fragen und programmatische Direktiven einzusetzen. Als Mitglieder ist an Max Reinhardt, Franz Schalk und Richard Strauss gedacht. Ferdinand Künzelmann, Direktoriumsmitglied aus Salzburg, berichtet über seine vorfühlenden Gespräche mit Max Reinhardt, daß dieser »mit größtem Interesse die Tätigkeit der Salzburger Festspielhaus-Gemeinde verfolgt, sich an deren Arbeit in entsprechender Weise zu betätigen wünscht und die Angelegenheit als vertraulich, aber auch als dringlich zu einer Entschließung gebracht sehen möchte, da ihm mehrere ähnliche Projekte des Auslandes vorliegen, er jedoch persönlich für Salzburg entscheiden will«. (ASF/Direktoriumssitzungsprotokoll vom 14. 8.)
15. August
Der Gesamtverein hält seine erste ordentliche Generalversammlung unter dem Vorsitz von Vizepräsident Artaria im Marmorsaal von Schloß Mirabell ab. Die jeweils neun vom Hauptverein Wien und vom Zweigverein Salzburg gewählten Mitglieder des Direktoriums werden bestätigt, der Kunstrat beschlossen und die Berufung von Reinhardt, Strauss und Schalk eingeleitet. Rudolf Holzer hält die Festrede zum Thema »Die Festspiel-Idee«. Am Nachmittag findet die Begehung der möglichen Bauplätze für das Festspielhaus statt, abends besuchen die Sitzungsteilnehmer ein Festkonzert im Mozarteum.

Ein neues Projekt Max Reinhardts
September
Inzwischen entwickelt Reinhardt mit Hofmannsthal ein Konzept, das ihm einen möglichst weitreichenden Einfluß auf die Festspiele sichern soll. Hofmannsthal gewinnt dafür seinen Freund Leopold von Andrian, Generalintendant der k. k. Hoftheater. Demnach

Max Reinhardt (1873—1943)

Franz Schalk (1863—1931)

Richard Strauss (1864—1949)

sollen die Festspiele offiziell von der Generalintendanz übernommen werden und Reinhardt als artistischer Leiter nur dieser gegenüber weisungsgebunden sein. Die von ihm
durchgeführten Festaufführungen, die durch
Konzerte, Gastspiele der Wiener Oper und
anderer Kunstinstitute ergänzt würden, könnten in den Hoftheatern nachgespielt werden.
Der SFG käme eine Ehrenfunktion zu. Andrian gelingt es, die Zustimmung des Kaisers
zu »österreichischen, den Hoftheatern ver-
bundenen Festspielen in Salzburg unter der
Leitung Reinhardts« (Josef Kaut: Festspiele
in Salzburg, S. 20) zu erhalten. Der Zusammenbruch der österreichisch-ungarischen
Monarchie – die Unterzeichnung des Waffen-
stillstands zwischen Österreich-Ungarn und
der Entente am 3. 11., der Rücktritt Kaiser
Karls I. am 11. 11. und die Ausrufung der Republik Deutschösterreich am 12. 11. – heben
diese Anordnung des Kaisers auf.

15. November
Franz Schalk wird Direktor der Wiener Oper.

Ein Festspielhausprojekt für die Aren-
berggründe
Dezember
Der Salzburger Architekt Martin Knoll stellt
im Rahmen einer Gemäldeausstellung im
Salzburger Künstlerhaus sein Festspielhausprojekt für die Arenberggründe vor: ein Gebäude auf dem ansteigenden Gelände des
Bürglsteins »mit der Hauptachse Richtung
Altstadt, so daß der erhöht gelegene Bau, der
nicht für den Massenbesuch, sondern als vor-
nehmes Theater gedacht ist, das Stadtbild
nach Süden abschließt«. (»Salzburger Volksblatt«, Jubiläumsausgabe, 1930, S. 19) – Bei
diesem Projekt handelt es sich um eine rein
akademische Studie, die Knoll während eines
dreimonatigen Fronturlaubs an der Wiener
Akademie der bildenden Künste in der Spe-
zialschule für Architektur bei Professor Leopold Bauer erarbeitet und für die er den Gun-
delpreis erhalten hat.

1919

Schloß und Park Hellbrunn sollen in den
Besitz der Stadt Salzburg übergehen
Januar
In den »Mitteilungen der Salzburger Festspielhaus-Gemeinde« (II. Jahrgang, Heft 1,
1919) wird vermerkt, daß im Rahmen des Ge-
setzesentwurfes über die Verwendung des
»Hofärarischen Vermögens des Hauses Habs-
burg-Lothringen« Schloß und Park Hellbrunn der Stadt Salzburg zur Verfügung gestellt werden sollten. – Hellbrunn zählte zu
den Krongütern. Die Verwaltung des Hof-
ärars spricht Hellbrunn jedoch dem Kriegsge-
schädigtenfonds zu. Erst 1922 geht Hellbrunn
in das Eigentum der Stadt Salzburg über.

Finanzenquete – Der Staat soll mitfinan-
zieren
21. Januar
Vizepräsident Artaria beruft eine Finanzen-
quete im Wiener Musikverein ein. Anwesend
sind Vertreter des Direktoriums, des Kunstrates, der Staatsämter für Unterricht, für öffentliche Arbeiten sowie für Verkehrswesen
und Vertreter führender Finanzinstitute. Da
sich der Verein bisher nur durch Mitgliedsbeiträge erhalten konnte, denkt die SFG nun
auch an eine regelmäßige Förderung aus öf-
fentlicher Hand, um den Festspielhausbau
realisieren zu können.

Hugo von Hofmannsthal (1874—1929)

Alfred Roller (1864—1935)

7. März
Die SFG richtet an das Staatsamt für Unterricht ein Subventionsansuchen »um Bewilligung einer jährlichen Subvention von 500.000 Kronen auf die Dauer von 18 Jahren für den Bau des deutsch-österr. Festspielhauses in Salzburg«. In einer Befürwortung der Salzburger Landesregierung vom 21. 6. ergeht die Bitte, angesichts der kritischen Finanzlage wenigstens »eine jährliche Subvention von 40.000 Kronen zur Deckung der Bureauspesen zu gewähren«. (VA/BMU 13050/19)

Der Kunstrat wird erweitert
Februar
Der Kunstrat wird durch Beiziehung Hugo von Hofmannsthals und des Architekten und Bühnenausstatters Alfred Roller erweitert.

Dringlichkeit des Festspielhausbaues
21. Februar
Das »Salzburger Volksblatt« bringt einen Artikel über die Notwendigkeit einer raschen Errichtung des Festspielhauses, da Zürich ein »Musikfestspiel« für 20 Millionen Franken schaffen wolle, mit Max Reinhardt als künstlerischem Leiter.

Erwin Kerber wird Sekretär der SFG
5. Mai
In der Ausschußsitzung des Zweigvereins Salzburg wird Dr. Erwin Kerber zum Sekretär bestellt. (Er behält diese Funktion bis 1926. Von 1926 bis 1929 ist er Generalsekretär und von 1929 bis zu seinem plötzlichen Tod im Jahr 1943 Direktor der Salzburger Festspiele.)

Rollers »programmatische Unterlage« für ein Festspielhaus in Hellbrunn
28. Mai
Bei einer Besprechung der Direktoriums- und Kunstratsmitglieder legt Alfred Roller ein Bauprogramm für ein Festspielhaus im Hellbrunner Schloßpark vor, das prinzipielle Zustimmung findet und fortan als programmati-

diese für Festspielaufführungen zur Verfügung zu stellen und »die zur Benützung erforderlichen Bauherstellungen vorzunehmen«. (LA/HS 550)

15. Juli
Der Mietvertrag zwischen der Stadtgemeinde und der Österreichischen Bundesheeresverwaltung wird abgeschlossen. Am 1. 3. 1923 erfolgt die Transaktion, wodurch der Mietvertrag durch den Transaktionsvertrag aufgehoben wird. (Vgl. ASF/Verhandlungsprotokoll vom 23. 2. 1923)

Festspielhausprojekt bei Wiener Messe
6. Juli
Das »Salzburger Volksblatt« meldet, die SFG werde die Entwürfe und das Modell von Hans Poelzig für das Festspielhaus in Hellbrunn und das Modell von Deininger für die überdachte Sommerreitschule bei der Theatermesse im Rahmen der ersten Wiener Messe im September ausstellen. Fotografien und Aquarelle des Festspielhausplatzes, Fotografien von »Jedermann«-Aufführungen und anderen Veranstaltungen, Fest- und Werbeschriften und die Festnummer der »Modernen Welt«, »Salzburg als Festspielstadt«, ergänzen die Schau. (Die Festnummer enthält Aufsätze bekannter Schriftsteller, Komponisten und Musiker, sowie Zeichnungen von bildenden Künstlern, die an der Festspielidee mitwirken.)

Eigenmächtige Programmgestaltung löst Konflikt zwischen den Wiener und Salzburger Zweigvereinen aus
2. Juli
Das »Salzburger Volksblatt« meldet, das Mozarteum habe vom 1. bis 15. 8. eine »Mozart-Woche« geplant.
6./7. Juli
Die SFG reagiert mit der Bekanntgabe, Festspiele würden vom 2. bis 25. 8. abgehalten, wobei die bereits erwähnte, von Bernhard Paumgartner initiierte »Mozart-Woche« mit Orchester- und Kammerkonzerten, einer Serenade im Hof der Residenz (10. 8.) und der

Dr. Bernhard Paumgartner (1887—1971)

Aufführung des Mozart-Requiems im Dom (12. 8.) vom 2. bis 14. 8. angesetzt sei.
Auf dem Domplatz solle »Jedermann« in der Besetzung des Vorjahres gespielt werden, im Naturtheater des Mirabellgartens »Bastien und Bastienne« unter der künstlerischen Leitung von Anna Bahr-Mildenburg. (Die für den 20., 21. und 23. 8. geplanten Vorstellungen des Mozart-Singspiels werden am 17. 8. wegen »Besetzungsschwierigkeiten und unüberwindlichen technischen Problemen« abgesagt.) Als Veranstaltung des Stadttheaters ist ein Ballettgastspiel mit Tamara Karsavina und Laurent Novikoff vom ehemaligen Kaiserl. russischen Ballett in Petersburg angekündigt (17. bis 19. 8.).
20. Juli
Richard Strauss schreibt Franz Schalk von Garmisch aus, er habe in einem vervielfältigten Rundschreiben an den Wiener Zweigverein gegen die eigenmächtige Programmgestaltung der Salzburger protestiert: »Ich finde

Innenansicht der großen gedeckten Winterreitschule, »Jedermann«-Schauplatz bei Schlechtwetter

es unerhört, daß Werke des von uns gebilligten Programms nicht zur Ausführung kommen konnten, während ohne unsere Zustimmung, aber immer noch anscheinend als Veranstaltung der Festspielgemeinde, teils varieteartige, teils total minderwertige Dilettantenveranstaltungen sich auf das Plakat miteingeschlichen haben und quasi unter unserer Verantwortung gehen.

Ich habe absolut keine Lust, den Protektor für den Kunstschwindel des Herrn Paumgartner abzugeben. Auch für die Regisseurgelüste von Frau Bahr-Mildenburg mußte zum mindesten unsere Zustimmung eingeholt werden.

Welche gemeinsame Stellung zu dieser meines Erachtens nach für das Renommee der künftigen, wirklichen Festspieldarbietungen direkt katastrophalen Angelegenheit wollen wir nun einnehmen und welche Sicherung können wir uns verschaffen, daß das unausbleibliche Riesendefizit des Mozarteums nicht

dem Staate oder der Festspielgemeinde zur Last fällt?« (Strauss/Schalk: Briefwechsel, S. 219)

28. Juli

In einem weiteren Schreiben an Schalk äußert sich Strauss verärgert über die gemeinsame Ankündigung der Veranstaltungen von SFG und Mozarteum auf einem Plakat und droht, aus dem Kunstrat auszutreten, wenn nicht eine genaue Abgrenzung der künstlerischen Kompetenzen erfolge. Schalk schließt sich dieser Meinung an.

»Jedermann« ohne Glockengeläute, bei Scheinwerferlicht und im Film

15.–19. August

Als einzige eigene Veranstaltung der SFG geht wiederum der »Jedermann« auf dem Domplatz in Szene. Diesmal allerdings ohne das Läuten der Kirchenglocken. Fürsterzbischof Rieder muß seine früher gegebene Er-

Frieda Richard (Jedermanns Mutter) und
Alexander Moissi (Jedermann)

Helene Thimig (Gute Werke)

Heinrich George (Mammon). 1920

Werner Krauß (Teufel)

laubnis zurückziehen, da die Bevölkerung gegen den »Mißbrauch ihrer Glocken« für eine Theateraufführung opponiert. Die Proteste reichen von anonymen antisemitischen Beschimpfungen bis zu innerkirchlichen Schwierigkeiten. Über die Proben zur Wiederaufnahme des »Jedermann« schreibt die »Neue Freie Presse« am 4. 8.: »Kinder aus dem Kindererziehungsheim Edmundsburg spielen die Fackelbuben; sie werden von Klosterschwestern zu den Proben geführt, ein Beweis, daß auch kirchliche Kreise den Wert des Spieles voll würdigen. Herren und Damen der Salzburger Gesellschaft wirken beim Gastmahl mit.«

20. August

Als Sensation gilt die sogenannte »Jedermann-Abendvorstellung«, für die innerhalb weniger Stunden und ohne Probe eine komplizierte Lichtanlage installiert wird. Scheinwerfer, Jupiterlampen, farbige Lichter und Fackeln sollen den Effekt der untergehenden Sonne übertrumpfen. Laut Meldung der Linzer »Tagespost« vom 23. 8. gelingt das Experiment nur halb, »die elektrischen Scheinwerfer bockten und zerrissen die poetische Stimmung, [...] das grelle Licht beeinträchtigte durch seine scharfen Schatten das natürliche und ausdrucksstarke Mienenspiel Moissis und machte die grandiose Barockfassade des Domes zum eintönig übertünchten Theaterprospekt«.

Trotz technischer Schwierigkeiten hält die »Salzburger Kunstfilmindustrie A. G.« unter dem Titel »Die Festspiele 1921«, den »Jedermann« im Film fest, zusammen mit Szenen aus dem Ballettgastspiel und Aufnahmen vom »Internationalen Frauenkongreß für Frieden und Freiheit«.

21. August

Die zusätzliche »Jedermann«-Vorstellung für die Salzburger Bevölkerung findet wegen Schlechtwetters in der großen gedeckten Reitschule, bei künstlichem Licht, statt. Laut Besprechung der »Neuen Freien Presse« vom 25. 8. ist die Wirkung hier intim, geschlossen und übersichtlich, während sich die Lichteffekte auf dem Domplatz »in Einzelheiten verloren, zerstreut im ungeheuren Raum«.

»Jedermann« im Dialekt

August

Franz Löser, der Spielansager in Reinhardts Inszenierung, überträgt mit Hofmannsthals Genehmigung den »Jedermann« in die Alltagssprache des Salzburger Flachgaues. Alle Figuren sprechen im Dialekt, ausgenommen der Herr, Tod, Mammon, Glaube, Teufel und seltsamerweise auch der Gute Gesell, hier Jedermanns Kumpan. Die Rolle des Schuldknechts ist gestrichen, dafür wird ein Weib von Gendarmen abgeführt. Dasselbe Weib tritt im zweiten Teil des Stückes als Werke auf und spricht ebenfalls im Dialekt. Um den Sinn der Handlung leichter verständlich zu

Franz Löser (Spielansager)

machen, verlegt sie Löser in die Gegenwart, in ländliche Umgebung. Aus dem Patrizier-Jedermann ist ein reicher Bauer geworden, aus der Buhlschaft eine junge Bäuerin. – Diese Dialektfassung wird ab 1922 mit Unterbrechungen in Mondsee als »Mondseer Jedermann« und seit 1955, ebenfalls mit Unterbrechungen, in Faistenau als »Faistenauer Jedermann« von Laien gespielt.

Programmvorschläge für 1922
16. August

Um Verstimmungen über ein verspätet erstelltes und nur halb durchgeführtes Programm vorzubeugen, werden bereits jetzt in der vierten ordentlichen Generalversammlung der SFG Programmvorschläge für 1922 bekanntgegeben, und zwar: zehn Aufführungen von Calderons »Welttheater« in der Kol-

Der
Jedermann

Eine
Übertragung von
Hugo Hofmannsthals
Jedermannspiel in den Dialekt durch
Franz Löser
mit Genehmigung des
Dichters

Gedruckt im Auftrag und zugunsten des Landesverbandes der Kriegsopfer Salzburgs in Kommissionsverlag bei
E. Richter's Nachfolger (M. Mora)
Buch- und Kunsthandlung, Salzburg.

Zaunrith'sche Buch- und Kunstdruckerei, Salzburg

legienkirche unter Reinhardt, drei oder vier »Jedermann«-Aufführungen, zwei oder drei große Konzerte der Wiener Philharmoniker. Als Staatsopernvorstellungen dreimal »Così fan tutte«, dreimal »Don Juan« und »Ariadne auf Naxos«; wobei »Ariadne«, mit Zustimmung von Strauss, eventuell im Freien, im Naturtheater des Mirabellgartens in Szene gehen könnte.

Gegen Jahresende ist noch einmal davon die Rede, den bereits für 1921 projektierten »Bürger als Edelmann« mit der Strauss-Musik in den Spielplan 1922 aufzunehmen.

Wohnungswucher während der Festspielzeit
23. August

Die Linzer »Tagespost« berichtet unter dem Titel »Der Fremdenteufel in Salzburg«, nach Ausbuchung von Hotels und Gasthöfen sei der Ruf an die Privatvermieter ergangen, die Fremden aufzunehmen: »Da wurden Hunderte von Familien aller Stände von einem Taumel ergriffen. Was kein Wohnungsamt zustande gebracht hätte, die Aussicht auf Geld, viel Geld, so gut wie ohne Arbeit verdientes Geld, schuf Platz – viele hundert Zimmer standen über Nacht auf dem legalen und noch mehr auf dem illegalen Wohnungsmarkte und jedes suchte das andere zu übertrumpfen im Preise.«

Die Kollegienkirche als Theaterschauplatz
Juli

Unter der Führung von Bürgermeister Josef Preis bildet sich ein Komitee mit dem Ziel, die dringend notwendig gewordene Renovierung der bereits stark beschädigten Kollegienkirche zu betreiben und in der Kirche musikalische Aufführungen zu veranstalten. In diesem Unternehmen sieht Reinhardt eine Unterstützung seines Lieblingsprojekts, in Salzburg geistliche Spiele in einem entsprechenden außerordentlichen Rahmen zu inszenieren und regt die Gründung eines Renovierungsfonds an.

August

Reinhardt, Hofmannsthal, Roller, Ronsperger
und Damisch besprechen die Möglichkeit der
Aufführung von Calderons »Das große Welttheater« in der Kollegienkirche. Hofmannsthal will seine seit längerem unterbrochene
freie Bearbeitung des Werkes wieder aufnehmen und für diesen Anlaß vollenden.

Oktober

Auf die Bedenken, die Kollegienkirche fasse
zu wenig Zuschauer und angesichts der zu
befürchtenden Angriffe aus klerikalen Kreisen legt Hofmannsthal in einem Brief vom
9. 10. an Ronsperger seine und Reinhardts
Gründe für ihr Beharren auf der Aufführung
in dieser Kirche dar: »Eben um jenen Barock-
raum, nicht um irgendeinen Raum oder um
irgend eine Kirche geht es ihm [Reinhardt],
sondern eben um dieses eine prächtige Gebäude, eben um Fischer von Erlachs Kirche.
[...] Im Welttheater, wie es nun einmal geplant ist [...] ist die Musik und zwar kostbare
alte Kirchenmusik in qualitativ höchster Ausführung: Orgel, Bläser, Chöre ein wesentlicher Bestandteil.« (ASF)

Die Vorschläge, das »Welttheater« auf dem
Domplatz, in der Sommerreitschule, in der
Aula oder im Carabinierisaal aufzuführen,
lehnt Reinhardt kategorisch ab und zwar mit
der Erklärung, daß »das ›Welttheater‹ entwe-
der in der Kollegienkirche gespielt oder abgesetzt werden muß«. (Hellmann NL Brief
Ronsperger an Hofmannsthal vom 11. 10.)

Ein Ehrenpräsidium für die SFG

14. November

Eine außerordentliche Generalversammlung
wird nach Wien einberufen, bei der unter anderem die Bildung eines Ehrenpräsidiums
und eines Protektorenkollegiums aus hervorragenden Künstlern, Gelehrten und Staats-
männern beschlossen wird. Die ständig steigende Geldentwertung macht es notwendig,
die Mitgliedsbeiträge nun alljährlich neu zu
bestimmen. Sie werden wie folgt festgelegt:
Stifterbeitrag mindestens   1,000.000 Kronen
Gründerbeitrag mindestens   100.000 Kronen
Fördererbeitrag mindestens   10.000 Kronen
Spenderbeitrag mindestens   1000 Kronen
Mindestjahresbeitrag   50 Kronen

Zum Hauptpunkt nachträglich noch eines: Prof.Reinhardt hat mir mehrmals
vertraulich gesagt,dass ihm der Gedanke an das Spielen in der Kirche
neben dem ungeheuren ästhetischen Wert auch darum eine wahre Erlösung
bedeute,weil er sich nicht im Stande fühle,bei der Unsicherheit des
Salzburger Wetters,sich den masslosen Aufregungen abermals auszusetzen,
welche nicht nur die Aufführungen sondern auch die Proben im Freien
mit sich bringen.

Brief Hugo von Hofmannsthals an Emil Ronsperger vom 9. 9. 1921 (ASF)

1922

Dauer der Festspiele: 13.–29. August

Richard Strauss und das amerikanische Propagandakomitee

Strauss hält sich seit Spätherbst des Vorjahres zu einer mehrwöchigen Konzerttournee in den Vereinigten Staaten auf und wirbt bei dieser Gelegenheit erfolgreich für die Salzburger Festspiele.

4. Januar

Auf der Rückfahrt schreibt er an Schalk: »[...] ich bringe 4000 Dollar für Salzburg mit, weiteres ist energisch eingeleitet.« (Strauss/ Schalk: Briefwechsel, S. 267)

Auf Anregung von Strauss hat sich in New York unter der Führung von Mrs. Minnie Undermayr ein Komitee konstituiert mit der Aufgabe, »für den Bau von Festspielhäusern und die Abhaltung von Festspielen in Salzburg in Amerika zu sammeln«. Bedingung ist, daß diese Gelder »nur für die Abhaltung der jährlichen Festspiele direkt verwendet werden, oder einem unantastbaren Baufonds zuzufließen haben«. (ASF/Brief Strauss an Ronsperger vom 28. 1.)

21. Februar

Im Protokoll der Direktoriumssitzung in Wien sind als bisheriger Eingang aus der amerikanischen Aktion folgende Dollarbeträge genannt:

» I. Sammelergebnis der
    Mrs. Undermayr $ 2950.–
  I. Rate der Zeichnung
    Mr. Urban $ 1000.–
  II. Sammelergebnis der
    Mrs. Undermayr $ 1000.–«
(Hellmann NL)

24. Februar

Die »Salzburger Wacht« meldet, Mrs. Under-mayr wolle bis zum Juni dieses Jahres 100.000 Dollar aufbringen!

Millionen für Kirchenrenovierung

16. Januar

Fürsterzbischof Rieder dankt Hofmannsthal für das »Welttheater«-Manuskript. Er hält das Werk für zeitgemäß und ist ergriffen von der »Schönheit der Sprache, über das tiefe Erfassen des Problems und über die kernigen Sätze echter Weisheit«. Einzig bei der Figur des aufbegehrenden Bettlers hat er Einwände und regt an, »durch ein paar Sätze seine innere, freie Umwandlung« hervorzuheben. (KAS/22/82)

12. März

Die SFG verpflichtet sich in einem Schreiben an Erzbischof Rieder, für die dringendsten Reparaturarbeiten an der Kollegienkirche einen Betrag von 4,000.000 Kronen zu widmen, soferne ihr diese für die Aufführung des »Großen Welttheaters« zur Verfügung stehe.

27. März

In seiner Antwort stellt Rieder folgende Bedingungen: »1. die gründliche Restaurierung der Bauschäden an der Studienkirche muß durch die Bereitstellung der hiezu erforderlichen Barmittel einwandfrei gewährleistet werden und in unmittelbarer zeitlicher Verbindung mit der Aufführung selbst stehen, also wenigstens vor oder nach der Aufführung in zielführenden Angriff genommen werden [...]. 2. Die Sorge für eine der Heiligkeit des Ortes entsprechende würdige Haltung der Mitglieder des Spielensembles und des Publikums wird den Veranstaltern des Spieles aufgetragen. [3. ...]. 4. Endlich wünsche ich, daß es auf irgend eine Art auch den minder bemittelten Kreisen der einheimischen Bevölkerung möglich gemacht werde, sich an der Schönheit des Werkes zu erheben.« (KAS/I/17)

Durch Erlaß stellt das Ministerium für Inneres und Unterricht für die Arbeiten an der Kirche 4,300.000 Kronen zur Verfügung und schlägt vor, im Rahmen eines kleineren Programmes nur die allergrößten Schäden zu beheben. Hiezu kommen die von der SFG zugesagten 4,000.000 Kronen. Nachdem auch Hofmannsthal 3,000.000 Kronen spendet, steht eine Summe von 11,300.000 Kronen zur Verfügung.

Hofmannsthal ist entschlossen, die ihm zustehenden Tantiemen »restlos einem der Zwecke, die als kulturelle oder caritative bei der Veranstaltung auftreten werden (also der Restaurierung der Kirche oder den Kriegsgeschädigten Salzburgs), zuzuwenden, mir vorbehaltend ob diesen beiden oder vorzugsweise einem von diesen«. (ASF/Brief Hofmannsthal an Ronsperger vom 26. 12. 1921)

20. Juli

Die Reparaturarbeiten beginnen gleichzeitig mit den Proben, wie es der Erzbischof verlangte.

Rehrl wird Landeshauptmann

4. Mai

Dr. Franz Rehrl, christlich-sozialer Landeshauptmann-Stellvertreter, wird mit 25 von 28 abgegebenen Stimmen zum Landeshauptmann von Salzburg gewählt. Er hat diese Position bis 1938 inne.

Folgen der Inflation

7. Juni

Mit diesem Datum wird aufgrund der zunehmenden Inflation auf die Festspielkarten ein Zuschlag von 100 Prozent eingehoben.

Juli

Der rapide Verfall der österreichischen Währung nimmt erschreckende Ausmaße an. (100 Schweizer Franken notieren am 1. 7. 1919 = 567 Kronen, 1920 = 2702 Kronen, 1921 = 12.200 Kronen, 1922 = 360.000 Kronen). Ein

Liter Milch steigt innerhalb von drei Tagen auf 960 beziehungsweise 1000 und 1400 Kronen. Die Regierung verfügt eine einstweilige Einstellung des privaten Devisenhandels, die sich vor allem auf den Fremdenverkehr ungünstig auswirkt.

10. August

Vertreter der Großdeutschen Volkspartei, der Christlichsozialen Partei und der Nationalsozialistischen Partei wie auch der sozialdemokratischen Arbeiterschaft unterbreiten der Landesregierung ihre Forderungen, die Abhilfe von den schweren Belastungen der Salzburger Bevölkerung schaffen sollen. Die Sozialdemokraten stellen den Antrag auf Verhinderung der Festspiele, sollten nicht vor deren Eröffnung entsprechende Maßnahmen getroffen werden. Verhandlungen mit der Regierung und den befaßten Ministerien bringen folgendes Ergebnis: Salzburg bekommt für die notwendigen Lebensmittel volle Zuteilung der hiefür in Betracht kommenden Zahlungsmittel. Die in Salzburg durch die Fremden eingehenden ausländischen Zahlungsmittel sind der österreichisch-ungarischen Bank in Salzburg zur Beschaffung von Lebensmitteln und nicht an die Devisenzentrale in Wien abzuliefern. Salzburg bekommt eine Mehlaushilfe, die allerdings später von der Salzburger Wirtschaftsorganisation »Wirfrei« in natura zurückgestellt werden muß. Das Mehl wird nur an die einheimische Bevölkerung mit Ausschluß der Hotels zu vorgegebenen Preisen verkauft.

10. August

Im »Salzburger Volksblatt« erscheint ein Aufruf der SFG an die Fremden.

13. August

Die »Neue Freie Presse« veröffentlicht weitere Maßnahmen der Landesregierung: »Minderbemittelte, Festangestellte, Beamte und Kleingewerbetreibende der einheimischen Bevölkerung der Stadt Salzburg, eines Vorortes oder einer Sommerfrische haben über Verlangen Anspruch auf eine 25% Ermäßigung in Gaststätten und auf eine 30% Ermäßigung in Kaffeehäusern, ausschließlich

Hermann Bahr und seine Frau Anna Bahr-Mildenburg, Selma Kurz, Richard Mayr, Richard Tauber, Else Wohlgemuth, Helene Thimig und Max Reinhardt, der in richtiger Einschätzung der Situation lakonisch bemerkt: »So. Das kommt niemals zustande.« – Reinhardts Name wird übrigens in den offiziellen Reden nicht erwähnt, was Bertha Zuckerkandl zu dem Beitrag »Und Reinhardt! Eine Frage an die Salzburger Festspielhausgemeinde« in der »Wiener Allgemeinen Zeitung« vom 26. 8. veranlaßt.

Bereits in der Direktoriumssitzung am 17. 8. wurde Hans Poelzig der definitive Bauauftrag erteilt, faktisch bleibt es aber bei der Grundsteinlegung. Durch die Inflation ist das Vereinsvermögen entwertet. Am 18. 8. höhnt die »Arbeiter Zeitung«, »daß diese ›Grundsteinlegung‹ nur aus ein paar Reden bestehen wird; aber auch so ist die Sache ein Spiegel der Auffassungen, die in so vielen Kreisen in Österreich herrschen und nicht auszurotten sind. Ein solches Festspielhaus würde natürlich Milliarden verschlingen; woher sollen die kommen? Die Stadt Salzburg ist nicht einmal imstande gewesen, das alte und ausgezeichnete Mozarteum zu erhalten; es mußte verstaatlicht werden. [...] Man hat auch nicht die Verzweiflungsidee vergessen, die Finanzen der Stadt durch Zulassung einer Spielhölle zu sanieren. Also die Stadt ist natürlich nicht imstande, das Festspielhaus zu bauen; aber auch wenn sie es könnte, dürfte sie es nicht, da man jetzt weiß Gott andere und dringendere Sorgen hat. Mittels Spenden, in der weiten Welt gesammelt, es zu bauen? Aber die Vorstellung, daß den Leuten in der Welt ein Festspielhaus in Salzburg am Herzen liegt, ist doch einfach kindisch.«

Weitere Veranstaltungen
August
Während der Festspielzeit findet in der Neuen Galerie, Schwarzstraße 7, die Sonderausstellung »Mozarts Opern in der graphischen Kunst« statt. Zu sehen sind Max Slevogts Radierungen der »Randzeichnungen

zur ›Zauberflöte‹« und Holzschnitte zu »Don Juan« sowie Hans Meidls Radierwerk zu »Don Juan« und »Figaros Hochzeit«.
Das Rosé-Quartett tritt in zwei Matineen auf.
31. August
Nicht im Rahmen der Festspiele, aber als Veranstaltung der SFG gibt Hans Duhan einen Liederabend mit Werken von Schubert und Loewe.

Ende der Fremdenverkehrssaison
29. August
2000 Vertrauensmänner und Betriebsräte der Arbeiterschaft fordern in einer Kundgebung von der Landesregierung wegen der anhaltenden Not der Bevölkerung die sofortige Beendigung der Fremdenverkehrssaison, die dann am 3. 9. durch Verfügung der Landesregierung erfolgt.

»Vom großen Welttheaterschwindel – Ehre sei Gott in der Höhe der Preise«
November
In der Novembernummer der »Fackel« polemisiert Karl Kraus gegen Reinhardt, Hofmannsthal, Moissi und gegen die Kirche sowie andere Institutionen, die die »Welttheater«-Aufführungen in der Kollegienkirche zuließen: »Ich weiß ja nicht, ob eine Kirche noch geschändet werden kann, die während eines Weltkriegs, der als internationales Gaunerstück sicherlich nur der Prolog im großen Welttheater war, das Walten der giftigen Gase gesegnet und nach ihm die Muttergottes mit der Kriegsmedaille dekoriert hat. Wenn aber an dieser Kirche, aus der Gott schon ausgetreten sein dürfte, bevor sie den Welttheateragenten ihre Kulissen und den Komödianten ihren Weihrauch zur Verfügung stellte, wenn an dieser Kirche noch etwas zu schänden war, so dürfte es doch jener Altar sein, der den Herren Reinhardt, Moissi und Hofmannsthal, diesen tribus parvis impostoribus als Versatzstück gedient hat, damit sie an ihm etwas verrichten, was ein blasphemer Hohn ist auf alle Notdurft dieser Menschheit. [...]

Aber nicht genug an dem: die katholische Kirche, die nicht einmal zu einem kostenlosen Bannstrahl gegen die Dynasten zu haben war, welche den Völkern das Ultimatum der Pest und der Syphilis überbracht haben, die größte Hiobspost seit Erschaffung der Welt, doch die einzige, die zugleich die Entschädigung bot, ein Uriasbrief ihrer Verfasser zu sein – die katholische Kirche, die nicht fluchen, nur segnen konnte, hat zum Schaden den Spott gefügt, indem sie sich herbeiließ, das große Welttheater der zum Himmel stinkenden Kontraste, wo die Komödianten nicht spielen können und von den Pfarrern gelehrt werden müssen, in eigene Regie zu übernehmen und jenen Hofmannsthal aufs Repertoire zu setzen, der sich auf das Leid der Kreatur einen gottgefälligen Vers machen kann. [...] Angesichts aller dieser Umstände und weil ein Hauch von Calderon in gleicher Weise dem Salzburger Hotelgeschäft wie der Wiener Literatur zugutekommt und weil es der Fürsterzbischof gewollt hat, daß Ehre sei Gott in der Höhe der Preise, sehe ich mich genötigt, aus der katholischen Kirche auszutreten, nicht nur aus Gründen einer Menschlichkeit, die bei den Hirten in so schlechter Obhut ist, sondern hauptsächlich aus Antisemitismus.« (Karl Kraus: »Die Fackel«, Nr. 601–607, Nov. 1922, S. 3f.)

Richard Strauss wird Präsident der SFG

24. November

In der Direktoriumssitzung wird Richard Strauss einstimmig zum Festspielpräsidenten gewählt, nachdem Alexander Prinz Thurn und Taxis aufgrund der dauernden vereinsinternen Streitereien zurückgetreten ist.
Wie dem Briefwechsel Strauss/Hofmannsthal zu entnehmen ist, sind dieser Berufung schwierige Verhandlungen vorausgegangen. Strauss wollte ursprünglich die Präsidentschaft ablehnen, da er hörte, Reinhardt sei schwer gekränkt, daß man dieses Amt nicht ihm anbot. Hofmannsthal schreibt an Strauss am 4. 9.: »Reinhardt zum Präsidenten nehmen diese Spießbürger nie: sie hassen ihn,

hassen ihn drei- und vierfach, als Juden, als Schloßherrn, als Künstler und einsamen Menschen, den sie nicht begreifen.« (Strauss/ Hofmannsthal: Briefwechsel, S. 481)
In derselben Sitzung kommt auch zur Sprache, daß durch die steigende Inflation der Baubeginn des Festspielhauses nicht so rasch zu realisieren sei. Wieder wird auf die Winterreitschule zurückgegriffen, die nach Wünschen und Vorstellungen von Reinhardt umgestaltet werden soll.

Materielle Auswirkungen der Festspiele

23. Dezember

Das »Salzburger Volksblatt« bringt einen Artikel, in dem die SFG den Einheimischen, die den Festspielen immer noch ablehnend gegenüberstehen, deren wirtschaftliche Vorteile vorrechnet: »Insgesamt wurden von der Salzburger Festspielhaus-Gemeinde an Salzburger Körperschaften, Arbeitgeber und Arbeitnehmer 240 Millionen Kronen bezahlt«, heißt es, darunter an die Stadtgemeinde 68,965.000 Kronen an Theaterpacht und Lustbarkeitsabgaben. Dem Kirchenrestaurierungsfonds flossen 23,632.000 Kronen zu, den Hotels für die Unterbringung von Mitwirkenden 9,175.000 Kronen, den Privatzimmervermietern 29 Millionen Kronen. Dazu kommen die Beträge, die die Festspielbesucher an Fremdensteuer, für Reise und Aufenthalt zahlten und Handel und Gewerbe zukommen ließen. Der Wirtschaft sind durch die Festspiele 1922 rund 560 Millionen Kronen zugeflossen.
Der finanzielle Erfolg dieser Festspiele ist den »Welttheater«-Aufführungen zu verdanken, die die Opernvorstellungen brachten hingegen ein Defizit, da im Stadttheater zu wenig Plätze zur Verfügung stehen.

Reitschulprojekt von Eduard Hütter

Die SFG reicht als Bauherr einen Plan für die »Umgestaltung der Reitschulen des ehemaligen f. e. Hofmarstalles in der Hofstallgasse« ein. Dieses als Festspielhausprovisorium gedachte sogenannte Reitschulprojekt stammt

Blick von der Marktgasse auf den Fischbrunnen und die große gedeckte Winterreitschule vor dem Umbau durch
Eduard Hütter

von dem Architekten und Landeskonservator
Eduard Hütter.

Zur Adaptierung sind die große gedeckte
Reitschule, der Marodenstall, das Kantinen-
und das Schmied-Stöckl des südlich der Hofstallkaserne gelegenen Hofes, ein schmaler
Streifen der offenen Reitschule, anschließend
an die gedeckte Reitschule, sowie der unterste
Teil der Mönchsbergstiege vorgesehen. Hüt-

ter gibt in einem 29 Seiten umfassenden Bericht zu den Einreichplänen eine genaue Be-
schreibung der Situation und des Baupro-
gramms, sowie der einzelnen Räume und deren geplante Verwendung (die große gedeckte
Reitschule soll zum Theatersaal umgestaltet
werden), ferner Angaben über technische
Einzelheiten und anderes. (Vgl. LA/HS
550)

1923

Dauer der Festspiele: 21.–24. August

Hofstallkaserne gegen Riedenburgkaserne

1. März

Mit diesem Datum wird laut Erlaß des Bundesministeriums für Heereswesen vom 27. 2. / Zl. 808, die Hofstallkaserne (bisher im Besitz der Österreichischen Bundesheeresverwaltung) der Salzburger Stadtgemeinde und die Riedenburgkaserne (bisher Eigentum der Salzburger Stadtgemeinde) der Österreichischen Bundesheeresverwaltung kommissionell in Treuhand übergeben.

Die Stadtgemeinde hat hinsichtlich der vorhandenen Kunstdenkmäler im Hofstallkasernenkomplex folgende Bedingungen zu erfüllen und grundbücherlich sicherzustellen:

1. Das Deckengemälde in der kleinen gedeckten Reitschule oder Winterreitschule (von Johann Michael Rottmayr und Christoph Lederwasch, 1690), Marmorbrunnen und Marmorbrüstungen sowie Marmorportale (darunter jenes gegen den Siegmundsplatz von Fischer von Erlach, 1693/94) ohne Veränderung zu erhalten.
2. Eine Umgestaltung an den Reitschulen und anderen Gebäuden darf nur im Einvernehmen mit dem Landes- beziehungsweise Bundesdenkmalamt erfolgen. (Vgl. Hellmann NL / Beilage zum Verhandlungsprotokoll vom 23. 2.)

Weltweite Festspielpropaganda

8. Mai

Das »Weltreise-Bureau Thos. Cook & Son« ist bereit, in seinen Filialen in Amerika, England und im übrigen Europa 8000 Prospekte und 150 Plakate zur Werbung für die kommenden Festspiele zu übernehmen. (Vgl. ASF/Brief Thos. Cook & Son an SFG vom 8. 5.)

Gefährdete Festspiele – Absage

20. Mai

Das »Neue Wiener Journal« berichtet, daß sich durch die Amerikaaufenthalte von Reinhardt, Strauss und Schalk Probleme für die kommenden Festspiele ergeben hätten. Reinhardt ist vom 18. 4 bis 19. 5. in den Vereinigten Staaten, um mit dem Mäzen Otto H. Kahn, dem Impresario Morris Gest und mit Rudolf Kommer über sein dortiges Regiedebüt und über ein »Festspielhaus für Max Reinhardt in Amerika« zu verhandeln. Strauss gastiert im Sommer mit der Wiener Staatsoper in Südamerika, Schalk befindet sich ebenfalls auf einer Gastspielreise in den Vereinigten Staaten, so daß das Festspielprogramm, für das »Die Zauberflöte«, »Don Juan«, »Ariadne auf Naxos« und eventuell die Uraufführung der Strauss-Oper »Intermezzo« vorgesehen waren, geändert werden muß. Weitere Schwierigkeiten ergeben sich durch den Umstand, daß die Kollegienkirche nicht mehr zu Aufführungszwecken benützt werden darf.

Schließlich werden die für diesen Sommer vorgesehenen Festspiele abgesagt.

15. Juli

Die »Neue Freie Presse« bringt eine Stellungnahme der SFG zu dieser Absage. Vizepräsident Friedrich Gehmacher begründet sie mit den oben erwähnten Amerikareisen der Kunstratsmitglieder sowie mit den überhöhten Honorarforderungen von Mitgliedern des Wiener Philharmonischen Orchesters und des Wiener Symphonieorchesters für die in

Molière: »Der eingebildete Kranke«, Schloß Leopoldskron. Max Reinhardt mit Egon Friedell (Dr. Diafoirus), Hansi Niese (Toinette), Raul Lange (Dr. Purgon), Max Pallenberg (Argan), Alma Seidler (Angelique) und Nora Gregor (Beline)

der Zeit vom 10. bis 20. 8. vorgesehenen sechs Festkonzerte. Wesentliche Gründe sind ferner das Fehlen geeigneter Räumlichkeiten für die Veranstaltungen, die ablehnende Haltung der Salzburger Bevölkerung und die vereinsinternen Kontroversen.

Mißstimmung zwischen Salzburger und Wiener Zweigverein

25. Juni

In der Direktoriumssitzung in Wien kommt es zu schweren Vorwürfen von beiden Seiten. Die Salzburger Gruppe wirft Wien Untätigkeit vor und fühlt sich als »Arbeitswurzen« mißbraucht. Die Absage der Festspiele sei auch der mangelnden Planung in Wien zuzuschreiben. Die Wiener Gruppe wiederum beschuldigt die Salzburger kleinlicher Vereinskrämerei und beharrt auf ihrer Linie, »daß die Veranstaltung von alljährlichen Festspielen so lange das wichtigste Propagandamittel

bleibt, bis das Vermögen der SFG die Inangriffnahme und Vollendung des Baues gestattet. [...] Darum hat die Geschäftsführung sich in erster Linie bemüht, Festspiele zustandezubringen und alle anderen Bettel- und Werbeaktionen unterlassen, um die allein in Betracht kommenden Kreise für den Garantiefonds der Festspiele und für die Kapitalbeschaffung zum Reitschulumbau interessieren zu können«. (Hellmann NL / Direktoriumssitzungsprotokoll vom 25. 6.)

Wieder Veranstaltung der »Internationalen Gesellschaft für Neue Musik«

8.–11. August

Zum zweiten Mal findet in Salzburg ein »Internationales Kammermusikfest« als Veranstaltung der »Internationalen Gesellschaft für Neue Musik« statt. Unabhängig davon schließen sich daran drei Konzerte mit Werken zeitgenössischer österreichischer Komponisten, dirigiert von Paumgartner und Rudolf Nilius und eingeleitet durch einen Vortrag des Wiener Musikhistorikers und -rezensenten Richard Specht.

Romain Rolland hält sich als Gast von Stefan Zweig in Salzburg auf.

»Der eingebildete Kranke« als höfisches Fest

Trotz aller widrigen Umstände entschließt sich Reinhardt auf Bitten vieler Kunstfreunde und mit Unterstützung der SFG, vier Vorstellungen von Molières »Der eingebildete Kranke« mit seinen Schauspielern im Stadttheater zu geben.

20. August

Den öffentlichen Aufführungen geht eine Generalprobe in Schloß Leopoldskron vor geladenen Gästen voraus. Ein exklusiver Kreis findet sich im Marmorsaal des Schlosses ein. Reinhardt bietet seine besten Kräfte auf: Max Pallenberg in der Hauptrolle (Argan), Egon Friedell (Dr. Diafoirus), Nora Gregor (Beline), Alma Seidler (Angelique), Hans Thimig (Thomas Diafoirus), Hansi Niese (Toinette). Maria Ley choreographiert die Tanzzwischenspiele mit Figuren der Commedia dell' arte.

21.–24. August

Auch die vier Aufführungen im Stadttheater finden großen Beifall. Damit rettet Reinhardt die Kontinuität der Festspiele.

Richard Strauss zieht sich zurück

25. September

Schonungslos äußert sich Strauss in einem Brief an Schalk: »Dem Salzburger Dr. Kerber habe ich gestern definitiv erklärt, daß man auf meine persönliche Mitwirkung bei den Festspielen nicht rechnen könne: ich muß im Sommer arbeiten und darf mir diese Zeit nicht mehr zerreißen lassen. Mit dem Programm: Figaro, Barbier von Bagdad und eventuell Ariadne (aber nur im Schloß ohne Dekorationen, nicht im Theater) habe ich mich einverstanden erklärt.« (Strauss/Schalk: Briefwechsel, S. 358)

Programmvorschläge für 1924

Oktober/November

Die geschäftsführenden Mitglieder Damisch, Dr. Wiener und Schalk versuchen ein Programm für den nächsten Sommer zu erstellen. Die Mitwirkung der Staatsoper ist wegen eines geplanten Gastspiels in London in Frage gestellt. Sollte die Oper verfügbar sein, müßten neben Mozart der 60. Geburtstag von Richard Strauss und der 100. Geburtstag Anton Bruckners berücksichtigt werden. Eine Besonderheit wäre die Aufführung von Strauss' neuestem Bühnenwerk »Intermezzo«, das Reinhardt mit Sängern der Wiener Staatsoper im Theater in der Josefstadt inszenieren will und das von dort übernommen werden könnte.

»Ariadne auf Naxos« in der Residenz steht ebenso zur Diskussion wie eine kleine Mozart-Oper (»Bastien und Bastienne«, »Gärtnerin aus Liebe«), kombiniert mit dem Ballett »Schlagobers« von Strauss, weiters dessen »Tod und Verklärung« zusammen mit Bruckners 7. Symphonie im Dom, wie auch ein reines Bruckner-Programm mit der 9. Symphonie und dem »Te Deum«.

Rentabilität des Festspielhauses

Oktober

Eine Studie befaßt sich mit den Einnahmemöglichkeiten der umgestalteten Reitschule:

A) Festspiele: Bei jährlich 30 Aufführungen und einer Platzkapazität von 1200 Sitzen, davon zwei Drittel verkauft, ergeben sich Einnahmen von 162.000 Goldkronen. Dem stehen Ausgaben von 100.000 Goldkronen gegenüber, was einen jährlichen möglichen Reingewinn von 62.000 Goldkronen ergibt.

B) Sonstige Veranstaltungen: Konzerte, gesellige Veranstaltungen, Tagungen, fünf große Bälle, zwanzig Kinoabende, Weihnachts-, Oster- und Herbstmessen, sowie Verpachtung an ein Varieté könnten nach Abzug der Ausgaben eine jährliche Einnahmemöglichkeit von 13.000 Goldkronen bringen. (Vgl. Hellmann NL)

1924

Keine Festspiele

Kein Ende der vereinsinternen Konflikte

Februar/Juni

Die Differenzen zwischen Salzburg und Wien kulminieren derart, daß es nur dem diplomatischen Geschick einiger Direktoriumsmitglieder zu verdanken ist, wenn die gegenseitigen Angriffe, Intrigen und Verleumdungen nicht vor dem Richter ausgetragen werden. Erwin Kerber berichtet in einem Schreiben vom 27. 2. an Dr. Paul Hellmann von einer dreistündigen Unterredung mit Reinhardt, der in Wien mit ihm, Hofmannsthal und noch einigen Herren zusammentreffen will, um einen »Schlachtenplan zum Friedensschluß« auszuarbeiten.

In einem Brief vom 15. 5. und in einem weiteren, undatierten Schreiben des Wiener Direktoriumsmitglieds Dr. Adolf Drucker an Hofmannsthal heißt es, daß die Bewegung »in Wien in das Fahrwasser einer übelwollenden, konfliktfreudigen, hochnäsigen Bureaukratie – totum pro parte – geraten, in Salzburg aber ein Politikum oder, noch schlimmer, ein Spielball demagogischer Vereinsmeierei geworden« sei. (Hellmann NL)

Zwischen den Fronten stehend, versucht Kerber trotz der Querelen, die jede produktive Arbeit verhindern, die Planung für den Sommer voranzutreiben. Er ist um einen Garantiefonds für Opernvorstellungen bemüht und hofft dafür Dr. Paul Goldstein, den Präsidenten der Depositenbank, zu gewinnn. Diese Hoffnung wird durch den Zusammenbruch der Großbank, hinter der Camillo Castiglioni steht, zunichte gemacht.

In seiner Eigenschaft als Vizepräsident der SFG richtet Stransky am 12. 6. ein Bittschreiben um weitere Spenden an Dr. Paul Hellmann, der den Verein seit seiner Gründung mit hohen Summen unterstützt.

Große Probleme bringt die Pacht der Reitschule, für die der Stadtmagistrat nach Meinung der SFG unannehmbare Bedingungen stellt. Der Gemeinderat wiederum ist über die Verhandlungsweise der Wiener Vertreter so verärgert, daß er nur mehr mit den Salzburgern verhandeln will. Diese sind aber dazu laut Statuten nicht berechtigt, es sei denn mit einer Vollmacht der Wiener.

15. Juni

Das »Neue Wiener Journal« meldet unter dem Titel »Salzburg gegen die Festspiele. – Die passive Resistenz der Gemeinde – Antisemitische Beweggründe« von Gerüchten, die die geplanten Aufführungen in Frage stellen.

»Das Mirakel« als Festspieleinspringer

3. August

Die »Salzburger Chronik« kündigt Vorstellungen der Marienlegende »Das Mirakel« von Karl Vollmoeller mit der Musik von Engelbert Humperdinck an. Regisseur ist Reinhardt, der diese Pantomime 1911 in London uraufgeführt hatte, sie dann in Wien und in vielen Städten Deutschlands zeigte und damit am 15. 1. in New York mit einem Sensationserfolg debütierte.

Das Stück soll nun »Mit Genehmigung und unter Aufsicht des hochw. fürsterzbischöfl. Ordinariats Salzburg« – wie es in der Ankündigung heißt –, vom 17. bis 26. 8. in der Kollegienkirche in Szene gehen. Reinhardt ist bereits zu Proben in Salzburg eingetroffen.

12. August

»Das Mirakel« wird abgesagt.

Die »Salzburger Chronik« nennt als offizielle

SALZBURGER FESTSPIELHAUS-GEMEINDE
SALZBURG, RESIDENZ

SALZBURGER FESTSPIELE

Mit Genehmigung und unter Aufsicht des
hochw. fürsterzbischöflichen Ordinariates Salzburg in der

KOLLEGIENKIRCHE

vom 17. bis 26. August 1924
Täglich 7 Uhr abends

DAS MIRAKEL

Eine alte Marienlegende, erneuert von Carl Vollmoeller
Musik von Engelbert Humperdinck

Regie:

MAX REINHARDT

Musikalische Leitung:
Dr. Bernhard Paumgartner
Domkapellmeister F. Gruber
Domorganist F. Sauer

Mitwirkend:
Erste Schauspielkräfte

Karten zu K 50.000, K 100.000, K 200.000 und K 300.000 sind
zu bestellen bei der Salzburger Festspielhaus-Gemeinde, Salzburg,
Residenz, Telephon Nr. 434. / Telegramme: Festspiele Salzburg
Dortselbst auch alle erwünschten näheren Auskünfte.

Ankündigung der projektierten Aufführung von Voll-
moellers »Das Mirakel«

Begründung die Wiederaufnahme der »Mirakel«-Aufführungen in New York und die dadurch bedingte Unabkömmlichkeit von Lady
Diana Manners, der gefeierten Darstellerin
der Madonna, auf die Reinhardt nicht verzichten will.

Das »Salzburger Volksblatt« sieht die Gründe
für die nun zum zweiten Mal abgesagten
Festspiele im Widerstand der Bevölkerung
gegen die Benützung der Kirche als Spielort
und in der Desorganisation der Festspielleitung.
Reinhardt wird zum Vorwurf gemacht,
er sei zu oft von Salzburg abwesend und insze-

niere zu viel an anderen Häusern.

Im Einvernehmen mit der SFG wird das »Mirakel«-Projekt auf das nächste Jahr verschoben.

15. August

Im »Eisernen Besen«, einem Organ der Nationalsozialistischen Partei, heißt es dazu:
»Wir versichern unserer Bevölkerung und
ganz besonders der Geschäftswelt, daß wir
uns vollkommen bewußt sind, daß unsere
schöne Stadt Salzburg auf die Fremdenindu-
strie angewiesen ist und zum großen Teil hie-
von das Geschäftsleben abhängig ist. Diesem
Zwecke dient ohne Zweifel auch die Propaganda der Salzburger Festspielhausgemeinde, welche durch alljährige Festspiele
den Grundstock zu einem glanzvollen Festspielhause legen will und die Errichtung eines solchen anstrebt. Bei aller Berücksichtigung dieser Beweggründe können wir uns mit
der Art, wie diese Veranstaltungen nach dem
Kriege nun vor sich gehen, nicht einverstanden erklären, weil es dem sittlichen Empfinden der Mehrheit unseres Volkes widerspricht, wenn man Gotteshäuser in Komö-
dienhäuser umwandelt, in denen rassen-
fremde und religionsfeindliche Elemente uns
ihre undeutschen Künste darbieten. Jüdische
Dichter, Direktoren, Spielkräfte, rauchende
ausländische, sich frech gebärdende Jüdin-
nen, darauffolgender Hohn und Spott über
Salzburger Ehrbegriffe, das ist zu viel in so
kurzer Zeit in den Tagen der Schmach unseres gesamten deutschen Volkes, welches
durch die Schuld der Judenrasse so unendlich
tief erniedrigt wurde. Die verehrliche Festspielhausgemeinde möge in Erwägung dieser
Umstände sich endlich entschließen, auf die
Gemütsverfassung unserer bodenständigen
Bevölkerung Rücksicht zu nehmen und eine
andere Art von Spielen zur Aufführung bringen. Es gibt Wagnersche Opern, deutsche
Schauspiele wie ›Wilhelm Tell‹ und ›Volk in
Not‹ und andere mehr. Kann man sich denn
wirklich keine Festspiele denken, wo nicht
Juden die Macher vom Anfang bis an das
Ende sind.«

G. Donizetti: »Don Pasquale«, Stadttheater. Dirigent: Bruno Walter, Regie: Hans Breuer. Im Vordergrund Richard Mayr (Don Pasquale) und Maria Ivogün (Norina)

Rahmen gibt Eduard Hütters Bühnenbild, ein gotisches Kircheninterieur, in dem Anton Faistauers gemaltes kolossales Kirchenfenster von eindrucksvoller Wirkung ist.

Für die Salzburger Bevölkerung findet eine Separatvorstellung statt, nachdem die öffentliche Generalprobe aus technischen Gründen abgesagt werden mußte.

25. August

Als Übernahme aus dem Theater in der Josefstadt in Wien hat »Das Apostelspiel« von Max Mell Premiere. Helene Thimig stellt das Bauernmädchen Magdalena dar, das kraft seines tiefen Glaubens zwei Flüchtlinge, gespielt von Hermann Thimig und Oskar Homolka, von verbrecherischem Tun abhält.

Begeisterung für die Aufführungen der Wiener Staatsoper – Festspieldebüt von Bruno Walter

Während es für »Mirakel« und vor allem für das »Welttheater« noch Karten gibt, sind die Vorstellungen der Wiener Staatsoper und die Konzerte der Wiener Philharmoniker bereits im Vorverkauf ausgebucht, auch registriert man einen wachsenden Zustrom von ausländischen Journalisten.

24. August

Die Opernserie beginnt mit Mozarts »Don Juan«, geleitet von Karl Muck.

25. August

Es folgt »Die Hochzeit des Figaro« mit Franz Schalk als Dirigent. Beide Opern sind Übernahmen aus dem Festspielsommer 1922.

26. August

Neu im Programm ist Gaetano Donizettis »Don Pasquale«, dirigiert von dem gefeierten Salzburg-Debütanten Bruno Walter und glänzend besetzt mit Richard Mayr in der Titelpartie, Maria Ivogün als Norina und Karl Erb als Ernesto.

Das Programm rundet sich

13. August

Das Rosé-Quartett eröffnet die Reihe der Kammerkonzerte, in der auch die Bläservereinigung der Wiener Staatsoper zu hören ist.

19. August

Der erste Festspiel-Liederabend findet statt. Richard Mayr singt Schubert und Wolf. Drei weitere Liederabende geben Joseph Schwarz, Maria Ivogün und Karl Erb sowie Lotte Schöne.

28., 30., 31. August

Erstmals bestreiten die Wiener Philharmoniker in ihrer Gesamtheit die Orchesterkonzerte, am Pult Bruno Walter, Karl Muck und Franz Schalk.

29.–31. August

Im Mittelpunkt des Gastspiels der neu gegründeten »Internationalen Pantomimen-

Maria Solveg (Spielmeister), Katta Sterna (Sing-ling), Ernst Matray (Zauberer Wu) und Tilly Losch (Fay-yen), Mitwirkende in Hofmannsthals »Die grüne Flöte«

Gesellschaft« steht die Ballettpantomime »Die Grüne Flöte« mit Musik nach Motiven von Mozart. Als Tanzsolisten werden Maria Solveg, Tilly Losch und Ernst Matray gefeiert.

Salzburger Festspiele erstmals im Radio

24. August

Auf Welle 530 erfolgt erstmals die Rundfunkübertragung einer Salzburger Festspielaufführung, der Premiere von Mozarts »Don Juan« unter Karl Muck durch die RAVAG (Radio Verkehrs AG, Wien), die laut Presseberichten tadellos gelingt. Weitere Sendungen sind geplant.

Veranstaltungen außerhalb des offiziellen Festspielprogramms

August

Während der Festspielzeit zeigt der neue »Sonderbund österreichischer Künstler in Salzburg«, dessen Präsident Anton Faistauer ist, in der Aula academica eine Ausstellung mit Werken von Clemens Holzmeister, Anton Steinhart, Karl Heinrich Waggerl, der Architektengruppe Deininger-Flesch-Knoll, Peter Behrens und anderen. Aufmerksamkeit erregt die erst 22jährige Poldi Wojtek mit ihren Kostümstudien und Tapetenentwürfen.

Im Verein mit dem Mozarteum veranstaltet die SFG zwei Orchesterkonzerte mit neuer Musik unter Bernhard Paumgartner; weiters gibt es Serenaden im Hof der Residenz und auf anderen Freilichtplätzen sowie Kirchenkonzerte im Dom.

Festspiele und Stimme der Bevölkerung

2. September

Das »Salzburger Volksblatt« ruft die Bewohner von Stadt und Land Salzburg auf, die Festspiele kritisch zu beurteilen und »vernünftige und durchführbare Anregungen« für deren Zukunft zu geben. Verschiedene Interessensschwerpunkte zeichnen sich ab. Einerseits wird befürchtet, daß man sich immer mehr vom ursprünglichen Ziel der »Mozart-Festspiele«, entfernen könnte. Andererseits

Rückseite des Festspielhauses mit Blick auf die Galerieterrasse und den Logenvorbau in der Felsenreitschule

vorerst unverändert. Aus der Umgestaltung des Theatersaales ergibt sich auch eine Veränderung der Straßenfront. Über den Notausgängen entsteht eine Terrasse, die auf starken Pfeilern ruht. Die Fassade erhält ein festlicheres Aussehen, einen breiteren Haupteingang mit Schmiedeeisengitter, in der Lichtung darüber eine vierfache marmorne Mimenmaske von Jakob Adlhart.

Das Foyer wird mit einem Boden aus rotem Untersberger Marmor ausgelegt, die Wände schmücken über 200 überlebensgroße Figuren in Buon-fresco-Technik von Anton Faistauer. In der Themenwahl nimmt der Künstler auf den Zweck des Hauses Bezug: auf der Eingangsseite Darstellungen der kirchlichen Musik und des Mysteriums, vis-à-vis Apoll und die Macht der Musik, links vom Eingang Theaterszenen wie etwa Jedermanns Tischgesellschaft und Motive aus der Baugeschichte, wobei auch der Architekt und »sein Bauherr Rehrl« verewigt sind.

Die kleine Winterreitschule wird zum Stadtsaal und als solcher als Pausenraum einbezogen. Sie erhält an den Wänden umlaufende Holzbänke, eine Vertäfelung und neue Schmiedeeisenluster. Das Deckengemälde von Rottmayr und Lederwasch wird renoviert, der Verputz von der Frontseite entfernt und die Mönchsbergwand freigelegt.

In der Felsenreitschule wird die bestehende Galerieterrasse mit einer Holzkonstruk-

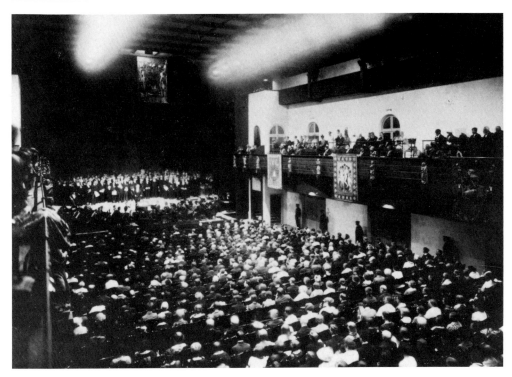

Der Theatersaal mit der von Holzmeister eingefügten Holzdecke und der Galerie mit Gobelins und Plastiken von Kolig, Anderson, Bodingbauer, Bohr und Pontiller

tion überdacht und seitlich, gegen die Mönchsbergstiege, durch einen kleinen Vorbau mit Separatlogen abgeschlossen. (Vgl. LA/HS 550, Amtsbericht vom 11. 6.) In derselben Pressekonferenz spricht Hofmannsthal über die kommende Festspielsaison und die Idee der Salzburger Festspiele im allgemeinen: »Das Programm der Salzburger Festspiele ist von Jahr zu Jahr immer bunter geworden, und es könnte die Frage entstehen, welche künstlerische Idee denn noch eine so bunte Darbietung zusammenhält. Wenn man auf unserem Programm eine Oper, die Hauptwerke Mozarts, ein Ballett von Gluck, die ›Serva padrona‹, Goldoni, Mysterienspiele, den ›Faust‹, Schillers Jugenddramen sieht, so könnte man fragen: Wo ist denn da noch das geistige Band? Und hier scheinen

wir in bezug auf Formulierbarkeit sehr in der Hinterhand zu sein im Vergleiche zu deutschen Festspielen auf der Wartburg, in Weimar, in Köln, in Düsseldorf, in München, wo überall nach einem Gesichtspunkte festgespielt wird. Wenn ein Festspiel, wie Bayreuth, sich um das Lebenswerk eines Genius gruppiert, so hat es ein natürliches Programm und eine natürliche Zuhörerschaft, man könnte sie als Gemeinde bezeichnen. Was wir anstreben, ist durchaus nicht eine Gemeinde, sondern ein Publikum im weitesten und breitesten Sinne. Daraus ergibt sich deutlich, daß wir ein vielfältiges Programm machen müssen. Von Jahr zu Jahr wurden die Darbietungen immer reicher und bunter. Wo liegen nun die Grenzen? Die Grenzen scheinen mir weitergezogen als die des Repertoirs der höheren

Linke Seite des Festspielhausfoyers mit Fresken von
Anton Faistauer: Jedermanns Tischgesellschaft und
Szenen aus der Baugeschichte

Anton Faistauer mit Clemens Holzmeister und Egge-
Sturm

Die kleine Winterreitschule als neuer Pausensaal (Stadtsaal)

Heinrich Baron Puthon (1872—1961)

deutschen Bühne im allgemeinen, die ja eigentlich auf das Weimarer Repertoire, auf die Nationalbühne, als Schöpfung unserer Klassiker zurückgeht. Demgegenüber gab es aber doch in Wien immer etwas Älteres, Weiteres und ›Wirklicheres‹. Das Wiener Theaterspiel, jene Buntheit der Wiener theatralischen Darbietung zu Anfang des neunzehnten Jahrhunderts: Burg, Vorstadttheater, Raimund, Nestroy, Kärntnertortheater, dieses Wiener Theaterleben, das das unbeschreibliche Entzücken aller nach Wien kommenden höheren Bildungsmenschen hervorrief und das eine vollkommene, naturgewachsene Einheit war, mit tragischen und komischen Elementen, wie in allen Mozart-Werken, mit volkstümlichen, dialektischen Elementen und hohen Stilelementen. Von diesem bayerisch-österreichischen, diesem süddeutschen Theatergeiste, dem einzigen, den es innerhalb der deutschen Kultur überhaupt gibt, haben wir uns leiten lassen, und er bildet das unsichtbare geistige Haus, innerhalb dessen wir uns bewegen.« (»Wiener Fremdenblatt«, 9. 6.)

Puthon wird Präsident der SFG
5. Mai
In der Generalversammlung der SFG wird nach Rücktritt des Präsidenten Hildmann, gegen den in den letzten Wochen massive Vorwürfe wegen der Festspielhausmisere erhoben wurden, Heinrich Baron Puthon, Oberst a. D., zum neuen Präsidenten gewählt. – Puthon hat dieses Amt vorerst bis zu seiner Enthebung 1938 inne. Während des Krieges ist er in der Hausverwaltung der Festspiele tätig und ab 1945 wiederum als Präsident. – Landesregierungsrat Karl Stemberger und Adolf Stierle werden Vizepräsidenten.
Tags zuvor wurden Holzmeister und Paumgartner in das Kuratorium kooptiert.

Neugestaltung des Festspielhausvorplatzes
2./3. Juli
Der Umbau bringt nun auch die Neugestaltung des Platzes vor dem Festspielhaus mit

sich. Auf Anregung von Holzmeister beschließt der Gemeinderat die Verlegung des
Fischmarktes an die Salzach. Die Fleisch-
stände und eine Tabaktrafik sollen im Botanischen Garten entlang der Mauer zur Marktgasse Unterkunft finden. Den Abbruch des
dem Festspielhaus gegenüberliegenden Gre-
nadierstöckls genehmigt der Gemeinderat
nur zum Teil, jedoch ausreichend für den
freien Blick auf die Kollegienkirche.

Radioübertragungen und Flugverkehr

4. August
Zeitungen melden, daß die Radioübertragun-
gen einzelner Veranstaltungen nicht nur nach
Wien, sondern auch nach München und
Nürnberg erfolgen sollen und von dort von allen deutschen Sendestationen übernommen
werden.

16. August
Die Fluglinien Salzburg – München – Salzburg und Salzburg – Bad Reichenhall – Salzburg nehmen ihren Betrieb auf. »Für die
Flugreisenden steht ein Personenauto zur
Verfügung, welches die Verbindung zwischen
der Stadt und dem Flughafen Maxglan her-
stellt. Die Kabinen der Flugzeuge sind zu aller Bequemlichkeit und Behaglichkeit ausgestattet.« (»Salzburger Volksblatt«, 18. 8.)

Festakt zur Eröffnung des Festspiel-hauses

7. August
Ab 19.30 Uhr können die Räumlichkeiten des
Festspielhauses allgemein besichtigt werden.
Um 20.30 Uhr beginnt der eigentliche Eröff-
nungsakt.

8. August
»Jedermann« wird unvorhergesehen zur
Eröffnungsvorstellung des neuen Hauses, da
der Domplatz wegen Schlechtwetters nicht
benützt werden kann. Domkapellmeister Joseph Messner ergänzte die Bühnenmusik und
schrieb einen Schlußchor, der sich, vorgetra-
gen von der Salzburger Sängervereinigung
und den Knabenchören des Domes und von
St. Peter, gerade im Haus als besonders wirkungsvoll erweist.

Marie Gutheil-Schoder, Maria Németh und Richard
Tauber auf dem Weg zur »Don Juan«-Probe

Erstmals eine Operette und eine zeit-genössische Oper im Festspielprogramm

13. August
Nach Mozarts »Entführung« unter Bruno
Walter und »Don Juan« unter Schalk wird
das Festspielpublikum erstmals mit einer
Operette konfrontiert. Auf Wunsch Bruno
Walters wird »Die Fledermaus« von Johann
Strauß ins Programm genommen und wird
zur Attraktion dieser Saison. Fritzi Massary,
die überaus populäre Operettendiva, ist für
die ursprünglich als Adele vorgesehene Maria
Jeritza ein vollwertiger Ersatz. Hans Moser
spielt den Gefängnisaufseher Frosch.
»Man mag von einer Reinhardtschen Bußpre-
digt kommen oder erschüttert sein von der
Dämonie des Mozartschen ›Don Juan‹; im
Zauberkreis Johann Straußscher Musik ist
man glücklich und vergißt […].« (»Neues

Wiener Tagblatt«, 15. 8.). Der Aufführung am 24. 8. wohnt die Witwe von Johann Strauß bei.

18. August

Mit »Ariadne auf Naxos« von Richard Strauss steht zum ersten Mal eine zeitgenössische Oper auf dem Programm. Hofmannsthal, der Librettist, erwartet sich von einer Aufführung in Salzburg die Erschließung dieses subtilen Werkes für ein breites und internationales Publikum. Die »Ariadne« wird im Stadttheater von Lothar Wallerstein, in der Ausstattung von Oskar Strnad, einstudiert. Clemens Krauss, von Strauss nach Salzburg berufen, dirigiert zwei Vorstellungen, eine dritte leitet Strauss persönlich. Lotte Lehmann singt die Titelpartie, Marie Gerhart die Zerbinetta und Maria Rajdl den Komponisten.

Pergolesis einaktige Oper »La Serva padrona«, Glucks pantomimisches Ballett »Don Juan« und Mozarts Schäferspiel »Les petits riens«, Orchesterkonzerte der Wiener Philharmoniker – darunter erstmals ein Werk Gustav Mahlers unter Walter –, Kammerkonzerte, ein Konzert geistlicher Musik und Auftritte des »Wiener Männergesang-Vereins« komplettieren das vielfältige Angebot, das zum ersten Mal auch Solistenkonzerte einschließt.

J. Strauß: »Die Fledermaus«, Stadttheater. Dirigent: Bruno Walter. Hans Moser (Frosch)

Fritzi Massary (Adele)

Richard Strauss bei einer Ensembleprobe zu »Ariadne auf Naxos«. Viktor Madin, Hermann Gallos, Franz Markhoff, John Gläser, Georg Maikl, Karl Renner, Hermine Kittel, Maria Rajdl, sitzend v. l. Claire Born, Karola Jovanović, Marie Gerhart und Luise Helletsgruber

Commedia dell'arte in Salzburg – Die Felsenreitschule als neue Spielstätte

14. August

Statt der im Mai groß angekündigten Reinhardt-Einstudierung von Goethes »Faust I und II«, hat »Turandot« von Carlo Gozzi, in der Vollmoeller-Bearbeitung, mit eigens für Salzburg geschriebenen Extempores von Alfred Polgar, Premiere. Für diese erste Inszenierung im umgestalteten Festspielhaus schafft Oskar Strnad ein kostbares Bühnenbild. Das burleske Treiben und die Improvisationslust der vier Masken der Commedia dell' arte, die Reinhardt mit seinen vier besten Komikern, Richard Romanowsky (Pantalone), Hans Moser (Tartaglia), Oskar Homolka (Brighella) und Max Pallenberg (Truffaldino) besetzt, überwuchern die Dichtung und veranlassen die Titeldarstellerin Helene Thimig noch Jahrzehnte danach zu der Feststellung: »Ich kam überhaupt nicht zu Wort!« Obwohl Reinhardt auf Anraten von Hofmannsthal, Richard Beer-Hofmann, Felix Salten und Franz Molnár, die der Generalprobe beiwohnten, noch kürzt, dauert die Vorstellung viel zu lang.

20. August

Ein zweites Commedia dell'arte-Spiel, Carlo Goldonis »Der Diener zweier Herren«, hat im Stadttheater Premiere – wie die »Turandot« mit Bühnenmusik von Paumgartner, der dafür auf alte Motive zurückgegriffen hat.

C. Gozzi/K. Vollmoeller: »Turandot«, Festspielhaus. Regie: Max Reinhardt, Ausstattung: Oskar Strnad. Schlußszene. Richard Romanowsky (Pantalone), Lili Darvas (Adelma), Gustav Waldau (Altoum), Helene Thimig (Turandot) und Hans Moser (Tartaglia)

23. August

Doch erst die zweite »Diener«-Vorstellung wird zum Tagesgespräch. Reinhardt probiert die Felsenreitschule als neue Spielstätte aus. Er läßt eine gleichsam improvisierte, einfache Bretterbühne aufbauen, mit leicht beweglichen, bemalten Paravents von Oskar Laske als einziger Dekoration, davor ein kleines Orchester und Stühle für die Zuschauer. Wie in der Wiener Inszenierung von 1924 sind auch hier Hugo Thimig als Pantalone und Helene Thimig als Smeraldina zu sehen sowie Hermann Thimig als Truffaldino, dessen »Nudelszene« in die Theatergeschichte einging.

24. August

Salzburger Zeitungen befassen sich eingehend mit einem Artikel in der »B. Z. am Mittag«, der, auf die »Turandot«-Inszenierung bezogen, behauptet, »daß im Festspielhaus eine Palastrevolution auszubrechen drohe. [...] daß der Schloßherr von Leopoldskron die finanzielle Kraft der Festspielhausgemeinde außer acht lasse [...]. Es wurde wieder der luxuriöseste Apparat aufgeboten und durch vorgenommene Striche blieben engagierte Kräfte, welche die Festspielleitung willig engagiert hatte, schließlich ohne Beschäftigung«. (»Salzburger Volksblatt«, 24. 8.)

Eröffnung der Repräsentationsräume mit einem Festspielball

23. August

Unter dem Ehrenschutz und im Beisein von Bundespräsident Hainisch und Unterrichts-

C. Goldoni: »Der Diener zweier Herren«, Felsenreitschule. Regie: Max Reinhardt, Ausstattung: Oskar Laske. Helene Thimig (Smeraldina), Josef Danegger (Brighella), Friedrich Kühne (Dottore), Hugo Thimig (Pantalone), Dagny Servaes (Rosaura) und Richard Romanowsky (Silvio)

minister Anton Rintelen findet in den Räumlichkeiten des Festspielhauses ein Festspielball statt, zu dem sich Spitzen der Behörden, der Diplomatie und Kunstwelt einfinden. Eine Festfanfare von Richard Strauss gibt den Auftakt, Landeshauptmann Rehrl begrüßt die Gäste, der Bundespräsident dankt in seiner Erwiderung allen am Festspielhausumbau Beteiligten und betont die »Mission Salzburgs«. Dann leiten Tilly Losch und Harald Kreutzberg mit einer Tanzeinlage zum Ballfest über.

Präsident Puthon zieht Bilanz
September
Präsident Puthon berichtet Anfang September in einer Pressekonferenz über Ereignisse und Erfahrungen der abgelaufenen Saison.
Das Defizit von rund 140.000 Schilling begründet er damit, daß abgesehen von »Don Juan«, »Entführung«, »Fledermaus« und »Jedermann« der Kartenverkauf nicht den Erwartungen entsprach. Das Programm sei zu umfangreich, die Kapazität der Salzburger Hotellerie nicht ausreichend. Zu hohe Kosten hätten sich bei der Neuausstattung einzelner Inszenierungen ergeben, besonders bei Reinhardts »Turandot« sowie durch die mangelhafte technische Einrichtung der Bühne, die den Dekorationsumbau sehr erschwere.

C. Goldoni: »Der Diener zweier Herren«. Hermann Thimig (Truffaldino) in der berühmten »Nudelszene«

Rehrls Plan zu einer »dauernden Ordnung der Festspielhausangelegenheiten« – Betriebsführungsvertrag

26. November

In einer Enquete legt Landeshauptmann Rehrl seinen zweiten Sanierungsplan vor. Dieser betrifft eine strukturelle Reorganisation der SFG und den Abschluß eines Betriebsführungsvertrages zwischen der SFG (Betriebsführerin des Festspielhauses) und der Stadtgemeinde Salzburg (Eignerin des Festspielhauses), der die Erhaltung, Nutzung und den Inventarbestand des Festspielhauses regelt. Seine wichtigsten Vorschläge sind:

Ein Präsidium, bestehend aus einem Präsidenten, zwei Vizepräsidenten und einem Generalsekretär, soll die Geschäftsführung übernehmen. Der Präsident legt den Spielplan vor. Der Aufsichtsrat mit Vertretern von Stadt, Land und dem Verein ist für die finanzielle Gebarung zuständig. Der Kunstrat hat die Möglichkeit der Programm-Mitgestaltung, das Kuratorium überwacht die künstlerische Führung. Der Präsident ist Vorsitzender des Aufsichtsrats und des Kuratoriums. Zusätzlich wünscht Rehrl »die Bestellung eines Managers, der sich nur mit der großzügigen Außenpropaganda zu befassen hat und möglichst durch Beteiligung am Gewinne zu verpflichten wäre.«

Die SFG soll cirka 200 Mitglieder mit einem jährlichen Mitgliedsbeitrag von 500 Schilling umfassen, Stadt und Land als Mitglieder sowie der Bund sollen mindestens 1000 Schilling zahlen.

Die Gründung eines Stadtorchesters, in enger Zusammenarbeit mit dem Mozarteum, wird angeregt, ebenso wie verstärkte Kooperation

F. Schiller: »Kabale und Liebe«, Stadttheater. Regie: Max Reinhardt, Bühnenbild: Alfred Roller. Paul Hartmann (Ferdinand) und Lili Darvas (Lady Milford)

fuhrwerke gezählt. Das Publikum erwartet sich von dieser Reinhardt-Inszenierung die Hauptattraktion der Saison.

Tatsächlich erweist sich die Einstudierung in den Feenszenen – mit Luis Rainer als Oberon, Maria Solveg als Titania, Katta Sterna als Puck, Tilly Losch als Erste Elfe und Harald Kreutzberg als Waldgeist – als zu üppig und in den Rüpelszenen – mit Josef Danegger als Squenz, Wilhelm Diegelmann als Schnock, Hans Moser als Zettel, Richard Romanowsky als Flaut (ab der zweiten Vorstellung: Heinz Rühmann) und Wladimir Sokoloff (Schlucker) als zu grotesk. Paul Hartmann und Rosamond Pinchot verkörpern Theseus und Hippolyta. Das Wechselspiel der Liebespaare – mit Margarete Koeppke als Hermia, Christa Tordy als Helena und Hermann und Hans Thimig als Demetrius und Lysander – verliert durch die Überfülle an Regieeinfällen teilweise an Spannung. Diese Reinhardt-Inszenierung ist weitgehend mit der 1925 im Theater in der Josefstadt gezeigten identisch. Neu sind die prächtigen, barokkisierenden Bühnenbilder von Oskar Strnad und die diesen entsprechenden Kostüme von Ernest de Weerth. Für Mendelssohn Bartholdys »Sommernachtstraum«-Musik werden die Philharmoniker unter Bernhard Paumgartner aufgeboten.

12. August

Die Premiere der Reinhardt-Inszenierung von Schillers »Kabale und Liebe« findet bei der Presse fast uneingeschränkte Zustimmung; auch hier handelt es sich um eine Übernahme aus Wien.

Die Aufführung im Stadttheater besticht durch ihre Einfachheit und durch die Kunst der Schauspieler, allen voran Hugo Thimig als Musikus Miller, Helene Thimig als Luise, Paul Hartmann als Ferdinand und Lili Darvas als Lady Milford.

Max Reinhardt mit Gästen auf der Terrasse von Schloß Leopoldskron. Stehend von links: Heinz Herald, Einar Nilson, Tilly Losch, Herr Ziegler, Rudolf Kommer, Hugo von Hofmannsthal; davor: Rosamond Pinchot, Lili Darvas, Helene Thimig, Frl. Ziegler, Harald Kreutzberg, Wladimir Sokoloff, Hugo und Hermann Thimig und Paul Hartmann

Alfred Piccaver (Florestan) und Lotte Lehmann (Leonore) in Beethovens »Fidelio«, der ersten Opernaufführung im Festspielhaus. Dirigent: Franz Schalk

Bernhard Paumgartner und die Wiener Philharmoniker bei einer Serenadenprobe im Hof der Residenz

»Fidelio« als erste Operninszenierung im Festspielhaus

13. August

Das Festspielhaus muß sich erstmals als Opernschauplatz bewähren. Anläßlich des »Beethoven-Gedenkjahres« (100. Todestag) inszeniert Lothar Wallerstein »Fidelio«. Es dirigiert Franz Schalk, der aus Wien Alfred Jerger als Pizarro, Alfred Piccaver als Florestan, Lotte Lehmann als Leonore und Richard Mayr als Rocco mitbringt und den Abend zu »einem Fest der großen Stimmen« macht. Die Dekoration stammt von Holzmeister – eine für die räumlich beschränkte Bühne geschickte Lösung mit kubischen Aufbauten ohne szenische Details. Der gotische Mauerbogen der ursprünglichen Mysterienbühne stört freilich den optischen Eindruck.

Trotz des Umbaus ist die Akustik des Raumes für musikalische Aufführungen mangelhaft, was die heimische Kritik ignoriert.

Umfangreiches Serenadenprogramm

Neu ist ein umfangreiches Serenadenprogramm. An sieben Abenden spielen die Wiener Philharmoniker unter Bernhard Paumgartner Mozart an drei verschiedenen Orten, in der Residenz, im Mozarteum und in der Felsenreitschule.

Das Festspielhaus wird Kino

August

Als außerordentliche Veranstaltungen finden in der zweiten Augusthälfte im Festspielhaus Vorführungen von Cecil B. de Milles Monumentalfilm »König der Könige« statt. Der

Premiere, zugleich europäische Erstaufführung dieses amerikanischen Christusfilms,
wohnen Fürsterzbischof Rieder, Weihbischof
Johannes Filzer, Erzabt Petrus Klotz von St.
Peter und Bundeskanzler Dr. Ignaz Seipel
bei. Die Firma Zeiß-Ikon A. G. liefert die
technischen Vorführapparate eigens aus
Wien. Gegen die Erteilung der erforderlichen
Konzession an die SFG setzen sich die Salzburger Kinobesitzer und das Stadttheater zur
Wehr.

Ehrungen für Kammersänger Richard Mayr

27./28. August
Für seine Bemühungen um die Salzburger
Festspiele und anläßlich seiner 25jährigen
Zugehörigkeit zur Wiener Staatsoper wird Ri-
chard Mayr zum Ehrenbürger der Stadt Salz-
burg und tags darauf zum Ehrenmitglied des
Mozarteums ernannt.

Ein Reinertrag von 700 Schilling oder doch ein Defizit?

7. November
Laut Meldung des »Salzburger Volksblattes«
verzeichneten die vergangenen Festspiele
eine Besucherfrequenz von 58.000 (um
30.000 mehr als im Vorjahr) und schließen
erstmals mit einem Reingewinn ab. Bei Ge-
samteinnahmen von 509.225 Schilling und
Kosten von 508.532 Schilling bleiben rund
700 Schilling übrig.

9. November
Zwei Tage später korrigiert sich die Zeitung
und berichtet von einer Überschreitung des
mit 420.000 Schilling bezifferten Voran-
schlags um 88.000 Schilling. Dieser Fehlbe-
trag setzt sich aus etwa 70.000 Schilling für
den Bühnenumbau und den Kosten für die
»Sommernachtstraum«-Ausstattung zusammen, die Reinhardt ursprünglich ablösen
wollte.

Notwendigkeit von öffentlichen Subventionen

16. Dezember
In der Landtagssitzung steht die Petition der
SFG um eine Subvention für 1928 zur Debatte. Trotz des künstlerischen, wirtschaftlichen und finanziellen Erfolgs zeigt es sich,
daß künftige Festspiele auf internationalem
Niveau nicht ohne Subventionen von Bund,
Land und Stadt auskommen. (Vgl. LA/Land-
tagssitzungsprotokoll vom 16. 12.)

Max Reinhardts Gesamtgastspiel in New York

17. November 1927 – 4. Februar 1928
Reinhardt zeigt in New York als »Gesamtgast-
spiel der Reinhardt-Bühnen« acht seiner er-
folgreichsten Produktionen (98 Vorstellungen), darunter auch »Jedermann«, »Ein Sommernachtstraum«, »Der Diener zweier Herren« und »Kabale und Liebe«.

1928

Dauer der Festspiele: 26. Juli–30. August

Die Bürgschaft für den Dollarkredit erlischt

1. Juli
Die Bürgschaften von Land und Stadt Salzburg für den Drei-Millionen-Dollar-Kredit aus der Völkerbundanleihe erlöschen, die 1926 aufgenommene Summe wurde von der Salzburger Kredit- und Wechselbank termingerecht dem Bund zurückerstattet.

Berichte vom Kartenverkauf

18. Juli
Nach Meldungen der »Neuen Freien Presse« hat der Kartenvorverkauf bereits jenes Ergebnis erreicht, das im Vorjahr am zweiten Festspieltag vorlag. Als Käufer werden Mitglieder von New Yorker Kunstvereinigungen, Professoren der Pariser Universität, Angehörige des Hochadels und der Hochfinanz sowie der rheinischen Schwerindustrie angeführt.

Hugo von Hofmannsthal zum Programm der Salzburger Festspiele

22. Juli
Die »Neue Freie Presse« publiziert Hugo von Hofmannsthals Essay über das »Programm der Salzburger Festspiele«. Auf den Spielplan dieses Jahres bezogen, betont er als Leitgedanken »den Reichtum und die Lebendigkeit des höheren Theaterwesens – wobei ein Grenzstein zwischen dem rezitierten Drama und dem gesungenen, also der Oper, nicht gezogen wird – vor uns selber und vor unseren Gästen auszubreiten«.
Der Pflege »des höheren Theaterwesens der Nation« werden die geplanten Aufführungen von Mozarts »Zauberflöte« neben Beethovens »Fidelio«, Schillers »Die Räuber« und Goethes »Iphigenie auf Tauris« ideal gerecht. Mit der Wiederholung des »»Jedermann‹-Spiels auf offenem Domplatz vor einer Zuschauermenge« und der Einstudierung von Richard Billingers »Perchtenspiel« ist »die Kluft zwischen Volk und Gebildeten wirklich ausgefüllt«.

Festspielplakat nach dem Entwurf von Poldi Wojtek

R. Billinger: »Das Perchtenspiel«, Festspielhaus. Regie: Eduard Köck. Grete Wiesenthal (Die Perchtin)

Ein Symbol für die Festspiele

Juli/August

Ein neues Plakat, nach dem Entwurf von Poldi Wojtek, wirbt für Salzburg. Die Malerin, Grafikerin und Keramikerin gewann damit den Wettbewerb um ein Symbol für die Festspiele. Der Jury gehörten auch Faistauer und Reinhardt an. – Seit damals ist die Maske hinter der Festung Hohensalzburg, kombiniert mit den Salzburger Fahnen, ein in aller Welt bekanntes Markenzeichen. Der erste Entwurf war in Rot-Schwarz-Gold gehalten,

in den folgenden Jahren reduzierte man das Emblem auf die Farben Rot-Schwarz.

Drei Neuheiten auf dem Schauspielsektor

26. Juli

Neben »Jedermann« gibt es drei Schauspielneuheiten, die mit Richard Billingers »Perchtenspiel« eröffnet werden – einem »Tanz- und Zauberspiel«, das im Alpenländisch-Legendären wurzelt und in dem sich dämonische Urkräfte mit christlichem Gedankengut verbinden. Es handelt sich um ein Gastspiel der Exl-Bühne aus Innsbruck unter der Leitung von Eduard Köck mit zusätzlichen prominenten Künstlern wie Grete Wiesenthal als »schöne Perchtin« und Franziska Kinz als Peters Weib.

28. Juli

Die zweite Novität ist eigentlich eine Übernahme der Wiener Josefstadt-Einstudierung von Goethes »Iphigenie auf Tauris« durch den Dichter Richard Beer-Hofmann. Die Aufführung im Stadttheater, mit dem Bühnenbild von Roller, zeichnet sich durch außerordentliche Geschlossenheit aus. Für Goethes »vollendetstes Beispiel antikisierender Dramatik in deutscher Sprache« ist jedoch nur ein kleiner Kreis empfänglich. Allgemein gerühmt werden Helene Thimigs Gestaltung der Titelrolle und der Pylades von Paul Hartmann, während Alexander Moissis Orest manchen zu manieriert ist.

8. August

Die Reinhardt-Inszenierung von Schillers »Die Räuber« im Festspielhaus kann an den Erfolg von »Kabale und Liebe« des Vorjahrs nicht anschließen. Hartmann verkörpert den Karl Moor, Moissi nicht ganz ohne Effekthascherei den Franz, Eduard von Winterstein den Grafen Moor und Dagny Servaes die Amalia. Um die langen Umbaupausen zu überbrücken, läßt Reinhardt vom Orchestergraben her Studentenlieder singen. Felix Salten ist von dieser Lösung nicht begeistert und meint dazu in seiner Besprechung vom 12. 8. in der »Neuen Freien Presse«: »Das erinnert

„Das Haus ist besetzt, Meister!" — „Bravo! Es lebe die Kunst!"

»Das Haus ist besetzt, Meister!« — »Bravo! Es lebe die
Kunst!« Karikatur von Olaf Gulbransson (»Simplizissi-
mus«, 6. 8. 1928)

an die Zeiten, in denen Alt-Heidelberg so
großen Erfolg hatte […] erhebend bis zur
Sphäre der Gartenlaube.« Die Inszenierung,
die wahrscheinlich besser in das Stadttheater
gepaßt hätte, wird neunmal wiederholt.

Wiederaufführung der sogenannten »Domweihmesse«
27. Juli
Anläßlich der Dreihundert-Jahr-Feiern des
Salzburger Domes, die im September festlich
begangen werden, nimmt die SFG die sogenannte »Domweihmesse« in ihr Programm
auf. Diese Messe, die irrtümlich Orazio Bene-
voli zugeschrieben wurde, entstand auch
nicht zur Domweihe 1628. Heinrich Ignaz
Franz Biber komponierte sie für die Säkular-
feier des Domes 1682. – Dieser doppelte Irr-

tum wird erst anläßlich der Aufführung der
Messe bei den Festspielen 1974 durch den
Salzburger Musikwissenschafter Ernst Hin-
termaier richtiggestellt.

Kritik an den Programmheften
Juli
Die Beschwerden über die Gestaltung der
Programmhefte nehmen zu. Das jeweilige
Personenverzeichnis, drei kleinere Aufsätze
und die wenigen Illustrationen sind hinter einer Fülle von Inseraten und Werbungen für
die Fremdensaison in allen Teilen Österreichs versteckt. »Und das schönste aber ist,
daß man für diese Fremdenabwanderungs-
propaganda einen vollen Schilling zahlen
muß. Riecht das nicht ein wenig nach Wurze-
rei?«, fragt das »Salzburger Volksblatt« am
30. 7.

»Bolschewikeneinbruch« bei den Festspielen
3.–10. August
Die Einbeziehung des Leningrader Opernstudios in das Festspielprogramm führt schon
Wochen vor dem russischen Gastspiel zu einer heftigen Kampagne gegen diesen »Bol-
schewikeneinbruch«. Rehrl, eben vom Urlaub
zurückgekehrt, läßt eine amtliche Untersuchung einleiten, um zu klären, wer für diese
Einladung der Russen zuständig ist. Am
18. 7. erscheint im »Neuen Wiener Journal«
nachfolgende Erklärung der SFG: »Der Entschluß, das Leningrader Opernstudio zu einem Gastspiele einzuladen, wurde auf Grund
eingehender künstlerischer Erwägungen vom
Kuratorium ohne jedwede Einflußnahme au-
ßenstehender Persönlichkeiten gefaßt und
wird von ihm in seiner Gesamtheit verantwor-
tet. Das russische Theater ist bekanntlich für
die Entwicklung des neuzeitlichen Bühnen-
stils in vieler Beziehung vorbildlich und rich-
tunggebend und hat als Sprechtheater und
Ballett seinen Weltruf bereits an den größten
Bühnen Deutschlands und Österreichs gerechtfertigt. Somit hielt es das Kuratorium im
Sinne der künstlerischen Aufgaben der Salz-

W. A. Mozart: »Bastien und Bastienne«, Stadttheater. Gastspiel des Leningrader Opernstudios. Dirigent: Serge Elzin, Regie: Emanuel Kaplan

burger Festspiele gelegen, einem internationalen Publikum zum erstenmal auf mitteleuropäischem Boden den Versuch russischer Opernkunst zu bieten, um so mehr, als die zur Aufführung gewählten Opernwerke von vornherein jeden Gedanken an eine politisch-propagandistische Tendenz ausschließen.«

Nach den Polemiken haben es die jungen Sänger besonders schwer, zu überzeugen. Ihr Programm beginnt mit Bernhard Paumgartners musikalischer Komödie »Die Höhle von Salamanca« und – für die Mozart-Stadt nicht gerade glücklich gewählt – mit »Bastien und Bastienne«. Dann folgen russische Werke, »Der steinerne Gast« von Alexander Dargomyschskij und »Der unsterbliche Kaschtschey« von Nikolaj Rimskij-Korsakow.

Die Begegnung mit den Leningradern ist interessant und, wie das »Neue Wiener Journal« vom 6. 8. meint, »eine echte Auffrischung für das wenig novitätenfreundliche und so selten experimentierfrohe Salzburg«.

Schwierigkeiten mit der ersten »Zauberflöte«

18. August

Die erstmals bei den Festspielen aufgeführte »Zauberflöte« bestätigt deutlich die Unbrauchbarkeit des Festspielhauses für Operninszenierungen. Der Bühnenbildner Oskar Strnad behilft sich mit einer steil ansteigenden Treppe, die den Regisseur Lothar Wallerstein zu einer statisch-archaischen Personenregie zwingt, im Gegensatz zur ursprüngli-

W. A. Mozart: »Die Zauberflöte«, Festspielhaus. Dirigent: Franz Schalk, Regie: Lothar Wallerstein, Bühnenbild: Oskar Strnad. Schlußszene mit Maria Rajdl (Pamina), Richard Mayr (Sarastro) und Josef Kalenberg (Tamino)

chen Konzeption, die ein dynamisches Spiel mit stärkerer Betonung des Komödiantischen vorsah.

Die Wiener Philharmoniker musizieren unter Schalk auf gewohntem Niveau. Von den Sängern ist Richard Mayr als Sarastro hervorzuheben, die anderen entsprechen den Erwartungen nur zum Teil.

Ausstellungen zur Festspielzeit
August

In der Gobelinkapelle des Domes wird eine von dem Wiener Musikhistoriker Constantin Schneider eingerichtete »Musikausstellung« präsentiert, die das musikalische Leben in Salzburg vom Mittelalter an dokumentiert. Glanzstück dieser Schau ist die Originalparti-

tur der Messe von Heinrich Ignaz Franz Biber.

5. August–2. September

In Mozarts Geburtshaus ist eine umfangreiche »Zauberflöten«-Ausstellung zur Werk- und Aufführungsgeschichte zu sehen, für die eine Reihe von Bühnenbildmodellen nachgebaut wird. Kostbarstes Exponat ist die Originalpartitur, eine Leihgabe der Preußischen Staatsbibliothek Berlin.

Bemerkenswertes am Rande der Festspiele
26. Juli

Die Internationale Stiftung Mozarteum veranstaltet eine »Mozart-Tagung«, in der unter anderem beschlossen wird, Camillo Castiglioni aufgrund seiner 100.000-Schilling-Spende zum Ehrenmitglied zu ernennen.

16. August

Zu Ehren von Reinhardt, Schalk, Bruno Walter, von Vertretern der Presse und Festspielmitwirkenden findet im Park und in den Festsälen des Hotels de l'Europe ein Gartenfest mit Ball statt. Das Programm enthält auch »eine Pelz- und Kleidermodenschau erstklassiger Wiener Firmen und eine Schönheitskonkurrenz, deren Jury die prominentesten Künstler der Festspiele angehören«. (»Neue Freie Presse«, 10. 8.)

24. August

Bundespräsident Hainisch besucht die »Fidelio«-Aufführung im Festspielhaus. Tags darauf fährt er zur Einhundert-Jahr-Feier des Kurortes Bad Hofgastein, bei der die SFG auch ein Orchesterkonzert unter Franz Schalk mit Werken von Haydn, Mozart und Beethoven veranstaltet.

29. August

Die letzte »Jedermann«-Vorstellung muß wegen Schlechtwetters kurzfristig in das Festspielhaus verlegt werden. Dabei kommt es zu peinlichen Überraschungen und Tumulten, weil das Haus mit 1200 Plätzen die mehr als 2000 Kartenbesitzer nicht aufnehmen kann. Abends lädt die SFG zu einer »Akademie« mit Mitwirkenden der Festspiele ein. Daran schließt sich im Stadtsaal ein »Gesellschaftlicher Abend mit Tanz«.

Einführung der Autotaxis in Salzburg

21. August

Laut Meldung des »Salzburger Volksblattes« sind mit Verfügung der Gewerbebehörde die Salzburger Lohnautobesitzer und Autovermieter beauftragt, ihre Wagen mit Kontrollapparaten auszustatten, die dem Fahrgast die Überprüfung des Fahrpreises ermöglichen.

Rekordbesuch und Defizit – Zuwachs der Bankeinlagen

September

In allen Zeitungen erscheint die Meldung der SFG über die Bilanz der abgelaufenen Festspiele. Trotz hoher Besucherzahlen ist mit einem Abgang von 73.000 Schilling zu rechnen. Ausschlaggebend für das Defizit sind einerseits die zu niedrigen Kasseneinnahmen aus dem russischen Gastspiel, andererseits die hohen Kosten für die neue Ausstattung der »Zauberflöte«, die nicht einkalkuliert waren. Allgemein wird festgestellt, daß die Festspiele 1928 qualitativ nur zum Teil befriedigten und daß es ratsamer wäre, »Festspiele lieber etwas kürzer zu machen, sie dafür aber auf absolut einwandfreie Höhe zu bringen und rücksichtslos alles, was nicht wirklich erstklassig ist, von Anfang an abzulehnen«. (»Salzburger Volksblatt«, 1.9.)

Die wirtschaftlichen Auswirkungen werden dagegen ausgesprochen positiv beurteilt. So verweist die »Salzburger Wacht« vom 8. 9. auf eine Mitteilung der Salzburger Sparkasse, bei der sich die Geldeinlagen im Juli auf 970.000 Schilling belaufen und im Festspielmonat August auf den Höchststand von 2,316.000 Schilling anwachsen.

Auch der Landesverband für Fremdenverkehr ist zufrieden. Die Gästelisten nennen bekannte Namen des Hochadels, der Diplomatie, der internationalen Großindustrie und Kunstwelt. Das »Salzburger Volksblatt« weiß am 25. 8. zu berichten, daß sich der irische Dichter James Joyce seit Wochen in der Festspielstadt aufhält.

Festspiele unter einer anonymen Zweckgesellschaft

August–Dezember

Diesmal suchen außer Landeshauptmann Rehrl auch Reinhardt und Hofmannsthal nach Sanierungsmöglichkeiten; der Letztgenannte übernimmt die Verhandlungen.

21. August

Hofmannsthal schreibt an Rehrl, »daß die Dinge hier in dieser dilettantischen Weise nicht weitergeführt werden können ist ja klar. Ich möchte Sie in den allernächsten Tagen aufsuchen, um Ihnen ganz konkrete Vorschläge darüber zu machen wie wir, Reinhardt und ich, uns die ökonomische Form des

Betriebes vorstellen«. (LA/Rehrl NL-116 unnum.)
Dem Brief liegt ein »Entwurf für die Durchführung der Festspiele unter Zuhilfenahme einer anonymen Zweckgesellschaft« bei, der im wesentlichen folgendes vorsieht: Der Kunstrat übernimmt auch die kommerzielle Leitung der Festspiele.
Stadt und Land mit Fremdenverkehrsfonds garantieren eine Subvention von 50.000 Schilling für die Propagandaintensivierung, ebenso erhält die neue Leitung von der Stadt alle Begünstigungen, wie sie der SFG gegenüber geleistet werden.
Die Finanzierung soll durch eine »nicht protocollierte, anonyme Vereinigung kapitalskräftiger Persönlichkeiten und Corporationen« erfolgen, gemeint sind die deutsche »Sporthallen-Betriebsgesellschaft m. b. H.« in Dortmund, vor allem aber die »Wiener Schauspielhaus A. G.« mit je 100.000 Mark. Der Hauptbeteiligte dieser A. G. ist der Finanzmagnat und Großindustrielle Camillo Castiglioni, der als Mäzen Reinhardts nun auch seinen Einfluß auf Salzburg ausdehnen möchte. Gestützt auf eine derartige materielle Basis, könnte Reinhardt praktisch allein die geschäftliche und künstlerische Leitung der Festspiele übernehmen und die SFG wäre weitgehend ausgeschaltet. (Vgl. LA/Rehrl NL-116 unnum.)
Wie zu erwarten, ist Rehrl mit diesen Vorschlägen nicht einverstanden und stellt nun seinerseits Bedingungen. Vor allem besteht er

darauf, daß die SFG weiterhin Trägerin des Unternehmens mit Sitz und Leitung in Salzburg bleibt. Obgleich die Abmachungen geheim geführt werden und manche Schriftstücke – vor allem jene von Hofmannsthal – den Vermerk »streng vertraulich« tragen, sickern allerlei Gerüchte durch. Ab Ende August werden in der Wiener und Salzburger Presse laufend Meldungen kolportiert, mit Titelüberschriften, die von einer »Grundlegenden Umgestaltung der Salzburger Festspiele« (»Salzburger Volksblatt«, 30. 8.) sprechen und bis zu »Die Judaisierung der Salzburger Festspiele« (»Völkischer Beobachter«, 2./3. 9.) oder »Sommertheater Reinhardts« (»Salzburger Volksblatt«, 3. 11.) reichen.
Die Verhandlungen sind mühevoll und ziehen sich über Monate.
15. Dezember
Der sichtlich verärgerte Landeshauptmann schreibt an Hofmannthal: »Ich muß gestehen, daß die ganze Art der Verhandlungen, wie sie die Wiener Gruppe zu führen beliebt, in mir das größte Unbehagen erweckt und ich erinnere mich nicht, jemals mit ernsten Menschen jemals in dieser Form verhandelt zu haben. [...] Die ganze Aktion scheint darauf abzuzielen, unter wesentlicher materieller Beihilfe und Förderung seitens der Salzburger Faktoren eine Diktatur in Salzburg zu errichten.« (LA/Rehrl NL-116 unnum.)
13. Dezember
Reinhardt reist zu Filmaufnahmen nach Hollywood.

1929

Dauer der Festspiele: 4.–30. August

Finanzprobleme ohne Ende

Januar

Auch das Jahr 1929 beginnt für die SFG mit dem üblichen Debakel: Subventionen in der Höhe von 150.000 Schilling wären nötig, um die kommenden Festspiele zu finanzieren. Der Fremdenverkehrsförderungsfonds hat zwar 50.000 Schilling für Propagandazwecke in Aussicht gestellt, woher allerdings der Restbetrag kommen soll, ist genauso unklar wie die Frage, ob das Stadttheater unentgeltlich zur Verfügung gestellt werden kann und der Magistrat bereit ist, der Salzburger Theatergesellschaft für den Gewinnentgang im August des vergangenen Jahres 25.000 Schilling zu zahlen.

Aufgrund der ungesicherten Finanzen ist das Programm noch immer nicht festgelegt. Fest steht nur, daß diesmal die musikalischen Veranstaltungen überwiegen werden, da Reinhardt vor seiner Amerikareise bekanntgab, er würde sich weitestgehend von den Festspielen dieses Sommers zurückziehen und wahrscheinlich nur mit dem »Jedermann« präsent sein. Dafür bietet er, vertreten durch seinen Bruder Edmund und Dr. Emil Geyer, den Direktor des Theaters in der Josefstadt, der SFG an, im Sommer mit einem großen »Josefstadt-Gastspiel« im Stadttheater, »eingestreut zwischen die Festspielaufführungen, nach Salzburg zu kommen«. (»Salzburger Volksblatt«, 16. 1.) Genannt sind die Josefstadt-Erfolgsproduktionen »Leinen aus Irland« von Stephan Kamare, »Victoria« von W. S. Maugham, »Der Diener zweier Herren« und andere Werke leichteren Genres, die bei bewußt

niedrig gehaltenen Eintrittspreisen auch einem finanziell wenig bemittelten Publikum zugänglich gemacht werden sollen. Um die Kosten für das Gastspiel möglichst zu beschränken, wird eine Kombination mit zusätzlichen Gastauftritten in München vorgeschlagen.

Schließlich scheitert im März das Projekt an der Weigerung des bayerischen Kultusministeriums, das die Münchner Staatstheater – Residenz- und Prinzregententheater – Reinhardt nicht zur Verfügung stellen will. Gleichzeitig mit der Münchner Absage muß auch für Salzburg der Gastspielplan aufgegeben werden.

25. Januar

Der Fremdenverkehrsförderungsfonds ist bereit, für 1929 ausnahmsweise eine Subvention von 60.000 Schilling zu leisten und zusätzliche 40.000 Schilling als Reserve im Falle einer Einnahmeverminderung durch Schlechtwetter oder Besucherrückgang.

29. Januar

Die Landesregierung faßt den Beschluß, über die Gelder aus dem Fremdenverkehrsförderungsfonds hinaus noch 12.000 Schilling flüssig zu machen, wenn die Stadtgemeinde zusätzlich zur Überlassung des Stadttheaters ebenfalls noch 12.000 Schilling zuschießt – einen Betrag, der der Stadt bereits seitens der Gastwirtegenossenschaft zugesichert wurde.

Alle an diesen schwierigen Finanzverhandlungen Beteiligten fordern vehement, daß die SFG umgehend auf eine neue Grundlage gestellt und der Bund ebenfalls zur Subventionierung der Festspiele herangezogen werden muß, im Sinne einer Förderung des gesamten österreichischen Fremdenverkehrs. Das Er-

gebnis kommentiert das »Salzburger Volksblatt« vom 31. 1.: »Seit Monaten ging der
Streit um die Subventionierung der Salzburger Festspiele. Die Regierung lehnte ab und
verweist auf die von ihr subventionierten
Staatstheater in Wien. [...] Die Stadt und das
Land Salzburg stritten sich um die Beitrags-
leistung. Jeder rechnete dem anderen Gewinn
und Vorteile aus den Festspielen vor. Hie und
da riß einem Prominenten die Geduld und er
haute auf den Konferenztisch oder demissio-
nierte. Es ist wie überall!«

18. Februar
Obgleich die Verhandlungen mit Castiglioni
Ende 1928 mit aller Deutlichkeit abgebro-
chen wurden, bietet er sich – wohl im Zusammenhang mit dem geplanten Josefstadt-Gastspiel – noch einmal als »Retter der Festspiele«
an und schreibt an Kerber: »Falls ich von dort
aus baldmöglichst einen Brief erhalte, in welchem ich gebeten werde, die Salzburger Festspiele, die sonst nicht stattfinden könnten, im
letzten Moment zu ermöglichen, würde ich
mich eventuell bereit erklären – falls inzwischen nicht neue Komplikationen entstehen –
25.000 Schilling à fonds perdu zu stiften, ferner die Tantieme Reinhardts bis zur Höhe von
10.000 Schilling (unter keinen Umständen
aber mehr) zu garantieren.« (LA/Rehrl NL-
116 unnum.)
Die SFG verzichtet auf Castiglionis Angebot.
Leider muß sie auch auf die finanzielle Unterstützung seitens des Bundes verzichten.
Der Bund ist auch nicht bereit, die Steuerschulden der Jahre 1927 und 1928 zu stunden
und droht mit Exekution beziehungsweise
Pfändung der Tageslosung, falls die offenen
Beträge nicht bis 18. 8. eintreffen. (Vgl. VA/
BMU-22248I-6/29)
Die Salzburger Geldgeber erklären, daß diese
Festspiele die letzten wären, sollten sie künf-
tig nicht auch vom Bund finanziell unterstützt
werden.

»Der Ruin Salzburgs ist die Verkalkung«
Januar/Februar
Das sich mit alljährlicher Regelmäßigkeit

wiederholende Problem um die Finanzierung
der Festspiele, ihre Programmgestaltung sowie die Diskussion um die Notwendigkeit
derartiger Veranstaltungen überhaupt, fordert
bekannte und einflußreiche Persönlichkeiten
zu Stellungnahmen und Reorganisationsvor-
schlägen heraus. Karl Heinrich Waggerl publiziert seine Meinung, die zugleich eine
strenge Abrechnung mit den Salzburgern ist,
im »Salzburger Volksblatt« vom 19. 1.: »Die
alte Lehre, der Mensch werde durch seine
Umwelt geformt, scheint für Salzburg nicht
zuzutreffen; wie wäre sonst denkbar, daß sich
gerade hier, in der Stadt der wuchtigen Palä-
ste, der freien großzügigen Plätze, eine so beispiellose Engstirnigkeit breitmacht, wie sie in
den Äußerungen zur Festspielfrage zum Ausdruck kommt! Wenn die Hauptstadt fortfährt,
in dieser Weise das Land vor der Welt zu bla-
mieren, wird man sich allmählich dagegen
verwahren müssen, schlechtweg ein Salzburger zu sein.
Haben die zahllosen kritischen Geister in der
Stadt noch immer nicht begriffen, daß der
Fremdenbetrieb ein Kollektivgeschäft ist.
Wissen sie nicht, welch ungeheure Bedeutung
ein Schlagwort, eine Marke im modernen Leben hat? Verstehen sie nicht, daß es darauf
ankommt, die Begriffe ›Festspiele‹ und ›Salzburg‹ im Sprachgebrauch des internationalen
Publikums synonym werden zu lassen, als etwas Einziges, Einmaliges in der Welt? Gar
nicht zu reden von den künstlerischen und
kulturellen Pflichten Salzburgs? Nein, sie wissen es nicht. [...]
Fiele es etwa einem Münchner oder Berliner
ein, über die Festspiele seiner Stadt herzufal-
len, jeden Besucher mit Erörterungen des
materiellen und ideellen Defizites zu unter-
halten und die Sache allein schon durch seine
persönliche Würdelosigkeit herunterzuset-
zen? Man sollte es vielleicht wirklich darauf
ankommen lassen, die Festspiele einmal nicht
abzuhalten. Aber wer wollte den unabschätz-
baren kulturellen und wirtschaftlichen Schaden verantworten, der aus diesem gewiß
fruchtlosen Versuch, die Borniertheit einzel-

ner zu heilen, erwüchse. So aber hat jeder Beliebige Anlaß und Gelegenheit, dem ererbten Trieb des in der Masse Verantwortungslosen nachzugeben, und ›einen Wirbel‹ zu machen. Was aber jene groteske und unfruchtbare Debatte in der Gemeindestube betrifft, so hat sie höchstens bewiesen, daß die meisten Gemeinderäte, nicht aber, daß die Festspiele überflüssig sind. Die Existenzberechtigung der Spiele steht schon außer Diskussion, über sie entscheidet die Welt, nicht Krähwinkel. [...] Das ganze Geschrei über die Festspiele ist im Grunde ja nicht ernst zu nehmen; es wird im kommenden Sommer, solange der Segen fließt, wieder verstummen. Auf die Dauer aber wird auch das Lächerliche gefährlich, und davor soll noch einmal gewarnt werden. Es kommt jetzt nicht mehr darauf an, ob die Salzburger ›Festspiele‹ haben, daß sie verdienen, sondern, ob die Salzburger verdienen, daß sie Festspiele haben.«

Februar

Alois Mora, ehemaliger Generalintendant des Dresdner Staatstheaters und Mitinhaber der gleichnamigen Salzburger Buchhandlung, veröffentlicht am 21. 2. in der »Salzburger Chronik« seine Vorschläge. Auch Bernhard Paumgartner, Friedrich Gehmacher und Joseph Messner machen sich wieder einmal über eine Reorganisation Gedanken. Ebenso ein Anonymus, der unter dem Titel »Randglossen zur Salzburger Festspielfrage« auf die Problematik eingeht. In der ersten, als »streng vertraulich« zu behandelnden Untersuchung analysiert er den »Fall Reinhardt«, ausgehend von der Frage, warum sich der große Regisseur und eindeutige »Festspielmagnet« zurückzieht. Liegt der Grund in einer gewissen »Festspielmüdigkeit« oder in der »abgebrochenen Verhandlung bezüglich der Übernahme der Festspiele durch ein Konsortium mit ihm an der Spitze«? Wesentlicher Inhalt des Berichtes ist die Frage nach der Bedeutung Reinhardts für die Festspiele und umgekehrt: »Vor Beginn der Festspiele, etwa um das Jahr 1920, stand der Ruf Max Reinhardts als europäischer fest.

Der Gewinn seiner Person für Salzburg, gekrönt durch den grandiosen Erfolg der Erstaufführung des ›Jedermann‹ vor dem Dom, bildet die größte Aktivpost der Festspielbewegung bis zum heutigen Tage.

[...] Andererseits steht aber auch der Salzburger ›Jedermann‹ am Anfange des Weltruhmes Max Reinhardts. Ja, man darf sogar behaupten, daß die eigentümliche Verbindung mit Salzburg Reinhardts Stellung in Amerika geradezu begründet hat. Dem Leiter des Deutschen Theaters in Berlin allein wäre, bei aller europäischen Berühmtheit, drüben doch nicht geglückt, was dem schauspielerischen Großmeister der Salzburger Festspiele in erstaunlichem Aufstiege möglich geworden ist. Der Amerikaner braucht zur vollsten Anerkennung überseeischer Berühmtheit eine Art europäischer Romantik, die er drüben nicht erstellen kann. Diese romantische Repräsentation bot sich Prof. Reinhardt in Salzburg mit unglaublicher, für den amerikanischen Snobismus noch farbiger als für den Europäer wirksamen Eindringlichkeit: Die geheimnisvolle Verbindung mit dem uralten Zauber und den Wundern der katholischen Kirche, das Spiel vor dem historischen Dome, die freundliche Geneigtheit des Salzburger ehrwürdigen Kirchenfürsten, die Glocken, der ganze Zauber der Salzburger Architektur und Landschaft, die Möglichkeit als Schloßherr des erzbischöflichen Schlosses Leopoldskron zu repräsentieren und dort die Spitzen der neuen Welt in einer Umgebung voll historischer Weihe zu empfangen, die auch den Reichsten drüben unerreichbar bleiben muß, diese und noch viele andere Möglichkeiten glanzvoller Einrahmung seiner bezwingenden künstlerischen Persönlichkeit hatten sich Prof. Reinhardt durch seine Verbindung mit Salzburg erschlossen. [...]

Ein Teil der im Laufe der Jahre zur Aufführung gebrachten Stücke neben dem ›Jedermann‹ [...] mag sich zudem noch als Generalprobe größten Stils für Amerika darstellen. Die amerikanischen Manager (Gest, Kahn etc.) waren anwesend, nahmen an, lehnten ab; – ein Teil der genannten Stücke ist tatsächlich nach Amerika gegangen. […] Inzwischen hatte sich drüben sein Ruhm fest begründet, glänzende Verträge waren abgeschlossen, Salzburg und Reinhardt waren in Amerika ein festverschmolzener Begriff geworden, man drängte sich in den Kreisen der oberen Zehntausend New Yorks, im Sommer zu Leopoldskron empfangen zu werden, auch Salzburgs Ruf hatte sich durch Reinhardts Kunst wie ein Schlagwort in Amerika festgesetzt. Facit: Ein glänzendes Geschäft für beide Teilnehmer, Reinhardt und Salzburg, jeder dem anderen zu Dank verpflichtet, aber buchmäßig sozusagen Null zu Null aufgehend. […] Reinhardt ist bei all seiner Künstlerschaft ein guter Rechner und mit einem untrüglichen instinktiven Spürsinn begnadet, zudem besitzt er in seinem Bruder und geschäftlichen Kompagnon einen Geschäftsmann allerersten Ranges. […] Es muß zugegeben werden, daß sowohl die Salzburger wie auch die Salzburger Presse, namentlich die nationalsozialistische Hetzfuchtel, mit Reinhardt nicht immer glimpflich umgegangen sind. Jedoch war Reinhardt in früheren Tagen, als Salzburg ihm noch mit Glück diente, niemals so unklug, daraus eine sentimentale Ursache zum Rückzug zu machen.« (LA/Rehrl NL-116 unnum.)

Auch die zweite Abhandlung des unbekannten Autors, eine kritische Stellungnahme zur »Programmgestaltung der Salzburger Festspiele« mit durchgreifenden Reformvorschlägen, ist nicht datiert. Sie dürfte aber eine Reaktion auf die Ende März erfolgte Bekanntgabe des Spielplans 1929 sein. Einleitend wird wieder einmal auf die mangelhafte Wirtschafts- und Propagandaführung der SFG verwiesen und vor allem auf das Nichtfunktionieren des Kunstrates, der sich kaum jemals geschlossen, im Sinne der Statuten, zur Programmgestaltung zusammenfindet:
»Die Tätigkeit des Kunstrates besteht in Wirklichkeit darin, daß der Präsident oder der Generalsekretär der Festspielhausgemeinde sich fallweise bei einem der genann-

ten Herren – meist ist es Schalk oder Hofmannsthal – einen Rat oder Vorschlag holt, der subjektiv, ohne Zusammenhang mit den lebendigen Forderungen Salzburgs, oft mit Persönlichem vermengt abgegeben wird. Strauss und Roller sind an Salzburg fast völlig desinteressiert, Reinhardt den größten Teil des Jahres nicht, und wenn, dann nur unter größten Mühen und meist ohne konkretes Resultat zu erreichen. Während nun der Präsident oder Generalsekretär ständig auf Reisen sind, um sich ›Rates zu erholen‹, tritt das Kuratorium nie zusammen, um in Ruhe über die Zukunft sprechen zu können, alle Versuche, vom Präsidium eine regere Tätigkeit des Kuratoriums zu erzielen, bleiben erfolglos; im letzten Augenblick wird dasselbe vor ein Fait accompli gestellt, die Zeit ist so vorgerückt, daß eine Umgestaltung des kaum möglichen Programmvorschlages ab imo nicht mehr möglich ist; kleine Verbesserungen bleiben schließlich nur eine wohlwollende Augenauswischerei. Was bleibt dem Kuratorium übrig, als in dieser Zwangslage Ja und Amen zu sagen, wenn es nicht durch Ablehnung des Programmvorschlages einen unheilbaren und verderblichen Zwist in die Festspielhausgemeinde hineintragen will.« (LA/Rehrl NL-116 unnum.)

So gesehen kann von keiner Programmatik der Festspiele die Rede sein, sondern wohl nur von einem »Notprogramm«, bei dem die Vorlieben und persönlichen Wünsche der Kunstratsmitglieder zum Zuge kommen. Um dies künftig zu verhindern, wird die finanzielle Sicherung und die Festlegung des Programms für den nächsten Sommer bereits während der jeweiligen Festspielsaison gefordert. Die Prospekte sind um die Weihnachtszeit auszusenden. Bei der Programmerstellung ist auf dem Schauspielsektor neben dem immer noch meistgefragten »Jedermann« und der Inszenierung eines großen Dramas die österreichische Note (Nestroy, Raimund) zu berücksichtigen. Auch auf dem Gebiet der Oper werden anstelle abgespielter Ensemblegastspiele Neuinszenierungen unter Heranziehung der jeweils besten Interpreten verlangt. Eine »Art Wettbewerb der Nationen« soll in Salzburg stattfinden, eine gesunde Konkurrenz der Künstler untereinander, der Künstler verschiedener Bühnen aus verschiedenen Ländern, denn »die Tatsache, daß sämtliche Wiener Künstler Salzburg als eine angenehme Sommerstation betrachten, kann nicht von wohltätigem Einflusse für den Elan der Festspiele sein«. Auch »junge Kräfte mit weniger ›Tradition‹, dafür aber mit neuen Impulsen und neuen Wegen sollen zu Wort kommen, denn: der Ruin Salzburgs ist die Verkalkung«. Außer klassischen Werken der österreichischen Tonkunst sollte auch die österreichische Operette in festspielmäßiger Aufmachung gepflegt werden, ebenso gesellschaftliche Nebenveranstaltungen wie Musik- und Trachtenfeste. Der Kontakt zwischen Künstlern und Publikum, zwischen Gästen und Einheimischen ist nicht hoch genug einzuschätzen, wobei »Salzburg die Fremden nicht wie ein Hotel, sondern wie ein liebenswürdiger Hausherr empfangen und diese persönliche Note zu seiner Spezialität machen« sollte. (LA/Rehrl NL-116 unnum.)

Auch aus Wien treffen Vorschläge für eine Reorganisation ein. Emil Kolberg schlägt »die Schaffung eines Vereines zur Förderung und Erhaltung der Festspiele in Salzburg« mit einem Jahresbeitrag von fünf Schilling vor. Als sichtbares Zeichen der Vereinszugehörigkeit erhalten die Mitglieder eine offizielle Festspielnadel, deren Herstellungspreis bei einer Massenproduktion mit zehn Groschen zu berechnen ist. Für Spender und Förderer mit einer Jahresspende von mindestens 100 Schilling ist eine vergoldete Silbernadel oder eine in noch kostbarerer Ausführung vorgesehen. Weitere Geldquellen erhofft sich Kolberg durch die »Erzeugung offizieller Festspielangebinde, Erinnerungszeichen, Geschenke etc. (Bonbons, Salzburger Bäckerei, Mozartmedaillen etc.) gegen eine Abgabe vom verkauften Stück an den Festspielfonds«. Und eine »Art Festspielsteuer« könnte nach jeder Richtung ausgebaut werden«. (LA/Rehrl NL-116 unnum.)

Erster Lorbeer für Herbert von Karajan
19. April

Herbert von Karajan leitet im Festspielhaus in einer Veranstaltung des »Salzburger Theater- und Konzertbüros Walter Hofstötter« die »Salome« von Richard Strauss. Am aufgeregtesten ist Karajans Mutter, die verlangt, daß ein befreundeter Dirigent in der ersten Reihe sitzen solle, um sofort einspringen zu können, falls ihr Sohn in Schwierigkeiten käme. Es ist dies Karajans zweites öffentliches Auftreten als Dirigent in seiner Geburtsstadt Salzburg (geb. am 5. 4. 1908 als Sohn des Primararztes Dr. Ernst von Karajan).

Bereits am 22. 1. leitete der knapp 21jährige ein Symphoniekonzert im Mozarteum, zu dem der Veranstalter Landeshauptmann Rehrl einlud und meinte: »Der talentierte, fördernswerte Künstler würde sicher von besonderem Stolz erfüllt sein, wenn Sie, hochverehrter Herr Landeshauptmann, dem Konzerte beiwohnen würden.« (LA/Rehrl NL – Brief Walter Hofstötter an Landeshauptmann Franz Rehrl vom 17. 1.)

Rehrl nahm die Einladung an und bedankte sich mit der Ankündigung: »Ich habe dem jungen Dirigenten einen Lorbeerkranz zugedacht, welcher ihm heute beim Konzerte übermittelt werden wolle.« (LA/Rehrl NL – Brief Landeshauptmann Rehrl an Walter Hofstötter vom 22. 1.)

Zum Tod Hugo von Hofmannsthals
15. Juli

Hugo von Hofmannsthal stirbt in Rodaun an den Folgen eines Schlaganfalls, nachdem sich sein ältester Sohn Franz zwei Tage zuvor aus »Weltüberdruß« erschossen hat. Die Salzburger Festspiele verlieren mit ihm ihren großen geistigen Mentor, der immer bemüht war, ihnen von ihren Anfängen an die künstlerische Form zu geben.

16. August

In der Gemeinderatssitzung würdigt Bürgermeister Ott die Verdienste Hofmannsthals für Salzburg und schließt seinen Nachruf: »Wer hätte es gedacht, daß uns heuer die Freude

W. A. Mozart: »Don Juan«, Festspielhaus. Dirigent: Franz Schalk, Regie: Lothar Wallerstein, Bühnenbild: Oskar
Strnad. Claire Born (Donna Elvira), Koloman von Pataky (Don Ottavio), Maria Németh (Donna Anna), Karl Hammes
(Don Juan) und Richard Mayr (Leporello)

am ›Jedermann‹ und am ›Rosenkavalier‹
durch den Gedanken an das frische Grab des
Dichters getrübt wird. Seine Werke aber kann
der Tod nicht entreißen; sie werden ebenso
wie der Name Hofmannsthal fortleben in der
Stadt Salzburg, die in ihren Festspielen auch
in Hinkunft seine Dichtung der Welt vermit-
teln möge.« (»Salzburger Chronik«, 17. 6.)

18. August
Edmund Reinhardt stirbt nach längerem
Herzleiden in Baden bei Wien.

»Jedermann« und drei Opern
4. August
Der Festspielbeginn wird durch das Salzbur-

ger Glockenspiel mit dem Menuett aus Mozarts »Don Juan« eingeleitet und von der RA-
VAG übertragen, ebenso die darauffolgende
Rede von Franz Karl Ginzkey über Wesen
und Bedeutung der Festspiele. Vor der »Jedermann«-Vorstellung auf dem Domplatz
spricht Helene Thimig Worte des Gedenkens
an Hofmannsthal und ihm gewidmete Verse
von Richard Billinger. Dann beginnt das einzige Sprechstück und die einzige Reinhardt-
Inszenierung dieses Sommers in der schon
zur Tradition gewordenen Besetzung. Auch
Moissi ist dabei – entgegen der Ankündigung,
er hätte ein Engagement in Amerika angenommen und Paul Hartmann würde an seine
Stelle treten.

Richard Mayr (Ochs auf Lerchenau) und Lotte Lehmann (Marschallin) in Strauss' »Der Rosenkavalier«. Dirigent: Clemens Krauss

6. August
Mozarts »Don Juan«, in der Regie von Lothar Wallerstein und dirigiert von Franz Schalk – diesmal mit dem sogenannten Gustav-Mahler-Schluß, der die Oper mit der Höllenfahrt enden läßt –, geht erstmals im Festspielhaus in Szene. Oskar Strnad verlegt das Werk in einen dem Barock nachempfundenen Rahmen und begnügt sich mit einer schematischen Andeutung der Schauplätze. Prächtige Kostüme machen den eher dürftigen szenischen Eindruck wett. In der Titelpartie erobert Karl Hammes von der Berliner Krolloper als »frecher, hemmungsloser Elegant« das Publikum. Richard Mayr bewährt sich wiederum als Leporello, Koloman von Patakys Don Ottavio wird dem Richard Taubers gleichgestellt. Das Damentrio, Claire Born als Donna Elvira, Maria Nèmeth als Donna Anna und

Adele Kern als Zerline, entspricht gesanglich und schauspielerisch den Erwartungen.
8. August
Die alte »Fidelio«-Inszenierung wird wieder aufgenommen, nunmehr mit Franz Markhoff beziehungsweise Karl Hammes als Don Fernando, Ludwig Hofmann beziehungsweise Wilhelm Rode als Don Pizarro, Josef Kalenberg als Florestan und Josef von Manowarda als Rocco. Lotte Lehmann und Luise Helletsgruber verkörpern wiederum Leonore und Marzelline.
12. August
»Der Rosenkavalier« von Richard Strauss, nach dem Libretto von Hugo von Hofmannsthal, wird erstmals in Salzburg einstudiert. Clemens Krauss ist der ideale Dirigent dieser »Komödie mit Musik«, die Lothar Wallerstein lebendig, witzig und geistreich insze-

niert. Die Ausstattung von Alfred Roller entspricht den für die Uraufführung in Dresden
1911 gezeichneten Entwürfen, die bei Fürstner gedruckt und auf Wunsch der Autoren für
die folgenden Inszenierungen bindend wurden. Für Salzburg nimmt der Bühnenbildner
allerdings selbst eine wesentliche Änderung
vor: Er öffnet im zweiten Akt die bis dahin geschlossene Rückwand des Vorsaales im Palais
des Herrn von Faninal. Hohe Glasfenster und
eine gläserne Flügeltüre geben den Blick auf
das Treppenhaus frei, das dem Regisseur weitere Möglichkeiten für ein bewegtes Spiel bietet. Lotte Lehmann ist die Marschallin –
»restlose Kunst und Vollendung liegt in ihrem
Singen und Vortrag. Wenn Güte und Seelen-
größe wirklich auch ästhetische Schönheit er-
schließen, so findet man hier die Bestätigung«
(»Wiener Tagblatt«, 13. 8.) – und Richard
Mayr der Ochs auf Lerchenau. »Kein Bild,
kein Historiker können den österreichischen
Menschen so genial, so bis in die letzte Fiber
lebensgetreu, mit Unmittelbarkeit seines Hu-
mors, seiner Schlechtigkeit und seiner Vorzüge hinstellen.« (»Das interessante Blatt«,
Nr. 35, S. 14)
Neben diesen beiden großen Sängerdarstel-
lern wirken Adele Kern (Sophie), Vera
Schwarz (Octavian), Koloman von Pataky
(Sänger) und andere mit. Die überaus ge-
lungene Neuinszenierung wird im Herbst von
der Wiener Oper übernommen.

Fritz Busch

»Busch wiederkommen!«
9. August

Der Dresdner Generalmusikdirektor Fritz
Busch debütiert bei den Festspielen als Dirigent des zweiten Orchesterkonzerts mit Werken von Weber, Reger und Brahms. »Das an-
wesende internationale Publikum, unter dem
man zahlreiche prominente Persönlichkeiten
der Kunst- und Gelehrtenwelt bemerkte,
überschüttete Busch [...] mit einem förmli-
chen Beifallssturm, der in lauten Zurufen:
›Busch wiederkommen!‹ ausklang«, berichten
stolz die »Dresdner Nachrichten« vom 13. 8.

Bruno Walter

29. August

Weniger spektakulär verläuft das Salzburger Debüt eines zweiten großen Dirigenten, von Hans Knappertsbusch, dem Generalmusikdirektor der Bayerischen Staatstheater. »Von allen Dirigenten, die hier gastieren, äußerlich der ruhigste«, ist das Urteil der »Deutschen Allgemeinen Zeitung« vom 5. 9.

Die erste musikalische Uraufführung

11. August

Die Sensation auf dem Konzertsektor ist die Uraufführung des »Stabat mater« von Peter Cornelius unter Joseph Messner im Salzburger Dom. Das Werk stammt aus dem Jahr 1848, galt als verschollen, wurde von dem Cornelius-Forscher Max Hasse erst kürzlich entdeckt und von den Erben des Dichtermusikers den Salzburger Festspielen zur Uraufführung überlassen.

SALZBURGER FESTSPIELE

Sonntag, 11. August, 20 Uhr:

2. DOMKONZERT
PETER CORNELIUS
(1824—1874)

„STABAT MATER"
(1848)

für Chöre und Soli mit Orchester und Orgel

URAUFFÜHRUNG

Dirigent:
Domkapellmeister Joseph Messner

Ausführende:
Sopran: Maria Keldorfer-Gehmacher (Salzburg)
Alt: Jella v. Braun-Fernwald (Wien)
Tenor: Hans Auer (Innsbruck)
Baß: Heinrich Hölzlin (Wiesbaden)
Der Salzburger Domchor
Orgel: Domorganist Prof. Franz Sauer
Das verstärkte Orchester des Dommusikvereines
Texte umseitig

Dienstag, 20. August, 20 Uhr:

3. DOMKONZERT
PETER CORNELIUS „STABAT MATER"
(Wiederholung)

Sommerkurse am Mozarteum

August

Auf Initiative des Amerikaners Julian Freedman findet ein »Dirigentenkurs am Mozarteum« statt, mit Bernhard Paumgartner und Herbert von Karajan als den Leitern des praktischen Orchesterkurses. Anna Bahr-Mildenburg hält einen Kurs für »Musikdramatische Darstellung« ab. Auch eine Klasse für Klavier beziehungsweise Komposition findet das Interesse von in- und ausländischen Studierenden.

Der Bundespräsident besichtigt die neue Autostraße auf den Gaisberg

18. August

Bundespräsident Wilhelm Miklas trifft in Salzburg ein, um noch am selben Tag in der Residenz einem Empfang und anschließend einer »Fidelio«-Aufführung im Festspielhaus beizuwohnen. Am folgenden Tag besichtigt er, begleitet von Landeshauptmann Rehrl, die neueröffnete Autostraße auf den Gaisberg.

1. September

Clemens Krauss, seit 1924 Opernchef in Frankfurt am Main, wird als Nachfolger von Franz Schalk Direktor der Wiener Staatsoper (bis 10. 12. 1934).

Kein Defizit der Festspiele

September

Trotz der zu Jahresbeginn eher betrüblichen Aussichten schließen die Festspiele mit einem relativ günstigen Resultat ab. Die Einnahmen erreichen die präliminierte Höhe, die Ausgaben haben die festgesetzte Grenze nicht überschritten, auf die 40.000 Schilling Reserve wird nicht zurückgegriffen. Freilich hatte man vorsichtiger kalkuliert, das Programm reduziert und auf die Bespielung des Stadttheaters ganz verzichtet. Alle zehn »Jedermann«-Vorstellungen konnten bei Schönwetter auf dem Domplatz in Szene gehen. Besonderer Beliebtheit erfreuten sich die Serenaden und Kirchenkonzerte als etwas »typisch Salzburgerisches«. Positiv aufgenommen wurde die Einführung von Kartenblocks für Mitglieder der SFG, mit denen sechs Karten um je fünf Schilling erworben werden konnten.

Die Generalversammlung beschließt die Reorganisation der SFG

8. Oktober
Im Wiener Saal des Mozarteums findet die Generalversammlung der SFG statt. Es wird ein Antrag auf Satzungsänderung eingebracht, der, einstimmig angenommen, eine neue Organisationsform ergibt. Die SFG bleibt nach wie vor Veranstalter der Festspiele und bedient sich zu deren Durchführung eines Kunstrates, eines Aufsichtsrates, einer Direktion und eines Büros. Der Kunstrat entwirft im Einvernehmen mit dem Direktor das Programm. Er besteht aus höchstens 15 Personen – darunter ab sofort der Generalintendant der Bayerischen Staatstheater Clemens Freiherr zu Franckenstein, Friedrich Gehmacher, Franz Karl Ginzkey, Clemens Krauss, Max Mell, Joseph Messner, Bernhard Paumgartner und Bruno Walter. Der Aufsichtsrat setzt sich aus je einem Vertreter des Bundes, des Landes, der Stadtgemeinde und der Fremdenverkehrskommission zusammen sowie zwei von der Generalversammlung gewählten Delegierten des Vereins. Er ist in erster Linie für die Finanzgebarung zuständig. Der Direktion gehören drei Mitglieder an: der Präsident (wie bisher Baron Puthon), der die allgemeine Geschäftsführung innehat und den Verein nach außenhin vertritt; der Finanzreferent (Ludwig Sadleder) und der Leiter beziehungsweise der Direktor der Festspiele (Erwin Kerber, bisher Generalsekretär). Zwei von der Generalversammlung gewählte Mitglieder stehen der Direktion in be-

ratender Funktion zur Seite. Weiters wird die Festsetzung des Rechnungsjahres vom 1. 10. bis 30. 9. beschlossen.

11. Oktober
Im Sitz der Salzburger Landesregierung konstituiert sich der neue Aufsichtsrat. Die Neuorganisation der SFG ist somit abgeschlossen.

12. Oktober
Der Pressechef der SFG, Franz Laval, kritisiert in der »Salzburger Chronik« in einem Artikel mit dem Titel »Wieder zu spät«, daß wiederum zu viel Zeit vergeudet worden sei, um mit der Propaganda für die nächsten Festspiele rechtzeitig zu beginnen. »Zum letzten Mal. – Ich will gehört werden. [...] Die Verantwortlichen haben Zeit – ich nicht, das ist der Unterschied.«

28. Oktober
In der vierten Aufsichtsratsitzung legt die SFG das Programm für das Jubiläumsjahr – »Zehn Jahre Salzburger Festspiele« – vor: Es enthält neben der Wiederholung des »Jedermann« drei weitere Sprechstücke, alles Inszenierungen Reinhardts (Goldonis »Der Diener zweier Herren«, Schillers »Kabale und Liebe«, Maughams »Victoria«). Die Opern (»Der Rosenkavalier«, »Don Juan« und »Fidelio«) sollen durch Neuinszenierungen von Glucks »Iphigenie in Aulis«, Mozarts »Die Hochzeit des Figaro« und Donizettis »Don Pasquale« ergänzt werden. Ferner sind sieben große Orchesterkonzerte und sechs Serenaden vorgesehen.
Der Börsenkrach in New York am 25. 10. und die dadurch ausgelöste schwere Weltwirtschaftskrise lassen allerdings befürchten, daß das Programm im vollen Umfang nicht durchgeführt werden kann.

1930

Dauer der Festspiele: 1.–31. August

13. Februar
Der aus Maishofen im Pinzgau gebürtige Maler Anton Faistauer stirbt in Wien an den Folgen einer Bauchoperation.

Propaganda für die Festspiele
April
Die in der siebenten Aufsichtsratssitzung am 21. 1. besprochenen Werbestrategien bringen erste Erfolge. Das »Salzburger Volksblatt« vom 24. 4. meldet: »Die Hauptvertretung der Salzburger Festspiele in New York, das Austrian Tourist Office, hatte in ihren Schaufenstern eine Ausstellung arrangiert, die ausschließlich auf die Salzburger Festspiele Bezug nimmt und ein reiches Bildermaterial von Salzburg, den Festspielaufführungen, den mitwirkenden Künstlern etc. aufweist. Diese Ausstellung wurde von Reisebüros übernommen und wird gegenwärtig an den verschiedenen Stellen New Yorks, so auch in vornehmen Hotels, ausgestellt. Anschließend wird die Ausstellung in den wichtigsten Reisebüros von Chikago und Philadelphia gezeigt werden. Die Anmeldungen aus Amerika haben bereits am 15. 4. das Doppelte des gesamten amerikanischen Verkaufs im Vorjahre erreicht. Ähnlich günstig lauten die Berichte aus England.«
Das Bundeskanzleramt hat mit einem Erlaß für Besucher der Festspiele vom 1. 7. bis 31. 8. eine visumsfreie Einreise verfügt. Eintrittskarten oder offizielle Kartenanweisungen gelten als Beleg. Die SFG ersucht alle Reisebüros, diese Erleichterung für die Einreise entsprechend publik zu machen.

Max-Reinhardt-Platz vor dem Festspielhaus
Juli
Der Salzburger Gemeinderat beschließt, den Platz vor dem Festspielhaus in »Max-Reinhardt-Platz« umzubenennen und »zwar zum äußerlichen Zeichen des Dankes der Stadt und Anerkennung der Verdienste, die Professor Max Reinhardt durch seine künstlerische und organisatorische Wirksamkeit bei den Salzburger Festspielen in zehnjähriger Tätigkeit erworben hat, wobei vor allem seiner Bemühungen um die Verwirklichung der Aufführungen des ›Jedermann‹ gedacht sei, die von Anfang an einen Hauptanziehungspunkt und einen der wesentlichsten Aktivposten der Festspiele darstellen«. Der Vertreter des Klubs der Nationalsozialisten erklärt, daß diese »aus parteiprogrammatischen Gründen gegen diesen Antrag stimmen werden. Weiters kann nach dem Gemeindestatut (§ 5) das Bürgerrecht, wie auch das Ehrenbürgerrecht nur an deutsche Stammesangehörige verliehen werden. Um eine gleiche Ehrung handle es sich durch eine Straßen- oder Platzbenennung. Zudem seien nach Ansicht der Nationalsozialisten die Verdienste Prof. Reinhardts um die Stadt Salzburg nicht derartige, daß ihn der Gemeinderat entgegen dem Sinne des Gemeindestatutes ehre«. (»Salzburger Volksblatt«, 8. 7.)

Juli
Gemäß der testamentarischen Verfügung von Edmund Reinhardt wird dessen Asche im Beisein eines kleinen Freundeskreises unter den alten Bäumen im Park von Schloß Leopoldskron verstreut.

Der neubenannte »Max-Reinhardt-Platz« zwischen Festspielhaus und Grenadierstöckl

Alexander Moissi fährt im Jedermann-Kostüm zum Domplatz, im Fond Eduard von Winterstein (Schuldknecht)

Salzburger Festspiele: „JEDERMANN"
vor dem Dom

Photographen: Traub. Hintners Nachf.
Ernst Maier 12.

Künstlerpostkarte mit der Unterschrift von Alexander Moissi (Jedermann); als Buhlschaft Dagny Servaes

Warum »Jedermann« immer wiederkehrt

1. August

»Jedermann« auf dem Domplatz leitet die Festspiele ein. Vor Beginn der Vorstellung bietet der Residenzplatz ein besonders bewegtes Bild. »Die Salzburger wollen, wenn sie es auch schon so oft gesehen haben, sich auch diesmal das Bild der Auffahrt zum ›Jedermann‹ nicht entgehen lassen.« (»Neue Freie Presse«, 2. 8.)

Die Frage nach der ungebrochenen Anziehungskraft dieses Spiels wird von der SFG folgendermaßen beantwortet:

»Als 1920 mit diesem ›Jedermann‹ die Salzburger Festspiele inauguriert wurden, dachte gewiß niemand daran, daß dieses von Hugo von Hofmannsthal neugedichtete und ursprünglich gar nicht für Salzburg bestimmte Mysterienspiel das Standardstück von zehn Festspieljahren werden würde. Erst der geradezu einzig dastehende, in zehn Jahren sich nicht abschwächende Erfolg hat den Salzburger ›Jedermann‹ zur ständigen Einrichtung gemacht! Nichts ist also so falsch als die gelegentlich gemachte Behauptung, daß dieses in seiner Art klassisch gewordene Mysterienspiel der Lückenbüßer sei, den die Festspielleitung immer wieder hervorholt, um der Repertoiresorge enthoben zu sein.« (»Neue Freie Presse«, 23. 7.)

Festliches Salzburg im Radio

3. August

Unter dem Titel »Festliches Salzburg im Radio« berichtet die RAVAG in einer Großreportage einen ganzen Tag lang über Salzburg. Das Glockenspiel und ein Festgedicht von Ginzkey geben den Auftakt zu diesem Hörbericht. Orgelspiel und Glockengeläute blenden zu Worten des Erzabtes von St. Peter und von Fürsterzbischof Rieder über. Anschließend wird die Festspielstadt in Form einer Rundfahrt vorgestellt. Bernhard Paumgartner kommentiert den Weg vom Petersfriedhof über den Residenzplatz zum Tomasellikiosk und Mozartplatz, durch die Kaigasse, am Justizgebäude vorbei bis zum Salzachufer. Den Abschluß des Vormittagsprogrammes bilden der Besuch in der Künstlerschule Anna Bahr-Mildenburgs und ein Orchesterkonzert im Mirabellgarten. Die Nachmittagssendung setzt mit einem Gespräch mit Landeshauptmann Rehrl und Direktor Kerber ein, dann folgt die Überblendung zu einer »Don Juan«-Arrangierprobe unter Schalk und Wallerstein im Festspielhaus. Reinhardts Rede ist ein Bekenntnis zu den Festspielen und eine Danksagung an Hofmannsthal, worauf die akustisch wirksamsten Szenen aus dem »Jedermann« zu vernehmen sind. Nach der Übertragung einer Konzertakademie aus dem Mozarteum klingt der Hörbericht mit einem Besuch im Stieglbräu und im Künstlercafé Bazar aus. Bei dieser bisher umfangreichsten Reportage der RAVAG, die 20 europäische Großsender übernehmen, stehen fünf Sprecher, 26 Techniker, 19 Wandermikrophone und ein Kurzwellensenderauto im Einsatz.

Paula Wessely (Luise) in F. Schillers »Kabale und Liebe«. Regie: Max Reinhardt

Reinhardt-Inszenierungen klassisch und modern

3. August

Reinhardts Neuinszenierung von Schillers »Kabale und Liebe« im Stadttheater unterscheidet sich wesentlich von jener, die drei Jahre zuvor zu sehen war. Die Aufführung wirkt nun geschlossener und betont stärker den kammerspielartigen Charakter des Werkes. Auch einige Umbesetzungen bringen neue Akzente, so etwa Rudolf Forster als Präsident von Walter, »ein Hofmann ohne Nerv und Sentiments« (»Neues Wiener Tagblatt«, 4. 8.), Raoul Aslan als chevaleresker Hofmarschall von Kalb, Eduard von Winterstein als Miller und Alexander Moissi als Kammerdiener. Als Kammerjungfer debütiert Vilma De-

gischer in Salzburg, als Luise Paula Wessely, deren Rollengestaltung Felix Salten in seiner Rezension in der »Neuen Freien Presse« vom 8. 8. eingehend analysiert: »Um die Luise der Wessely gerecht zu würdigen, muß man sich von dem Bild befreien, das uns so viele andere Verkörperungen der Luise ins Hirn geprägt haben. Man muß die unvergeßliche, schicksalsschwere Luise der Helene Thimig vergessen, muß die vielen sentimentalen, süßen Luisen, die man gesehen und geliebt hat, in sich auslöschen. Die Wessely ist kein sentimentales, kaum ein süßes, höchstens ein herb-süßes Mädchen. Sie gibt – zum ersten-

W. S. Maugham: »Victoria«, Stadttheater. Regie: Max Reinhardt, Bühnenbild: Ernst Schütte. R. Romanowsky (Leicester Paton), J. Terwin (Mrs. Shuttleworth), P. Hörbiger (Frederick), L. Darvas (Victoria), T. v. Halmay (Emilio Edwards), Hermann Thimig (William), L. Rainer (A. B. Raham) und G. Werbezirk (Miss Montmorency)

mal – eine Luise, die ein Kind des Volkes ist, fest, kraftvoll, leidenschaftlich bis zum Elementaren. Eine neue Luise.«
Paula Wessely übernimmt noch eine zweite Rolle von Helene Thimig. Sie spielt in der Wiederaufnahme von Goldonis »Der Diener zweier Herren« die Smeraldina.

10. August

Die Aufnahme von William Somerset Maughams Farce »Victoria«, mit der Musik von Mischa Spoliansky, in das Festspielrepertoire wird zwar als ein »unpassender Seitensprung« bezeichnet, gerät aber durch Reinhardts Regiekunst und eine brillante Besetzung mit Lili Darvas, Tibor von Halmay, Richard Romanowsky, Hermann Thimig, Paul Hörbiger, Johanna Terwin, Luis Rainer und Gisela Werbezirk zu einem Abend seltener Unterhaltung.
Dabei hätte Reinhardt beinahe auf seine Titeldarstellerin Lili Darvas verzichten müssen, die sich aufgrund »völliger Erschöpfung«, be-

stätigt durch das Attest eines Berliner Nervenarztes, Urlaub erbat. So meldet es jedenfalls das »Neue Wiener Journal« am 31. 7., um tags darauf zu berichten, »daß die Unstimmigkeiten bereits beigelegt sind und Frau Darvas schon heute in Salzburg bei den Festspielen auftreten wird«. – Sie spielt am 1. 8. die Guten Werke im »Jedermann«, außerdem noch die Lady Milford in allen »Kabale und Liebe«-Vorstellungen.

Der neue »Figaro« – ein Beispiel österreichischer Kompetenzstreitereien

9. August

Als große Opernneuinszenierung dieses Sommers ist »Die Hochzeit des Figaro« angekündigt – nach der »Zauberflöte« (1928) und »Don Juan« (1929) die dritte, eigens für Salzburg erarbeitete und neu ausgestattete Mozart-Oper. Der Dirigent Clemens Krauss und der Regisseur Lothar Wallerstein lösen sich dabei von der Mahler/Rollerschen Fassung,

Das »Figaro«-Ensemble: W. Rode (Graf Almaviva), L. Claus (Barbarina), E. Zimmermann (Basilio), Regisseur L. Wallerstein, A. Kern (Susanne), K. Hammes (Figaro), V. Madin (Antonio), V. Ursuleac (Gräfin), I. Eisinger (Cherubin), Dirigent C. Krauss, G. Rünger (Marzelline) und K. Ettl (Bartolo)

die 1906 den Abschluß des großen Mozart-Zyklus an der Wiener Hofoper bildete, noch im selben Jahr in Salzburg beim Mozart-Fest zum 150. Geburtstag des Komponisten und schließlich bei den Festspielen 1922, 1925 und 1927 gezeigt wurde. Um eine dem Original von Da Ponte nahekommende Übersetzung des Librettos zu schaffen, wurde eine neue deutsche Textvorlage unter Zuhilfenahme zahlreicher älterer Bearbeitungen angefertigt, die zwar von den Kritikern als Verbesserung gelobt wird, jedoch die Forderung nach Aufführungen in der Originalsprache nicht verstummen läßt.

In vielen Proben und mit ungemeiner Sorgfalt wird das Werk musikalisch und szenisch erarbeitet, der »alte Staub weggefegt«. Krauss sorgt für lebhafte, frische Tempi, Wallerstein für natürliches Spiel. Bekrittelt werden nur die Einführung eines Kinderballetts im dritten und die unerklärliche Umstellung der Arien im vierten Akt. In der Premiere singt

Hans Hermann Nissen den Almaviva – in den beiden folgenden Vorstellungen übernimmt Wilhelm Rode die Partie –, Karl Hammes ist der Figaro und Adele Kern die Susanne. Der Cherubin ist mit der aus Wien stammenden Soubrette der Berliner Staatsoper, Irene Eisinger, bestens besetzt. Einzig Viorica Ursuleacs zu heroinenhafte Gräfin paßt nicht recht in das betont komödiantische Ensemble. Bei den Nebenpartien hat sich Wallerstein mit Erfolg um eine mehr menschliche als possenhafte Gestaltung der Figuren bemüht.

Als Ausstatter hatten Krauss und Wallerstein Ludwig Sievert vorgesehen, der jedoch im Juni aus der Produktion ausscheidet und für den Roller einspringt. Zwischen der Wiener Oper und den Festspielen wurde – ähnlich wie beim »Rosenkavalier« 1929 – die Benützung der neuen Ausstattung durch beide Institutionen vereinbart; die Kosten übernimmt die Oper, die erste Verwendung steht den Festspielen zu, bei einer im voraus zu entrich-

Ch. W. Gluck: »Iphigenie in Aulis«. Das Ensemble: E. Schipper (Agamemnon), L. Willer (Klytämnestra), M. Gutheil-Schoder (Regie), Dirigent B. Walter, L. Helletsgruber (Artemis), M. Angerer (Iphigenie) und J. Kalenberg (Achill)

tenden Leihgebühr von 40 Prozent des Anschaffungspreises. Anfang Juli legt Roller einen Kostenvoranschlag vor, dessen Höhe unannehmbar ist. Die Bundestheater ziehen sich aus weiteren Verhandlungen zurück. Ohne Wien zu verständigen, finden die SFG, Wallerstein und Roller eine Kompromißlösung: Die Dekorationen für die ersten drei Akte werden in Salzburg angefertigt, die des vierten Aktes wird von der Staatsoper entliehen, ebenso ein Großteil der Kostüme. – Als nun der »Figaro« im Herbst von der Oper übernommen werden soll, bezeichnet Operndirektor Krauss die Ausstattung als unbrauchbar und verlangt für Wien eine neue. Das Unterrichtsministerium, für die Bundestheater wie auch für die Festspiele zuständig, spricht von Verschwendungssucht und die Differenzen

über eine Weiterverwendung ziehen sich bis 1931 hin.

Bruno Walter dirigiert Opern von Donizetti und Gluck
14. August
Die Wiederaufnahme im Stadttheater des schon 1925 aufgeführten »Don Pasquale« von Donizetti, »einem Zierstück unter den Kostbarkeiten des Programms« (»Neues Wiener Journal«, 17. 8.), erweist sich wiederum als großer künstlerischer Erfolg, dank der musikalischen Leitung von Bruno Walter, der Regie von Martin Zickel, der die Ensembles ungemein komisch arrangiert, und der gesanglichen und schauspielerischen Leistungen von Richard Mayr (Don Pasquale) und Maria Ivogün (Norina).

20. August

Angeregt von Bruno Walter steht zum ersten
Mal eine Oper von Gluck auf dem Programm
und die Premiere von »Iphigenie in Aulis«
wird zugleich Höhepunkt der Operndarbie-
tungen dieses Sommers. »Edler, erhabener
als mit einer Aufführung Glucks hätte das
zehnjährige Festspieljubiläum nicht begon-
gen werden können«, schreibt das »Neue
Wiener Journal« am 23. 8., und die »Reichspost«: »Wenn nach zehnjährigem Bestand der
Salzburger Festspiele Glucks ›Iphigenie in
Aulis‹ erscheint, so ist das ein schöner, ernster
Tragstein im Programm. Das Fundament der
Opernform, wie sie heute zu uns spricht,
mußte einmal in Salzburg gezeigt werden.«
(23. 8.)

Gespielt wird die von Richard Wagner eingerichtete Bearbeitung, die auch Gustav Mahler
für seine Wiener Aufführung von 1907 be-
nützte. »Seine ›Iphigenie‹ ging im Erbwege
[…] an Bruno Walter […] über. Man ver-
spürte im Pathos, in der tragischen Wucht
den Odem der Antike, fand die jähe schroffe
Rhythmik, die scharfe Akzentuierung, die
energische Dynamik Mahlers wieder, die
herbe Hervorhebung der Bässe, in denen das
unerbittliche Schicksal schreitet. […] Dramatische Hochspannungen zeigen Walter allerdings leidenschaftlicher als Mahler, bis knapp
an die Grenze romantischen Ausbruches; und
Glucksche Entspannungen im Anmutigen
antizipieren bei Walter Mozart, seinen Mozart.« (»Neue Freie Presse«, 23. 8.)

Auch Walters Mitarbeiter, der Bühnenbildner
Alfred Roller und die Regisseuse Marie Gutheil-Schoder – sie war 1907 Mahlers Iphigenie – sind geprägt von der Wiener Aufführung. Rollers Bühnenbilder sind kaum verändert; die nur sparsam angedeutete Szenerie
vermeidet auch diesmal jedes barocke Stilele-
ment, sie ist klar und von klassischem Maß.
Ruhige, große Linie ist auch das Prinzip von
Gutheil-Schoders Regie. Das Ballett in der
Choreographie von Grete Wiesenthal, die von
Reinhardt für diese Aufgabe empfohlen war,
fügt sich als Stimmungselement in die Hand-

lung. Ausgezeichnet sind die einzelnen Partien besetzt: Emil Schipper (Agamemnon),
Luise Willer (Klytämnestra), Margit Angerer
(Iphigenie), Luise Helletsgruber (Artemis),
Josef von Manowarda (Kalchas), Viktor Madin (Arkas), während Josef Kalenberg (Achill)
von einer plötzlichen Indisposition befallen
wird. Diese Produktion wird nur einmal, am
25. 8., wiederholt.

Gastspiel in Badgastein – Orchesterkon-
zert mit besonderem Akzent

3. August

Das zweite der neun Orchesterkonzerte findet
als Gastspiel der Salzburger Festspiele im
Kurhaus von Badgastein statt. Dirigent ist
Clemens Krauss.

17. August

Einen besonderen Akzent erhält das siebente
Orchesterkonzert unter Bruno Walter, der ne-
ben Beethoven und Tschaikowsky Mahlers
»Kindertotenlieder« mit der Solistin Luise
Willer bringt und damit einen Beitrag der
Festspiele zu den Feiern anläßlich des 70.
Geburtstags des Komponisten leistet.

Ehrungen und Jubiläen

Der Sommer steht ganz im Zeichen des zehn-
jährigen Bestehens der Festspiele. Doch nicht
nur dieses Jubiläum wird gefeiert, sondern
auch Max Reinhardts langjährige Verdienste
um dieses Festival. – Außerdem begeht Reinhardt sein 25jähriges Jubiläum als Direktor
des Deutschen Theaters in Berlin und wird
von den Universitäten Kiel und Frankfurt mit
dem Ehrendoktorat ausgezeichnet.

4. August

Im Foyer des Festspielhauses findet sich eine
große Prominentenschar zur Feier ein. Alexander Moissi übergibt der SFG eine von
Künstlern und Salzburger Kunstfreunden ge-
stiftete und von dem Bildhauer Adolf Wagner
geschaffene Bronzebüste Reinhardts, die hier
aufgestellt werden soll. Baron Puthon nimmt
das Geschenk namens der SFG entgegen und
richtet an Reinhardt die Bitte, den Festspielen
auch in Zukunft die Treue zu halten. Rein-

Die »Max-Reinhardt-Büste« von Adolf Wagner im Fai-stauer-Foyer des Festspielhauses

hardt bedankt sich mit einer launigen Rede für die Ehre, die ihm hier bereits zu Lebzeiten widerfährt: »Ich würde dies als eine unverdiente Auszeichnung betrachten, wenn ich nicht für die Zukunft hoffen dürfte, daß damit nur der Grundstein gelegt ist zu einer Galerie jener Männer, die sich mit mir um die schöne Stadt verdient gemacht haben.« (»Salzburger Volksblatt«, 5. 8.)

Dem Briefwechsel zwischen Reinhardt und Landeshauptmann Rehrl vom Herbst dieses Jahres – einem Zeugnis der besonderen gegenseitigen Wertschätzung – ist zu entnehmen, daß Reinhardt seinerseits eine ebenfalls von Adolf Wagner angefertigte Büste Rehrls zur Aufstellung im Festspielhausfoyer kaufte. Dazu schreibt Reinhardt an Rehrl am 11. 10.: »Sehr geehrter Herr Landeshauptmann, die Aufstellung Ihrer Büste (nebenbei bemerkt, ein besonders gelungenes Werk des Bildhauers) im Festspielhaus ist nach meiner Über-

zeugung eine einfache Selbstverständlichkeit, müßte es jedenfalls für Alle sein, die in irgendeiner Form mit der Sache der Festspiele verbunden sind oder um sie wissen. Denn Sie waren es, der sie buchstäblich und auch im weitesten Sinn unter Dach gebracht hat. Ich denke dabei keineswegs gering von den grundlegenden künstlerischen Verdiensten um die Festspiele – aber in meinem ganzen Leben habe ich gelernt – und mein Lehrmeister war der mir am nächsten stehende eigene Bruder –, daß es zum Mindesten ebensoviel bedeutet, künstlerische Dinge zu verwirklichen, wie sie zu ersinnen. Das gilt im höchsten Maße vom Theater, in dem sich Traum und Realität wie in keiner anderen Kunst stoßen und wo nur aus der glücklichen Vereinigung beider Faktoren das Kunstwerk entstehen kann.« (LA/Rehrl NL-116 unnum.)

12. August

Landeshauptmann Rehrl gibt anläßlich des Festspieljubiläums einen Empfang in der Residenz und überreicht Reinhardt im Namen der Bundesregierung das Große Ehrenzeichen für Verdienste um die Republik, mit dem Wunsch, daß »das Band, das Reinhardt mit Österreich und besonders mit Salzburg verbindet, immer fester werde«. (»Neues Wiener Tagblatt«, 14. 8.)

19. August

Reinhardt lädt zu einem Empfang nach Schloß Leopoldskron, an dem über 100 Festgäste teilnehmen. Zu mitternächtlicher Stunde begeistert eine improvisierte Akademie die Gesellschaft. Ausführende sind die Tänzerin Tilly Losch, die Geigerin Erika Kahr, am Klavier begleitet von »Kapellmeister« Karajan, und die Pianistin Yannis Andreou Papaioannou.

Der boykottierte Festspielball

21. August

Die Jubiläumsfeierlichkeiten erreichen den Höhepunkt. Die »Jedermann«-Vorstellung, bei der auch Bundespräsident Miklas anwesend ist, wird eingeleitet mit Franz Karl Ginzkeys »Terzinen zu Jedermann«, gesprochen

Empfang in der Residenz anläßlich des Zehn-Jahr-Jubiläums der Festspiele. 3. v. l. Fürsterzbischof Ignatius Rieder, Franz Rehrl, Max Reinhardt, Franz Schalk, dahinter: Frieda Richard, Lili Darvas, Helene Thimig und Richard Mayr

von Paul Hartmann. Abends gibt die Internationale Stiftung Mozarteum zu Ehren der SFG einen Festabend im Mozarteum unter dem Ehrenschutz des Bundespräsidenten. Dem Ehrenpräsidium gehören Bundeskanzler Dr. Johannes Schober, Landeshauptmann Dr. Franz Rehrl und Bürgermeister Max Ott an. Auf die Akademie mit einem musikalischen Programm und der »Don Carlos-Parodie« von Reinhardt folgt ein Ball, bei dem Joachim Albert Prinz von Preußen mit einer selbstkomponierten Tanzeinlage aufspielt. Trotzdem ist das Publikum enttäuscht. Denn die meisten der Wochen vorher groß propagierten Künstler, darunter Emil Jannings als Stargast, bleiben der Veranstaltung fern. Auch im Auditorium sind kaum Festspielmitwirkende zu sichten. Sie boykottieren das Fest:

»Dieser ›Streik‹ der Künstler hatte seinen besonderen Grund, den man unbegreiflicherweise nicht vorausgesehen hatte. Die Festspielhausgemeinde hatte nämlich den in Salzburg weilenden Künstlern Einladungen

zu dem Fest zugestellt, jedoch ohne Eintrittskarten und mit der Aufforderung, für die Eintrittskarten einen ziemlich hohen Betrag pro Person zu erlegen.

Die Künstler fühlten sich nun durch das Ansinnen, den Besuch eines Balles, dem sie durch ihre Anwesenheit eine besondere Anziehungskraft geben sollten, auch noch bezahlen zu müssen, empfindlich gekränkt. Was im allgemeinen in der Theaterwelt sehr selten vorkommt, ereignete sich hier zur allgemeinen Überraschung prompt und pünktlich: es wurde eine mehr oder weniger stillschweigende Vereinbarung getroffen, derzufolge niemand von den prominenten Schauspielern und Sängern den Ball besuchte. Bis auf ganz geringe Ausnahmen wurde dieser Boykott auch streng durchgeführt und man sah sich auf dem Festspielball vergeblich nach den Trägern jener Namen um, die die Theaterzettel der Salzburger Festspiele so glanzvoll gestalten.

Im übrigen war die Aufforderung, für die Künstlerkarten Geld zu bezahlen, noch im letzten Augenblick, knapp vor dem Fest, zurückgezogen worden, als die allgemeine Mißstimmung der Festleitung bekannt geworden war. Es war jedoch bereits zu spät, um die Angelegenheit in jedem einzelnen Fall entsprechend zu bereinigen.

So kam es, daß die neugierigen jungen Amerikanerinnen auf diesem Ball sich mit den interessanten Gesichtszügen der Salzburger Beamtenschaft begnügen mußten, während sie vergeblich nach Alexander Moissi oder Paul Hartmann ausspähten.« (»Wiener Allgemeine Zeitung«, 27. 8.)

Glückwunschadressen von Politikern und Künstlern

Immer wieder erscheinen in den Zeitungen zum Jubiläum Glückwunschadressen von Politikern und Künstlern, unter anderen Landeshauptmann Rehrl – »Die Festspielstadt bei Wien«, Altbundeskanzler Ramek – »Das Geheimnis des Erfolges – Mozart«, Präsident Puthon – »Österreichs unsichtbarer Export«, Bernhard Paumgartner – »Die musikalische Landschaft«, Franz Schalk – »Zehn Triumphjahre«, Clemens Krauss – »Die Salzburger Fassung«, Frieda Richard – »An der Wiege der Festspiele«, Alexander Moissi – »Mehr Schauspiel!«, Raoul Aslan – »Salzburger Welttheater«, Paula Wessely – »Salzburg und die österreichische Kunst«.

Rund um das Festspielgeschehen

2. August

Landeshauptmann Rehrl eröffnet in der Aula academica eine »Anton-Faistauer-Gedächtnisausstellung«, in der auch das berühmte Ölbild, das Richard Mayr als Baron Ochs darstellt, sowie Porträt-Pastellskizzen von Reinhardt, Helene Thimig, Einar Nilson, Luis Rainer und anderen zu sehen sind.

7./17. August

Aus der Veranstaltungsreihe der Internationalen Stiftung Mozarteum ragen zwei Konzerte heraus: der Vortragsabend der weltberühmten französischen Chansonniere Yvette Guilbert und der Lieder- und Arienabend von Umberto Urbano, dem gefeierten Bariton der Mailänder Scala.

14. August

Arturo Toscanini trifft in Salzburg zum Besuch der Festspiele ein und steigt im Hotel de l'Europe ab.

18. August

Im Naturtheater des Mirabellgartens hat Shakespeares Komödie »Was ihr wollt« Premiere, aufgeführt von der Schauspiel- und Regieklasse des Wiener Reinhardt-Seminars. Hervorzuheben sind Vilma Degischer als Viola und Richard Eybner als Malvolio.

Phantastische Pläne für 1931

August

In den letzten Festspieltagen werden Verhandlungen über das nächste Programm aufgenommen. Dabei stehen bemerkenswerte Projekte zur Diskussion:

Die musikalische und textliche Bearbeitung von Mozarts »Idomeneo«, an der Richard Strauss und Lothar Wallerstein arbeiten, steht vor dem Abschluß. Die SFG würde das Werk gerne im nächsten Jahr, anläßlich des 175. Geburtstages von Mozart, zeigen, Clemens Krauss beschäftigt sich schon mit Besetzungsfragen. Goethes »Faust I und II« wird wiederum erwogen, wobei Reinhardt, um Kosten zu sparen, die Inszenierung in Berlin vorbereiten soll. Alexander Moissi ist als Faust im Gespräch, Raoul Aslan als Mephisto. Als Aufführungsort könnte sich Reinhardt eine Salzburger Kirche vorstellen oder die Felsenreitschule, für die er allerdings eine Überdachung verlangt. Ansonsten schlägt er im Stadttheater eine Kammerspielinszenierung von »Minna von Barnhelm« oder von »Der eingebildete Kranke« mit Emil Jannings vor. Shakespeares »Hamlet« mit Moissi in der Titelrolle wird von Reinhardt ebenso in Betracht gezogen wie eine äußerst interessante Umbesetzung – Emil Jannings möchte gerne den Jedermann übernehmen. Weiters denkt man an eine Inszenierung des Jesuitendramas »Cenodoxus, Doktor von Paris«, eines aus dem Jahre 1609 stammenden, lateinischen

Stückes durch Reinhardt, unter Verwendung einer Bearbeitung Hofmannsthals. Ähnlich wie »Jedermann« oder »Das Salzburger große Welttheater« würde sich das Werk vorzüglich als Wiederbelebung eines alten geistlichen Spiels für die Festspiele eignen.

Die Anwesenheit Toscaninis läßt die SFG hoffen, den Dirigenten für Salzburg zu gewinnen. Besonders erwünscht wäre eine Zusammenarbeit mit Reinhardt bei der Neuinszenierung einer Mozart-Oper, man bemüht sich aber auch, ihn für ein Orchesterkonzert der Philharmoniker zu verpflichten. Da Toscanini im nächsten Jahr sehr intensiv in Bayreuth beschäftigt sein wird, scheinen die Aussichten für sein Festspieldebüt jedoch eher gering.

Bilanz
September

Wie die SFG bekanntgibt, verlief die Festspielsaison künstlerisch und auch wirtschaftlich durchaus befriedigend. Rückläufig zeigte sich der Besuch des deutschen Publikums und der Amerikaner, die diesmal ihren Europaaufenthalt zwischen Salzburg und den Oberammergauer Passionsspielen aufteilten. Dafür kamen mehr Italiener und Franzosen, unter ihnen auch Paul Claudel.

Laut Protokoll zur Aufsichtsratssitzung am 4. 9. erzielten die einzelnen Vorstellungen folgende Auslastung:

»Figaro«	96%
»Rosenkavalier«	95%
Konzerte im Festspielhaus	92%
Konzerte im Mozarteum	91%
»Don Juan«	87%
»Fidelio«	82%
»Jedermann« auf dem Domplatz	82%
»Jedermann« im Festspielhaus	70%
»Don Pasquale«	78%
»Kabale und Liebe«	69%
»Diener zweier Herren«	65%
Serenaden	57%
»Victoria«	53%

(Vgl. Aufsichtsratssitzungsprotokoll vom 4. 9.)

17. November

Gemeinderat Josef Witternigg gibt in der Gemeinderatssitzung einen ausführlichen Bericht über die abgelaufenen Festspiele und kann erfreulicherweise mitteilen, daß sie mit einem Überschuß von 44.702 Schilling abschließen; 14.702 Schilling werden auf das Jahr 1931 übertragen, 30.000 Schilling als Reservefonds angelegt. Sogar die »Figaro«-Ausstattung konnte zur Gänze bezahlt werden und bleibt im Salzburger Fundus. 60.594 Karten gelangten im Vergleich zu 41.814 im Vorjahr zum Verkauf. 185 Journalisten berichteten in cirka 1200 Artikeln international über das Festspielgeschehen.

Dr. Kerber referiert über das kommende Festspielprogramm, wobei er humorvoll den »Jedermann« als »den besten Subventionsgeber der Festspiele« (»Salzburger Volksblatt«, 18. 11.) bezeichnet und trägt den schon oft erwogenen Plan vor, im Winter ein großes Weihnachtsspiel zu veranstalten.

Die Generalversammlung der SFG am Abend bringt keine wesentlich neuen Maßnahmen.

Brauchen wir Bruno Walter?
20. Oktober

Die Teilnehmer an der elften Aufsichtsratssitzung beraten über die Schwierigkeiten mit den Stardirigenten Clemens Krauss und Bruno Walter. »Für den Entwurf des musikalischen Programmes ist vor allem die Frage wichtig, ob man, wie Clemens Krauss es gerne sähe, künftig auf Bruno Walter verzichten solle oder ob man in Erwägung der Tatsache, daß Bruno Walter in England ganz besonders angesehen ist und wir ihm also in erster Linie zu danken haben, wenn wir heute in England große Mode sind, an Bruno Walter auch für die Zukunft festhalten sollen.« (VA/BMU-38019/30) Kerber rät, Bruno Walter unter allen Umständen zu berufen.

21. Dezember

Der Rundfunksender in Salzburg nimmt seinen Betrieb auf.

1931

Dauer der Festspiele: 25. Juli–30. August

Stadttheatermiete
9. März
In der 13. Aufsichtsratssitzung steht wiederum die Stadttheatermiete für Festspielveranstaltungen zur Diskussion. Für den Sommer sind in diesem Haus geplant: viermal »Der Diener zweier Herren« (bei Schlechtwetter), viermal »Der Schwierige«, dreimal »Stella«, zweimal »Die Entführung aus dem Serail«, zweimal »Così fan tutte«, zweimal »Don Pasquale«, zweimal »Il Matrimonio segreto«. Nach Intervention der Stadtgemeinde kommt es zu folgendem Vorschlag: »Das Stadttheater stellt der SFG das Theater in der Zeit vom 16. Juli bis 31. August kostenlos zur Verfügung, dafür übernimmt die SFG das Ausfallsrisiko des Stadttheaterbetriebes vom 16. Mai bis 15. Juli« (ASF/Aufsichtsratssitzungsprotokoll vom 9. 3.) und versucht, möglichst das Personal des Theaters, separat honoriert, bei den Festspielen zu beschäftigen.

Österreichs Finanz- und Wirtschaftskrise, die »Hundert-Mark-Verordnung« und ihr Einfluß auf die Festspiele
März–Mai
Das Scheitern der geplanten Zollunion zwischen Deutschland und Österreich durch Einspruch von Frankreich, Italien und der Tschechoslowakei (21. 3.) und der Zusammenbruch von Österreichs größter Bank, der Creditanstalt, im Mai führen zu einer schweren Finanz- und Wirtschaftskrise.
18. Juli
Aufgrund des Artikels 48, Absatz 2 der deutschen Reichsverfassung wird verordnet: »Für

jede Reise eines Reichsangehörigen, der im Inlande seinen Wohnsitz oder gewöhnlichen Aufenthalt hat, in das Ausland wird eine Gebühr von 100 Reichsmark erhoben.« (»Salzburger Volksblatt«, 20. 7.)
Zu dieser Notverordnung, von der lediglich der kleine Grenzverkehr und die »Wanderarbeiter« ausgenommen sind, sieht sich das Deutsche Reich durch die verheerende Wirtschaftslage gezwungen. Die Verordnung tritt mit 22. 7. in Kraft und soll bis 10. 10. gelten. – Damit steht fest, daß für diesen Festspielsommer die Besucher aus Bayern, die oft nur zu den Veranstaltungen anreisen und in erster Linie Abnehmer der Plätze mittlerer Kategorien sind, ausfallen.
20. Juli
Landeshauptmann Rehrl beruft eine Krisensitzung ein, bei der entschieden wird, die Festspiele trotz der deutschen Notverordnung programmgemäß abzuhalten. Bei den zu erwartenden finanziellen Schwierigkeiten wird der Fremdenverkehrsförderungsfonds einspringen. Rehrls Interventionen beim Bundeskanzleramt bleiben vorerst erfolglos. Am 28. 7. gibt das »Salzburger Volksblatt« bekannt, daß Reisende aus dem bayerischen Grenzgebiet einen Ausflugsschein für einen achttägigen Aufenthalt in Österreich erhalten.
22. August
Das deutsche Reichskabinett beschließt, die Ausreiseverordnung vorzeitig aufzuheben, und zwar mit Wirksamkeit vom 26. 8.

Absage Toscaninis
30. Juni
Die SFG teilt im »Neuen Wiener Tagblatt« und in anderen Tageszeitungen mit, daß auf

Bitten Maestro Toscaninis sein Salzburg-Debüt (geplant war ein Orchesterkonzert am 26. 8.) auf nächstes Jahr verschoben wird.

4. Juli

In der 14. Aufsichtsratssitzung meint Erwin Kerber dazu, »man habe es absichtlich unterlassen, noch einen letzten Schritt bei Toscanini zu unternehmen, da man immerhin mit der Möglichkeit faschistischer Gegendemonstrationen rechnen müsse.« (VA/BMU-30679/31) – Toscanini hatte sich Anfang Mai geweigert, in Bologna vor einem Gedenkkonzert für Giuseppe Martucci die faschistische Hymne zu spielen. Eine profaschistische Gruppe griff ihn daraufhin tätlich an. Toscanini zog sich nach diesem Vorfall, der internationales Aufsehen erregte und die Mussolini-Regierung in peinliche Verwicklungen verstrickte, als Dirigent aus Italien zurück.

Zwei Erdteile hören Salzburg

25. Juli

Den Rundfunkübertragungen kommt in diesem »Fremdenverkehrskrisenjahr« besondere Bedeutung zu. Der Ausbau der internationalen Fernkabelverbindungen gestattet zum ersten Mal die Übertragung einer Festspielveranstaltung nach Übersee, die bestens gelingt. 83 amerikanische Sender der Columbia Broadcasting Company sind neben 133 europäischen Stationen in Ungarn, Jugoslawien, Belgien, Skandinavien, England und der Tschechoslowakei angeschlossen. Erstmals erfolgt die Ansage auch in französischer und englischer Sprache.

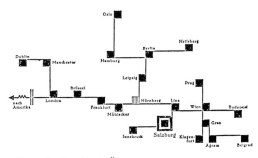

Skizze des Rundfunk-Übertragungsnetzes

Eröffnung mit ausländischen Gästen

25. Juli

Als erste Veranstaltung des Festspielsommers gastiert die »Stagione d'Opera Italiana« der Mailänder Scala, unter der Gesamtleitung des Impresarios Cavaliere Max Sauter-Falbriad, der musikalischen Leitung von Arturo Lucon und mit Mario Ghisalberti als Regisseur. Auch Solisten und Chor kommen aus Mailand, den Orchesterpart übernehmen die Wiener Philharmoniker, die unter Lucons »befeuernder Stabführung südliche Verve annehmen«. Der Premiere von Rossinis »Il Barbiere di Siviglia« wohnt die italienische Kronprinzessin Maria Josè in Begleitung des italienischen Gesandten in Wien bei. Mariano Stabile ist ein Figaro »ganz großen Formates, vor allem ein Vollblutitaliener, ein Künstler, in dessen Stimme, in dessen Vortrag der Klangrausch einer schönen Sprache, die Genialität von Volksmusik, höchsten Ausdruck finden«. (»Reichspost«, 2. 8.)

26. Juli

Im Stadttheater folgt Donizettis »Don Pasquale« – »ein Fest des Ziergesanges, der Kantilene« –, wieder mit Stabile, hier als Malatesta und mit Fernando Autori in der Titelrolle, Tommaso Alcaide als Ernesto, Tina Paggi als Norina und Ubaldo Toffanetti als Notar.

30. Juli

Mit großen Erwartungen sieht man Domenico Cimarosas komischer Oper »Il Matrimonio segreto« entgegen. Trotz guter sängerischer Leistungen fällt diese Vorstellung gegen die beiden vorangegangenen Gastspielproduktionen ab.

27./29. Juli

Erstmals ist neben den Wiener Philharmonikern ein zusätzliches Orchester für die großen Konzertveranstaltungen verpflichtet: Die Budapester Philharmoniker bringen an zwei Abenden unter ihrem ständigen Dirigenten Ernst von Dohnányi Werke der Wiener Klassik und ein ungarisches Programm.

30. Juli

Die Budapester gastieren im Rahmen der Festspiele auch in Badgastein.

Der letzte »Jedermann« mit Alexander Moissi in der Titelrolle. Richard Eybner (Dünner Vetter) und Wilhelm Diegelmann (Dicker Vetter)

Schauspiel: Statt Novitäten Reprisen und Übernahmen

26. Juli

Attila Hörbiger – seit 1928 bei Reinhardt am Theater in der Josefstadt engagiert – debütiert als Jedermanns Guter Gesell in Salzburg: »Frisch, natürlich und mit der starken Eigenart, über die er eben verfügt«, schreibt dazu das »Neue Wiener Journal« am 28. 7. Mit Richard Eybner als Dünner Vetter und Mariane Walla als Gute Werke gibt Reinhardt zwei Seminaristen die Chance, sich zu bewähren.

28. Juli

Attila Hörbiger und Richard Eybner wirken auch bei der Reprise von »Der Diener zweier Herren« mit. Der eine fügt sich als Florindo vortrefflich in das erprobte Ensemble, der andere gibt den Dottore mit »der Selbstgefälligkeit des eitlen Schwätzers und steht hinter seinem Vorgänger Friedrich Kühne nicht zurück«. (»Salzburger Volksblatt«, 29. 7.)

2. August

Hofmannsthals Lustspiel »Der Schwierige« war bereits für den Sommer 1928 angekündigt worden. Erst jetzt bringt Reinhardt seine Meisterinszenierung, die er erstmals 1924 im Josefstädter Theater vorstellte und im Dezember 1930 in Berlin neu einstudierte, nach Salzburg. Es gelingt ihm trefflich, Hofmannsthals Charakterisierung der untergehenden Welt des österreichischen Adels, der der Dichter selbst angehörte, auf der Bühne lebendig werden zu lassen. Jedoch in Sorge, daß die subtilen Nuancen des typisch wienerischen Stückes vom internationalen Festspielpublikum nicht verstanden würden, erlaubt er in Salzburg Vergröberungen, die dem fein nuancierten, gepflegten Konversationston schaden. »So scheint Gustav Waldaus wunderbare Darstellung des ›Schwierigen‹, namentlich anfangs unruhig, verdeutlicht und stark auf komisch gestimmt. Es geht etliches vom fei-

nen Reiz verloren.« (»Neues Wiener Journal«,
11. 8.) Helene Thimig verkörpert wieder die
Helene Altenwyl, Else Eckersberg die Antoi-
nette Hechingen und Dagny Servaes die
Edine, Hans Jaray den Stani.

13. August
Mit der Aufführung von »Stella« wird des
Goethe-Jahres 1932 im voraus gedacht. Reinhardt, der dieses Schauspiel bereits in Berlin
und Wien inszeniert hat, greift auch für Salzburg auf die positiv endende Erstfassung zurück. Der Erfolg des Abends gehört den
Schauspielern: Helene Thimig als Stella,
»spricht die Goetheschen Arien der Empfind-
samkeit mit Schwebungen und Modulationen
einer schönen, tiefen Beseeltheit; [...] sie gibt
Zeitgefühl in ihrer herben, verschlossenen
Weiblichkeit.« (»Neues Wiener Journal«,
18. 8.) Agnes Straub ist als Cäcilie »nicht
schwächer an Empfindung, aber beherrschter
und in den letzten Szenen von einer stillen
Größe, die zu uneingeschränkter Anerkennung zwingt.« (»Salzburger Volksblatt«,
14. 8.) Für die Rolle des Fernando konnte –
nach Absagen von Paul Hartmann und Raoul
Aslan – schließlich der Burgschauspieler
Ewald Balser gewonnen werden, der, nun
erstmals unter Reinhardts Regie, sich als
starke Bühnenpersönlichkeit erweist.

Fünf Mozart-Opern zum 175. Geburtstag des Komponisten

Wie angekündigt, stehen die Opernproduk-
tionen im Zeichen von Mozarts 175. Geburtstag.

3. August
Als erstes wird »Don Juan« in der alten Inszenierung wiederaufgeführt. Am Pult steht
Bruno Walter, der für den schwer erkrankten
Franz Schalk einspringt. In seiner Autobio-
graphie erinnert sich Walter an Schalks brief-
liche Bitte, den »Don Juan« zu übernehmen,
»es würde ihn trösten, ihn in meinen Händen
zu wissen«. (Bruno Walter: Thema und Variationen, S. 407) Die Sängerbesetzung ist gegenüber 1930 kaum verändert, Walters Inter-

Maria Cebotari (Mitte) debütiert in Salzburg als Erster
Knabe in Mozarts »Zauberflöte«

pretation betont mehr die Feinheiten als das
Dämonische der Musik.

5. August
«Die Hochzeit des Figaro« unter der musikalischen Leitung von Clemens Krauss wird nahezu unverändert aus dem Vorjahr übernommen.

8. August
Walter löst Schalk auch als Dirigent der neu
einstudierten »Zauberflöte« ab. Der Direktor
der Berliner Volksbühne und Salzburg-Debütant Karl Heinz Martin steht ihm als Regisseur zur Seite. »Der Dialog erfuhr eine sehr
erfrischende Durcharbeitung vom Schauspielerischen her. Das Erhabene, Würdevolle trat
auf Kosten der Ausbreitung der lustigen Personen stark hervor. Die Musik wurde unter
Walters vertiefender Vortragsweise zum Wei-
hespiel.« (»Allgemeine Musikzeitung«, 4. 9.)
Neu in den Hauptpartien sind Hans Fidesser

Margarete Wallmann und Bruno Walter bei einer Probe zu Ch. W. Glucks »Orpheus und Eurydike« im Stadtsaal

als Tamino, Lotte Schöne als ergreifende Pamina, Josef von Manowarda als Sprecher,
Karl Hammes als Papageno und Irene Eisinger als Papagena. In der Rolle des Ersten
Knaben debütiert Maria Cebotari in Salzburg.
Brandgeruch und Rauchschwaden aus der
linken Kulisse lösen im zweiten Akt des Pre-
mierenabends große Unruhe aus. Ein Licht-
hebel ist zu heiß geworden und die Isolierung
hat zu glimmen begonnen. Der Schaden wird
rasch behoben, Bruno Walter beruhigt vom
Dirigentenpult aus das Publikum, das sich
scharenweise von den Sitzen erhebt und
panikartig den Saal verlassen will. Erst nach
der Versicherung des diensthabenden Polizisten, daß jegliche Gefahr gebannt sei, kann
die Vorstellung weitergehen.

11. August
Für die Neueinstudierung der »Entführung
aus dem Serail« im Stadttheater bestand
Schalk – nun durch Robert Heger ersetzt –
auf dem in Nürnberg engagierten Regisseur
Rudolf Hartmann, der die Sänger mit viel Geschick und Einfühlungsgabe zu führen weiß.
Allen voran ist Emanuel List als Osmin zu
nennen. Koloman von Patakys Belmonte
zeichnet sich durch kultivierte Stimmführung
aus. Gertrude Callams Konstanze scheint mit
dieser Aufgabe überfordert, Lotte Schöne als
Blondchen und Hermann Gallos als Pedrillo
sind ein temperamentvolles Paar. Es gibt viel
Applaus bei offener Szene und der dem zweiten Akt vorangestellte »Türkische Marsch«
muß wiederholt werden.

14. August
Über die Neuinszenierung von »Così fan tutte«, basierend auf der Wiener Staatsoperneinstudierung von 1929, berichtet Rudolf Holzer im »Salzburger Volksblatt« am 17. 8.: »Es gab ungeheuren Jubel im Haus. England und Amerika klatschten sich die Hände wund.« Clemens Krauss »gibt dem Werke einen lockeren, elastischen, beschwingten Rhythmus«. Wallerstein interpretiert das Werk von der heiteren Seite und Ludwig Sievert, erstmals in Salzburg für ein Bühnenbild verantwortlich, paßt dieses ungemein sensibel der Inszenierung an. Viorica Ursuleac singt die Fiordiligi, Eva Hadrabova die Dorabella, Franz Völker stellt sich in Salzburg als Ferrando vor, den Guglielmo singt Karl Hammes. Als Despina kostet Adele Kern ihre darstellerische Begabung aus, Josef von Manowarda ist ein kultivierter Don Alfonso.

Auf dem Höhepunkt
15. August
Zum bedeutendsten Ereignis wird jedoch die Aufführung von Glucks »Orpheus und Eurydike«. Bruno Walter hält sich an die Fassung einer früheren Neueinstudierung für die Berliner Städtische Oper, bei welcher er das Finale durch Teile aus Glucks letztem Werk »Echo et Narcisse« ergänzte. »Einen Höhepunkt in meinen Bemühungen um die Festspiele bedeutete die Wiedergabe von Glucks ›Orpheus‹, ein Werk, dessen Ausschöpfung mich in meiner langen Laufbahn immer wieder beschäftigt hatte«, schreibt Bruno Walter. (Thema und Variationen, S. 455) Regie führt Karl Heinz Martin. Die Bühnenbilder stammen von Cesar Klein und stellen in der ersten Szene einen Grabhain dar, halb ägyptisch, halb griechisch, dann eine als Treppe gebaute Unterwelt, »worauf sich ein ununterbrochenes Wogen von oben nach unten, von unten nach oben abspielt, in einer Welle von Bewegung, die haarscharf mit dem Rhythmus der Musik übereinstimmt, die Glucksche Tonmalerei ins Bild überträgt«. (»Neues Wiener

Die Tänzerin und Choreographin Margarete Wallmann

Journal«, 19. 8.) Zur Vervollkommnung der Inszenierung trägt die Verbindung mit dem modernen Ausdruckstanz durch die Tänzergruppe und die Choreographie von Margarete Wallmann bei. Walter ist durch Empfehlung von Karl Heinz Martin auf sie aufmerksam geworden: »Wir haben von da an viel miteinander gearbeitet, und mir wurde jede neue gemeinsame Aufgabe durch ihr waches Verständnis und ihre erstaunliche Fähigkeit zu phantasievoller tänzerischer oder pantomimischer Ausdeutung der Musik erleichtert.« (Thema und Variationen, S. 455) Die drei großen Gesangspartien sind mit Sigrid Onegin (Orpheus), Maria Müller (Eurydike) und der erst 21jährigen Maria Cebotari (Eros), hervorragend besetzt.

22. August

Die Uraufführung von »Das jüngste Gericht«, einem Tanz-Mysterienspiel von Felix Emmel, ebenfalls in der Choreographie von Margarete Wallmann, löst hingegen kontroversielle Zuschauerreaktionen aus, obwohl der Choreographin Originalität und Eindringlichkeit in der Naivität der Gestaltung zugestanden werden. Die Kostüme (Marietta Müller-Stempel) und die Bühne (Felix Emmel) sind auf das tänzerische Geschehen abgestimmt. Musik von Händel, gespielt vom Mozarteum-Orchester unter Efrem Kurtz, unterstreicht das Spiel von Verdammnis und Erlösung.

Ein Millimeter Regen – 6000 Schilling

11. August

Bei der »Jedermann«-Aufführung tritt erstmals ein originelles Abkommen in Kraft. Die SFG hat, um sich vor finanziellen Nachteilen bei verregneten Freilichtaufführungen zu schützen, eine Versicherung gegen Regen abgeschlossen. »Die Hauptbestimmung der Polizze lautet, daß gegen Zahlung einer Gesamtprämie von 15.000 Schilling jeder Tag versichert ist. Wenn an einem beliebigen Nachmittag [...] zwischen 5 und 7 Uhr mindestens ein Millimeter Regen fällt, so muß die Versicherungsgesellschaft sechstausend Schilling liquidieren«. (»Neue Freie Presse«, 14. 8.) Der »Salzburger Schnürlregen« entwickelt sich mehr und mehr zum »Mäzen der Festspiele«. »Während der versicherten 40 Tage regnete es an festgelegten Stunden über 1 Millimeter an 6 Tagen, 3 Tage waren frei [Franchise], so daß dreimal S 10.000,– zur Auszahlung gelangten.«
(VA/BMU-29794/31)

Bemerkenswertes am Rande der Festspiele

24.–27. Juli

In der Felsenreitschule gastiert mit vier Vorführungen die Wiener Spanische Reitschule auf Einladung der Salzburger Reitervereinigung und finanziert durch die Bayernbank.

9. August

Das Internationale Gaisberg-Automobilrennen lockt viele Neugierige an.

August

Das Mozarteum nimmt das Mozart-Jahr zum Anlaß besonders umfangreicher Aktivitäten: Im Mozart-Museum wird eine theaterhistorische Abteilung eröffnet. Die Internationale Stiftung Mozarteum veranstaltet eine von Dr. Erich Schenk organisierte musikwissenschaftliche Tagung mit Mozart-Forschern aus verschiedenen Ländern. Im Rahmen der Mozarteums-Sommerkurse werden Einführungsvorträge zu einzelnen Festspielproduktionen in deutscher und englischer Sprache angeboten. Weiters gibt es sechs Vorlesungen von Emil Kläger zu Person und Werk Reinhardts und zu theaterwissenschaftlichen Fragen.

17. August

Die Reinhardt-Seminaristen zeigen im Stadttheater vor geladenem Publikum Luigi Pirandellos »Sechs Personen suchen einen Autor« und gastieren damit auch in Bad Ischl.

»Kinderjedermann«

August

Kinder aus dem Kaiviertel und dem St.-Peter-Bezirk, die den »Jedermann« von klein auf als Zaungäste kennen, haben die Idee, auf der Bretterbühne einmal nicht Fangen zu spielen, sondern das »Spiel vom Sterben des reichen Mannes« selbst aufzuführen. Moissi und Reinhardt überlassen ihnen Textbücher, die Kirche und die SFG setzen sich bei der Polizeidirektion für eine regelrechte Spielgenehmigung ein. Anfänglich füllen nur Verwandte und Freunde die Sitzreihen, doch bald steht eine schaulustige Menge dicht gedrängt bis zur Bühnenrampe. Fotografen halten das Ereignis fest, die In- und Auslandspresse geht in ausführlichen Berichten darauf ein. Sogar Franz Theodor Csokor und Anton Kuh schreiben darüber im »Mannheimer Tagblatt« (9. 9.) beziehungsweise in der »Süddeutschen Sonntagspost« (6. 10.).

Helge Roswaenge (Hüon) in C. M. v. Webers »Oberon«.
Dirigent: Bruno Walter

komme, daß es aber trotzdem »ebenso an-
strengend für die Dame war wie für die Zuhörer«. (»Neues Wiener Tagblatt«, 7. 8.)
12. August
Die Wahl von Webers romantischer Oper
»Oberon« schließt den angestrebten Bogen
der Entwicklung der Oper von Gluck zur
deutschen Romantik. Dem Team, Bruno
Walter, »bereits ›Musik-Reinhardt‹ genannt«,
dem Bühnenbildner Oskar Strnad, der Choreographin Margarete Wallmann und dem
Regisseur Franz Ludwig Hörth, gelingt es,
»Oberon«, in der Bearbeitung Gustav Mahlers, »als das herrlichste Bühnenbilderbuch,
die entzückendste, lieblichste musikalische Il-
lustration eines hohen Werkes deutscher Mu-
sikphantasie« vorzustellen. Bruno Walter läßt
das Orchester »mit einem Feuer, mit einem

Sturm, aber auch mit einer Innigkeit und
Poesie musizieren« (»Neues Wiener Tag-
blatt«, Datum unbekannt), unübertrefflich die
Wiener Philharmoniker und der Chor der
Wiener Staatsoper. Blendende solistische
Leistungen bieten Maria Müller als Rezia,
Helge Roswaenge als Hüon, Karl Hammes als
Scherasmin, Elfriede Marher als Fatime und
Lotte Schöne als Oberon. Aus den vielen kleineren Partien verdient Maria Cebotari »als
lieblich singendes erstes Meermädchen
rühmlich hervorgehoben zu werden«. (»Berliner Börsen-Courier«, Datum unbekannt.) In
den Sprechrollen sind die Reinhardt-Schau-
spieler Wilhelm Diegelmann, Luis Rainer
und Dagny Servaes beteiligt. Mit »Oberon«
gewinnt Salzburg eine attraktive Novität, für
die laut Meldung des Berliner »8-Uhr Abend-
blattes« vom 22. 8. »ein schwungvoller Handel mit Eintrittskarten zu fabelhaften Über-
preisen getrieben wird«. Zu Mißfallensäuße-
rungen kommt es lediglich in der tschechoslo-
wakischen Presse, die es für unzumutbar hält,
»daß der tschechoslowakische Rundfunk einen ganzen Abend seinen Hörern eine deutsche Sendung aufnötigte«. Sie sieht darin
eine »nationale Provokation«. (»Salzburger
Volksblatt«, 16. 8.)

Richard Strauss und seine Werke bei den Festspielen
19. August
Noch vor dem Eintreffen von Strauss erzielt
die Salzburger Erstaufführung von »Die Frau
ohne Schatten« mit dem Ensemble der Wiener Staatsoper und den Philharmonikern unter Clemens Krauss einen Sensationserfolg im
bis auf den letzten Platz ausverkauften Festspielhaus. Alfred Rollers Bühnenbilder zur
Wiener Inszenierung werden für Salzburg
adaptiert. Regie führt Lothar Wallerstein.
Zum triumphalen Erfolg tragen die solisti-
schen Leistungen wesentlich bei: Josef von
Manowarda als Färber Barak, Viorica Ursuleac als Kaiserin und Franz Völker als Kaiser,
Gertrud Rünger als Amme. »Das Unvergeß-
lichste aber an der herrlichen Aufführung ist

Clemens Krauss und Richard Strauss

Lotte Lehmann, die als Weib des Färbers Barak nicht nur durch den berückenden Wohlklang ihrer Stimme und durch die vollendete Kunst ihres Gesanges, sondern vor allem durch ihre tief verinnerlichte Auffassung zur Bewunderung zwingt.« (»Salzburger Volksblatt«, 20. 8.)
Der laut Statistik mit mehr als 30 Vorhängen quittierten Aufführung wohnen die Prominenz der Wiener Kunst und Gesellschaft, viele Amerikaner, Engländer und Franzosen, bekannte Persönlichkeiten der internationalen Musikwelt, wie etwa Maria Jeritza, bei.

21. August
Nach sechsjähriger Abwesenheit dirigiert Richard Strauss wieder in Salzburg. Im ersten Konzert der Wiener Philharmoniker unter seiner Stabführung stehen »Also sprach Zarathustra« und »Eine Alpensinfonie« auf dem Programm. »Strauss und die Philharmoniker sind längst eine harmonische Verbundenheit«, schreibt dazu die »Wiener Zeitung« vom 30. 8.

24. August
«Fidelio« in der schon bekannten Produktion und in nahezu unveränderter Sängerbesetzung wird unter der musikalischen Leitung von Richard Strauss zu einem der Festspielhöhepunkte. »Nicht jedem wird seine unpathetische Art, ein Werk des höchsten Pathos anzugehen, nicht jedem werden seine oft maßlos raschen, von den Sängern, dem Orchester nicht immer aufgenommenen Tempi recht gewesen sein. Aber alles stand unter dem Bann der einzigartigen Persönlichkeit, eines gewaltigen Temperamentsausbruches: das war kein bald siebzigjähriger Mann, der da dirigierte, es war ein Jüngling, den etwas Großes berauscht. Man dankte dem Meister nicht minder leidenschaftlich.« (»Die Stunde«, 27. 8.)

28. August
Im letzten Orchesterkonzert dirigiert Strauss Mozarts Symphonie Es-Dur KV 543, Beethovens »Pastorale« und Webers Ouvertüre zu »Euryanthe«.

»Eine Entgleisung«

August
In einem Interview mit den »Zürcher Neuesten Nachrichten« stellt Richard Strauss die Frage, warum sich die Schweizer nicht die Errungenschaften Salzburgs zunutze machten und als Fremdenland ersten Ranges, das einen herrlichen Rahmen für Festspiele abgeben würde, dem Reiseverkehr durch solche Veranstaltungen neue Impulse zuführen wollten. Das »Neue Wiener Journal« vom 23. 8. nimmt Anstoß an diesen Äußerungen: »[…] niemand würde sich wundern, wenn die Schweizer selbst auf ähnliche Gedanken kämen, daß aber ein mit Österreich und der Wiener Oper so eng verbundener Mann von Rang und Ansehen eines Richard Strauss just

Lotte Lehmann (Färberin) und Josef von Manowarda (Barak) in »Die Frau ohne Schatten« von R. Strauss. Dirigent: Clemens Krauss

Lotte Lehmann (Leonore) und Franz Völker (Florestan) in Beethovens »Fidelio«. Dirigent: Richard Strauss

das Zeichen zum Beginn einer solchen großen Konkurrenzunternehmung für Salzburg gibt, war, selbst wenn man die Undankbarkeit der Welt im allgemeinen und das Naturell des Herrn Dr. Strauss im besonderen in Rechnung stellt, denn doch nicht zu erwarten.«

Orchesterkonzerte und Konzerte geistlicher Musik

Die Orchesterkonzerte leiten Fritz Busch, Bruno Walter und Clemens Krauss, der erstmals in Salzburg Bachs »Hohe Messe in h-Moll« dirigiert (15. 8.). Philippe Gaubert bringt einen französischen Abend mit der Musik zu dem Ballett »La Tragédie de Salomé« von Florent Schmitt (3. 8.). Ein gut gewähltes Programm bieten die Konzerte geistlicher Musik, wie immer unter Domkapellmeister Joseph Messners Leitung. Darunter Mozarts »Krönungsmesse« (1. 8.) und das »Requiem« (28. 8.), Bruckners Messe in

d-Moll (10. 8.), Beethovens »Missa solemnis« (21. 8.) und anläßlich Joseph Haydns 200. Geburtstag »Die Schöpfung« mit Thea Böhm-Linhard, Helge Roswaenge und Josef von Manowarda (18. 8.).

»Ein Sommernachtstraum« in Kleßheim
7. August
Im Schloßpark von Kleßheim führt das Reinhardt-Seminar gemeinsam mit der Isadora Duncan-Schule Shakespeares »Sommernachtstraum« auf. Der Reiz dieser Inszenierung liegt darin, daß die Zuschauer von Schauplatz zu Schauplatz mitwandern. »Nach dem Zwischenspiel der Handwerker werden die Gäste eingeladen, aufzustehen und einen anderen Schauplatz im Park aufzusuchen, seitwärts des Schlosses in einem engen Raum und schließlich gibt es nochmals Szenenwechsel: die Hochzeit des Theseus wird im Schloß selbst gespielt. Wenn Reinhardt also

Versammlung der Nationalsozialisten am 27. 10. 1932 im Festspielhaus. Am Konferenztisch Anton Wintersteiger und Karl Scharizer, stehend A. E. Frauenfeld

sonst seine Schauspieler aus dem Zuschauerraum oder von der Straße her zur Bühne kommen läßt, so wanderten diesmal die Zuschauer.« (»Prager Presse«, 20. 8.)

Nationalsozialisten gegen »auswärtige Künstler«

18. August

Verschiedene Tageszeitungen kolportieren die Meldung, daß die Nationalsozialisten bei Präsident Puthon »Einspruch gegen die Verwendung auswärtiger Künstler bei den Salzburger Festspielen erhoben haben. [...] Er richtet sich gegen Clemens Krauss und die Wiener Phiharmoniker. Die Salzburger Nationalsozialisten behaupten, daß im Lande genügend bodenständige arbeitslose Musiker

vorhanden seien. Präsident Puthon wandte sich in einem Schreiben an Adolf Hitler, in dem er betont, daß gerade die auswärtigen Künstler von Weltformat ein Anreiz für die Fremden seien, die Salzburger Festspiele zu besuchen. Dieser Ansicht hat sich auch das Braune Haus in München angeschlossen. Gestern langte die Weisung der Münchner Zentrale ein, die nationalsozialistische Gauleitung in Salzburg möge die Festspiele wie bisher tolerieren.« (»Tagespost«, Graz, 18. 8.)

Die »Deutsch-Österreichische Tageszeitung« bringt ein Dementi, das am 26. 8. auch im »Salzburger Volksblatt« erscheint: »Die jüdische Presse des In- und Auslandes hat vor einigen Tagen in sensationeller Aufmachung die Nachricht gebracht, daß die Nationalso-

Clemens Holzmeisters »Faust-Stadt« in der Felsenreitschule

Clemens Holzmeister mit Baumeister Michael Gstür

Salzburger Festspiele 1933

Im Festspielhaus

FAUST

von Goethe

Der Tragödie erster Teil

Regie: Max Reinhardt

Musikalische Gestaltung: Bernhard Paumgartner

Tanz- und Bewegungsgestaltung:
Margarete Wallmann

Der Herr	Luis Rainer
Raphael	Fred Liewehr
Gabriel	Hedwig Pistorius
Michael	Raul Lange
Mephistopheles	Max Pallenberg
Faust	Ewald Balser
Erdgeist	Raul Lange
Wagner	Franz Pfaudler
Ein Schüler	Richard Tomaselli
Margarethe	Paula Wessely
Marthe	Lotte Medelsky
Lieschen	Nora Minor
Valentin	Fred Liewehr
Frosch	Harry Horner
Brander	Richard Eybner
Siebel	Karl Norbert
Altmeyer	Franz Pfaudler
Die Hexe	Frieda Richard
Der Meerkater	Gerty Klein
Die Meerkatze	Trude Ploy
Böser Geist	Helene Thimig

Bürger	Wieland, Richard Binder, Kasznar
Bürgermädchen	Singer, Granigg, Liesl Ploy, Katherine Sibley, Diana Sanger
Dienstmädchen	Leddihn
Handwerksburschen	Habel, Chaudoir Namkhoff, Trabauer, Winner, Handowsky
Die Alte	Poldi Czernitz-Renn
Der Bettler	Karl Groß
Ein Irrlicht	Trude Ploy
Die Schöne	Beatrix Flesch
Chor-Solostimmen	Lilly Hochhäusl, Erna Krumpholz, Gretl Welz, Suse v. Yonak

Tänzergruppe Margarete Wallmann:

Jaroslav Berger, Ernest H. Berk, Willy Borrmann, Marianne Fischl, Arthur Frederix, Paul Hanke, Liselotte Hempel, Grete Hummel, Hans R. Joop, Andrei Jerschik Helene Kavalir, Ilse Kell, Fritzi Krueger, Iwa Langentels, Heinz Lieker, Gertrud Nettel, Lisa Ney, Vera Paulin, Tamara Rauser, Traute Reuter, Marx Runzler, Hanna L. Schäfer, Harriet Schering, Ruth Maria Schmidt, Toni Suitner, Edith Türckheim, Hjalmar Weigel, Margit Werres, Gustav Wieandt, Christel Wieck, Barbara v. Wussow.

Dirigenten:

Karl Hudez, Heribert von Karajan

Der Mozarteums-Chor

Das Mozarteums-Orchester

An der Orgel: Franz Sauer

Bühnenbauten: Clemens Holzmeister

Ausführung der Bauten: Michael Gstür

Kostüme: Herbert Ploberger

Beleuchtung: Eduard Dinkel

Theaterzettel zur Reinhardt-Inszenierung von Goethes »Faust I«. Zum ersten Mal scheint der Name Herbert von Karajan in einem Programm der Salzburger Festspiele auf.

Laut Zeitungsmeldung fahren an die 400 Autos vor: »Eine Auffahrt, wie man sie bei den Festspielen noch nicht erlebt hat.« Gesehen werden Marlene Dietrich, Fjodor Schaljapin, Stefan Zweig, Otto Klemperer, Emil Jannings, Wiens Bürgermeister Karl Seitz und andere. – Nur das Wetter spielt nicht mit. Man beginnt mit einstündiger Verspätung. Nach der Szene »Auerbachs Keller« setzt wieder Regen ein, die Aufführung wird abgebrochen und eine Ersatzvorstellung für den 20. 8. angekündigt.

Wiederum muß das Spiel – diesmal nach der »Schülerszene« – abgebrochen werden, doch an diesem Abend übersiedelt man ins Festspielhaus, wo Holzmeister eine »Regenfassung« der »Faust-Stadt« aufgebaut hat.

21. August

Am zweiten regulär angesetzten Abend wiederholt sich der Vorgang vom Vortag nun

schon nach dem ersten Akt. Unter den Zu-
schauern, die vor dem Regen ins Haus flüch-
ten, befinden sich Bundeskanzler Dollfuß und
Minister Dr. Kurt von Schuschnigg.

25. August
Endlich geht der »Faust« ohne Behinderun-
gen in Szene, und der Eindruck der Inszenierung läßt sich erstmals im vollen Ausmaß erfassen. Regiekonzept und szenische Ausgestaltung werden zu einer Einheit. Reinhardt
hebt jene Szenen hervor, die es erlauben, den
vorgegebenen Text in freier Phantasie zu er-
weitern und durch einen aufgelockerten
Spielduktus auszugestalten. Seine »Faust«-
Version geht von einer äußerlichen Wirkung
aus, bei der der optische Eindruck dominiert,
was nicht nur positiv aufgenommen wird:
»Grandioser ist noch nie das Vermächtnis eines Ganz-Großen verraten worden. Verführe-
rischer noch nie das Wort verleugnet, die
Kraft verschwendet, die Tat als Sensation gesetzt worden, als bei dieser Salzburger
›Faust‹-Aufführung.« (»Wiener Neueste
Nachrichten«, 20. 8.) Die »Faust-Stadt«, als
Simultanbühne angelegt, auf der jede Szene
ihren bestimmten Platz und ihr bezeichnen-
des Milieu findet, ist unverkennbar dem Salzburger Stadtbild mit seinen typischen Gra-
bendächern, Arkadengängen und Torbogen
nachgeformt. Eine differenzierte Lichtregie
macht das fließende Ineinandergreifen der
einzelnen Szenen möglich und charakterisiert
auch deren jeweilige Stimmung. Zusätzliche
musikalische, akustische und choreographi-
sche Elemente steigern die Gesamtwirkung.
Auch die Kostüme orientieren sich an heimi-
scher Tracht. Sie stammen von Herbert Ploberger, der auch Perchtenmasken für die
Walpurgisnacht entwirft. Paula Wessely
bricht in ihrer Darstellung der Margarethe
mit der herkömmlichen Tradition und kli-
scheehaften Vorstellung dieser Rolle. Sie ist
unsentimental, verleiht der Figur ohne Pathos
und große Gesten wirkliches Leben. Auch
Ewald Balser spielt den Faust unpathetisch.
Er bewährt sich als »plastischer, vergeistigter
Sprecher«, der seine stärksten Momente in

Paula Wessely (Margarethe) und Ewald Balser (Faust)

der ersten Hälfte der Tragödie hat.Wohl zum
ersten Mal stellt ein als Charakterkomiker bekannter Schauspieler den Mephisto dar. Max
Pallenberg wirkt nicht teuflisch, dämonisch
oder abgründig, sondern spielt voll Zynismus
und Ironie den Schalk und »verschmäht die
traditionelle Maske, vertrauend der Macht
seiner eigenen Grimasse«. (»Neues Wiener
Journal«, 22. 8.) Die drei Protagonisten ergänzt ein Ensemble von großer Geschlossenheit. Lotte Medelsky (Marthe), Helene Thimig (Böser Geist), Frieda Richard (Hexe),
Nora Minor (Lieschen), Luis Rainer (Herr),
Fred Liewehr (Valentin) und andere. Die von
Bernhard Paumgartner komponierte Bühnenmusik dirigieren Herbert von Karajan und
Karl Hudez.

**Die Festspiele vor dem Abbruch –
Sanierungsaktion des Bundes**
23. August
Die »Wiener Wirtschafts Woche« veröffent-

Salzburger Nacht-Phantasie

Max Reinhardt zur Faust-Aufführung gewidmet von Carl Zuckmayer

Vom Augustiner-Bräu, vom Peterskeller / Vom Bier gesättigt
und vom Wein geletzt / Die Pulse jagen und das Blut rinnt schneller /
Des Herzens Wunderlampe leuchtet heller / Laterna magica der Phan-
tasen / Und Witz, der seine Zung am Gaumen wetzt / Verkappt sich als des
Geistes Konterfei / Sein Ton wird schärfer und sein Lachen greller /
Da plötzlich reißt ein Blitz die Nacht entzwei / Aus allen Lüften hallt
es wie Geschrei / Verstoßner Engel, die ins Dunkel taumeln / Und
gleich Gebeinen, die am Galgen baumeln / Dreht sich im Geisterwind
die Zeit: Vorbei — — Vorbei — —
O alte Stadt voll immer jungen Lichtes / Wie labst Du uns mit
Fausts Zaubertrank / Und zwischen Reim und Zeilen des Gedichtes /
Glüht heimlich Deines Herbstes Rebgerank / Von steilen Dächern
schimmerts mondbegossen / In weiten Höfen murmelts wie Gebet / Und
brunnenrauschend und vom Strom durchflossen / Des Steines Werk-
mal stumm die Zeit besteht / Versunknes Grab, verborgne Kata-
komben / Und leise Gärtlein unter Himmels Tromben / Besessne Hexen
juchzen teufelsgeil / Die arme Seele schluchzet todverlassen / Wann
heiter lärmend in Getreidegassen / Geschäftig drängt des Tages kurze
Weil / Was haucht uns an? Was weht uns durch die Haare? / Sprang
nicht ein schwarzer Pudel übern Weg? / Wir folgen schaudernd einer
Totenbahre / Die trappt und schwankt und nachtverhangnem Steg / Zum
Gottes Acker Sankt Sebastian / Der Theophrasti Erdenrest behauste /
Aus allen Winkeln flüsterts: Fauste — — Fauste — — / Aus allen
Schatten wollen Geister nahn / Ruhlos verdammt zu ewigem Himmels-
durst / Und mit des Hohnes Peitsche treibt sie an / Der Wider-Geist:
Der höllische Hans Wurst!
Da schlug die Uhr. Da schrie der Morgenhahn / Der Geistersabbath
war verrauscht, verflogen / Es stieg die Nacht im großen Sternenbogen /
Und Glocken huben an auf breiten Wogen / Und jubelten, und braußten
himmelwärts: / Wie klein die Welt! Wie groß des Menschen Herz! /
Wie groß die Welt! Wie klein des Menschen Streben! / Wie schal der
Zweifel, und wie dumpf der Spott! / Kann zwar nicht jedermann mit
seinem Teufel leben / Doch atmet keiner ohne seinen Gott.

Henndorf, 14. August 1933

Beiblatt im Programmheft zu »Faust«. Dieses Zuck-
mayer-Gedicht wird auch im »Salzburger Volksblatt«
vom 17. 8. 1933 publiziert.

licht einen Artikel von Landeshauptmann
Rehrl, in dem die schwierige wirtschaftliche
und finanzielle Situation des Landes Salzburg
im ersten Halbjahr dargestellt wird. Der
Fremdenverkehr hat in der Vorsaison, bedingt durch die Sperrverfügungen und sehr
schlechtes Wetter, fast völlig ausgelassen.
»Ein gänzlicher Umschwung trat allerdings
mit Beginn des Monates August ein, gleichzeitig mit dem Beginne der Salzburger Festspiele. [...] Das Bild, welches das Publikum
bei den Aufführungen bietet, wie auch das
Bild in den Straßen der Stadt unterscheidet
sich gegenwärtig [...] fast nicht mehr von dem
im Vorjahre. [...] Aber verglichen mit den
Sorgen im Juni l. J., in welchem die Abhaltung der Festspiele überhaupt in Frage gestellt schien, bedeutet ihr Verlauf, wie wir ihn
jetzt vor uns sehen, dennoch einen vollen Erfolg.«

Am selben Tag stellt die SFG in einem
Schreiben an das Finanzministerium ein Defizit aus dem Kartenerlös von 170.000 Schilling fest, das sich bis Ende der Festspiele auf
230.000 Schilling erhöhen dürfte, und bittet
dringend um Abhilfe.

25. August

Finanzminister Karl Buresch verweist in seinem Antwortbrief darauf, daß die SFG in diesem Jahr 125.000 Schilling als ordentliche
Subvention (statt 35.000 Schilling) und eine
Ausfallsgarantie von 100.000 Schilling erhalten habe, bewilligt aber nochmals 30.000
Schilling: »So muß ich dieses äußerste Entge-
genkommen an die Bedingung knüpfen, daß
nunmehr weitere Ansprüche an den Bundes-
schatz für die Salzburger Festspiele nicht
mehr gestellt werden.« (VA/BMU-23 966/33)
Der Zuschuß reicht jedoch nur aus, um den
am 25. 8. drohenden Abbruch der Festspiele
zu verhindern, nicht aber deren weiterhin ka-
tastrophale Lage zu sanieren. Im Ministerrat
ersucht Justizminister Schuschnigg, in seiner
Funktion als mit der vorläufigen Fortführung
der Geschäfte betrauter Bundesminister für
Unterricht, die Regierung, einer weiteren außerordentlichen Subvention von 40.000

Bruno Walter und Lotte Lehmann bei ihrem ersten Festspiel-Liederabend im Großen Saal des Mozarteums

Schilling zuzustimmen. (Vgl. VA/BMU-23966/33)

Das Finanzministerium gewährt auch diese Summe, stellt dazu aber in einem Schreiben vom 15. 9. fest, »daß die Beiträge aus Bundesmitteln im Jahr 1933 von 195.000 Schilling bei der gegenwärtigen staatsfinanziellen Not ein außerordentliches Höchstmaß darstellen [...]. Bei aller Würdigung des hohen Kunstniveaus der Festspiele und der künstlerischen Wertschätzung der mitwirkenden Künstler übersteigen die den Letzteren bewilligten Honorare die üblichen Grenzen [...]. Dazu kommt, daß einzelne der genannten Dirigenten, Regisseure, Solisten sowie alle Philharmoniker, die Ballettgruppe und das technische Personal fast durchwegs Vertragsangestellte der Wiener Bundestheater sind, die als solche fortlaufende, nicht unbeträchtliche Bezüge aus Bundesmitteln genießen und somit zum Typus von Doppelverdienern gehören«. (VA/BMU-23966/33)

«Geschenk an die Festspielgäste»
27. August

Als »Geschenk an die Festspielgäste, wie es größer und reicher kaum gedacht werden kann« bezeichnet das »Salzburger Volksblatt« vom 28. 8. den ersten Liederabend, den Lotte Lehmann, am Flügel begleitet von Bruno Walter, mit einem Schubert, Schumann, Brahms und Hugo Wolf gewidmeten Programm gibt. »Der musikalische Sinn und die Schönheit der melodischen Linie war ihrer intensiven Einfühlung ebenso erschlossen wie geistiger und emotioneller Gehalt der Worte, und beide Elemente des Liedgesanges brachte sie in oft idealer Synthese zu der einheitlichen Wirkung, die der Intention des Komponisten entspricht«, schreibt Bruno Walter (Thema und Variationen, S. 457) über Lotte Lehmann und diese in den folgenden Sommern zur ständigen Einrichtung werdenden gemeinsamen Liederabende.

Österreich hat eine künstlerische Schlacht gewonnen

31. August

Die österreichischen Zeitungen heben den großen Erfolg hervor, den die Veranstaltungen dieses Sommers trotz aller erschwerenden Umstände brachten. In deutlicher Abgrenzung gegen die Kulturpolitik Hitler-Deutschlands sei es gelungen, ein Zeichen künstlerischen Selbstbewußtseins für Österreich zu setzen. »Was in dieser Richtung in Österreich geleistet wird, ist und bleibt im besten Sinne Arbeit für das gesamte Deutschtum, für die deutsche Kultur.« (»Salzburger Chronik«, 1. 9.)

Die Festspiele in der Wochenschau »Österreich in Ton und Bild«

August

Ein im Verlauf des Sommers gedrehter Film der »Vaterländischen Wochenschau«, hergestellt unter der künstlerischen Leitung des heimischen Filmregisseurs Dr. Max Zehenthofer, zeigt in zehn Folgen neben Bildern der Stadt, prominenten Mitwirkenden und Gästen auch Szenen aus verschiedenen Opern, aus »Jedermann« und Probenausschnitte zum »Faust«. Der Film entstand mit Unterstützung der »London-Salzburg-Society«. Die Serie soll im Herbst in in- und ausländischen Kinos zu sehen sein.

»Ich hab' draußen in Berlin gehört, Salzburg sei heuer ein Friedhof ...«

1. September

Nach amtlichen Aufzeichnungen waren zur Festspielzeit 35.047 Personen in Salzburger Hotels, Gasthöfen und Privatquartieren untergebracht – im Jahr zuvor waren es 45.012. Am gravierendsten ist der Rückgang der Gäste aus dem Deutschen Reich von 15.681 auf 874, was sich in erster Linie auf die »Jedermann«-Vorstellungen ausgewirkt hat. Am stärksten frequentiert war die zweite Augusthälfte. Die »Salzburger Chronik« vom 22. 8. berichtet, ein Stammgast aus Deutschland sei von seinem gewohnten Hotel wegen Ausbuchung abgewiesen worden, worauf er höchst erstaunt antwortete: »Na, hörnse mal, ich hab' draußen in Berlin immer gehört, Salzburg sei heuer ein Friedhof ...!« – Im ganzen wurden rund 56.000 Festspielbesucher gezählt – etwa 16.000 weniger als 1932.

Finanzielle Rückschau

9. Oktober

In der 25. Aufsichtsratssitzung stellt man einen ungedeckten Betrag von 23.383 Schilling fest, der sich aus den verringerten Karteneinnahmen und aus Überschreitungen des Budgetvoranschlages zusammensetzt. Die höchsten Mehrausgaben haben sich für den »Faust« ergeben, sie erscheinen aber durch den grandiosen Erfolg der Aufführungen gerechtfertigt. Man beschließt, »daß die Direktion versucht, den Betrag von S 23.383,15, der fehlt, um die Vermögenssituation vom 1. Oktober des Vorjahres wieder herzustellen, durch Verhandlung mit den Gläubigern einzusparen«. (VA/BMU-32744/33)

Pläne und Finanzierung 1934

22. November

In der 27. Aufsichtsratssitzung legt Direktor Kerber vier Programmvarianten für 1934 vor. Als Novitäten sind neben der Neueinstudierung von »Don Juan« – auf Bruno Walters Wunsch in italienischer Sprache – die Strauss-Oper »Arabella« und das Ballett »Josephslegende« im Gespräch, ferner Verdis »Don Carlos« und ein Burgtheatergastspiel mit einem von Benito Mussolini verfaßten

Stück »Julius Cäsar«, das im Mai in Wien mit Werner Krauß uraufgeführt werden soll. Werner Krauß, seit August 1933 Vizepräsident der Reichstheaterkammer in Berlin, will man unbedingt für Salzburg gewinnen, gleichgültig für welche Rolle. (Vgl. ASF/Aufsichtsratssitzungsprotokoll vom 22. 11.)

18. Dezember
In der 28. Aufsichtsratssitzung macht Präsident Puthon darauf aufmerksam, daß die zur Verfügung stehenden Mittel nur mehr bis Anfang Februar ausreichen. Die Subventionsgeber werden dringendst gebeten, die zugesagten Gelder künftig rechtzeitig anzuweisen. Wie bereits in der Aufsichtsratssitzung am 11. 11. beschlossen, wird für 1934 kein detailliertes Budget erstellt, sondern das Gesamterfordernis. Die Summe wird mit 226.000 Schilling angegeben.

Der Rechnungshof rät zu einer Absage der Festspiele
22. Dezember
Nach einer genauen Überprüfung der Bundessubvention für die abgelaufenen Festspiele kommt der Rechnungshof in einem Schreiben an das Unterrichtsministerium zu dem Schluß, »ob nicht angesichts des durch die andauernd ungünstige Wirtschaftslage und die reichsdeutschen Ausreisebeschränkungen zu erwartenden weiteren Rückganges des Fremdenverkehrs auf ein Entfallen der nächstjährigen Salzburger Festspiele hinzuwirken wäre. [...] Zumindest wären, um mit einiger Wahrscheinlichkeit die Subventionen der öffentlichen Gebietskörperschaften auf ein erträgliches Ausmaß beschränken zu können, die Festspiele in kleinerem Umfang zu veranstalten.« (VA/BMU-36889/33)

33432 34
: PROTOKOLL DER 28. AUFSICHTSRATSITZUNG am 18. Dezember 1933

```
·Vorsitz:        Direktor Bauernfeind
 Vertreten:      Bund       Sektionschef Dr Pernter
                 Land       Hofrat Dr Riltinger
                 Fond       Kammerrat Rainer
                 SFG        Bauernfeind,Sadleder
 Direktion       Puthon, Sadleder,Kerber
 Protokoll       Dr Kerber
```

Bauernfeind   begrüsst die Erschienenen und teilt mit, dass diesmal der Vertreter der Stadt fernbleiben musste.

Dr Pernter   teilt mit, dass der Bundespräsident Herrn Dr Kerber wegen seiner Verdienste um die Festspiele den Titel eines Regierungsrates verlieh.

Puthon   lenkt die Aufmerksamkeit des Aufsichtsrates nachdrücklichst auf die nahezu unhaltbar gewordene finanzielle Situation. Es werde kaum möglich sein, an die Vorbereitung neuer Festspiele zu schreiten, solange ein Betrag von S 81.000.- erforderlich ist, um die abgelaufenen Festspiele endlich zu liquidieren. Selbst wenn keinerlei Schulden abgezahlt werden, reichen die Mittel nur mehr bis anfangs Feber; zu diesem Zeitpunkt müssen die Bezüge der Beamten eingestellt und das Festspielhaus überhaupt gesperrt werden.

Sadleder   bestätigt den Ernst der vom Präsidenten geschilderte Lage. Nach den diesjährigen Erfahrungen kann man sich künftig nicht mehr mit der formellen Zusage von Subventionen abfinden, man wird vielmehr Garantien dafür verlangen müssen, dass das versprochene Geld tatsächlich zeitgerecht zur Verfügung steht. Dies gilt insbesondere für die Stadtgemeinde.

(VA/BMU-33432/34)

1934

Dauer der Festspiele: 29. Juli–2. September

«Ein Nichtabhalten der Salzburger Festspiele wäre gleichbedeutend mit dem Niederholen der österreichischen Fahne« (Dollfuß)
30. Januar
In der 29. Aufsichtsratssitzung berichtet Präsident Puthon über seine und Landeshauptmann Rehrls Vorsprache bei Bundeskanzler Dollfuß, Minister Schuschnigg und im Finanzministerium bezüglich der schwierigen finanziellen Situation der Festspiele. »Überall erhielt man den Bescheid, daß die Festspiele unter allen Umständen abgehalten werden müssen.« (VA/BMU-2845/34) Ein Ministerratsbeschluß sichert eine Bundessubvention von 100.000 Schilling zu. Bei einer Subvention von Stadt und Land sowie des Fonds von je 50.000 Schilling wäre die Differenz zwischen den veranschlagten Ausgaben und Einnahmen von 226.000 Schilling inklusive der noch offenen Schulden von 22.000 Schilling aus dem Jahr 1933 gedeckt. Dennoch beschließt der Aufsichtsrat, eine Ausfallsgarantie zu beantragen. Kerbers Vorschlag, »Così fan tutte« und »Figaro« nur je einmal zu spielen, dafür aber eine Vorstellung der »Elektra« von Strauss und ein zehntes Orchesterkonzert unter Sir Thomas Beecham anzusetzen, wird angenommen.

Gagenreform für Festspielmitwirkende
April/Mai
Entsprechend den Anweisungen des Rechnungshofs und des Finanzministeriums bemüht sich die SFG um eine Gagenreduktion Schauspieler, Sänger, Musiker und technisches Personal betreffend. »Der in der ganzen

Kulturwelt rückhaltslos anerkannt künstlerische Standard der Festspiele dürfe unter den wirtschaftlichen Maßnahmen in keiner Weise leiden«, erklärt Kerber (»Salzburger Volksblatt«, 23. 4.). Die Gagenverhandlungen mit den Wiener Philharmonikern dauern am längsten. Die SFG bietet ein um 15 bis 20 Prozent gekürztes Honorar. »In Anbetracht der hervorragenden Dirigenten der diesjährigen Saison – Richard Strauss, Toscanini, Furtwängler, Bruno Walter, Mengelberg – ist kein Zweifel, daß eine Einigung zustande kommen muß«. (»Salzburger Volksblatt«, 18. 5.) Diese Einigung erfolgt Mitte Juni.

Ein Dach für die Felsenreitschule
12. April
In einem Brief an Landeshauptmann Rehrl weist Max Reinhardt auf die dringende Notwendigkeit einer Überdachung der Reitschule hin, die Vorstellungen auch bei schlechtem Wetter ermöglichen soll und setzt sich für Clemens Holzmeisters Entwurf ein.
9. Mai
Ein Arbeitsausschuß der SFG befaßt sich mit den Plänen und der Finanzierung der Überdachung. Da sich die Subventionsgeber nicht an den Kosten von cirka 50.000 Schilling beteiligen, müssen die Geldmittel von anderer Seite aufgebracht werden.
19. Juni
Die durch Spenden gesicherte Finanzierung läßt den Baubeginn zu. Unter den Spendern ist die Pelzfirma Peniček, »die an der Überdachung deshalb interessiert ist, weil infolge der Abendkühle bei den Aufführungen im Freien die Nachfrage des Publikums nach Pelzen eine starke sein dürfte«. (»Salzburger Volksblatt«, 19. 6.) Die Lebensversicherungsgesell-

schaft Phönix stellt ein auf zehn Jahre mit sechs Prozent verzinstes Darlehen zur Verfügung. Auch die Bayernbank springt ein.

Die Überdachung wird aus einem fixen Holzdach über dem Zuschauerraum und einem aufrollbaren Planendach über den vorderen Sitzreihen und der Bühne bestehen. Der Blick auf die Arkaden und die Felswand bleibt frei. Zwischen den beiden Pfeilern, die aus dem Zuschauerraum aufragen und das Holzdach tragen, wird eine Beleuchterbrücke eingebaut.

Politische Unruhen – Bombenanschlag auf das Festspielhaus

Januar
Die seit 19. 6. 1933 in Österreich verbotene, nun illegale NSDAP verstärkt ihre terroristischen Aktivitäten.

12.–15. Februar
Bei den sogenannten Februarunruhen wird der Widerstand der sozialdemokratischen Arbeiter gegen das autoritär-faschistische Dollfuß-Regime von Heimwehr, Bundesheer und Polizei in ganz Österreich blutig niedergeschlagen.

18. Februar
Bei Stefan Zweig findet eine Hausdurchsuchung nach Waffen des Republikanischen Schutzbunds statt. Am 9. 3. schreibt Zweig aus London an Hans Carossa: »Salzburg hat durch seine Grenzlage einen dermaßen politischen Akzent bekommen und die Erregung dringt – so energisch man die Seelenfenster dagegen schließen mag – durch alle Ritzen und Fugen ins Haus: Man wohnt gleichsam auf einem militärischen Brückenkopf, und das ist der Arbeit nicht sonderlich förderlich. So war es für mich eine innere Notwendigkeit, mich für einige Zeit hier herüberzuschalten in eine gänzlich apolitische Atmosphäre, und die ruhige Sicherheit dieses Landes teilt sich einem auf das Wohltätigste mit.« (Stefan Zweig. 1881/1981. Aufsätze und Dokumente, S. 89)

17. Mai
Während einer Versammlung der Heimwehr

im Festspielhaus wird ein Bombenanschlag verübt. Puthon schreibt in seinen Tagebuchaufzeichnungen: »Um 18 Uhr wurde das Bassin eines Brunnens im Eingang zum Festspielhaus, in welche von den ›Nazis‹ eine Ekrasit-Bombe gelegt wurde, zertrümmert, ebenso das Mosaik in der Eingangshalle, sowie die Türen und das Glasdach des Foyers. In meiner Kanzlei im ersten Stock brachen die Fenster, Bilder fielen herab, das Tintenfaß auf meinem Schreibtisch stürzte um, und ich wurde durch den Luftdruck nach rückwärts in den Papierkorb geschleudert.« (ASF) »Bei dem der Täterschaft Verdächtigen handelt es sich um einen ehemaligen Schutzbündler, der mit den Nationalsozialisten in Verbindung stehen soll.« (»Salzburger Chronik«, 23. 5.) Ein Feuerwehrmann kommt bei dem Attentat ums Leben. Der Sachschaden beträgt 9990 Schilling 25 Groschen.

Absagen von Richard Strauss und Wilhelm Furtwängler

25. Mai
Von Staatssekretär Walther Funk im Reichsministerium für Volksaufklärung und Propaganda in Berlin ergehen gleichlautende Briefe an Strauss und Furtwängler: »Von der Landesleitung Österreich der NSDAP ist dem Ministerium mitgeteilt worden, daß Sie beabsichtigen, bei den im Sommer dieses Jahres in Salzburg stattfindenden Festspielen mitzuwirken. Herr Reichsminister Dr. Goebbels hat mich beauftragt, Ihnen mitzuteilen, daß dies der Politik des Führers Österreich gegenüber zuwider laufe und daß er Sie bittet, von einer Mitwirkung bei den Salzburger Festspielen im politischen Interesse Abstand zu nehmen.« (BA, R 55/1184)

Juni/Juli
»Furtwängler hatte seinerzeit seine Mitwirkung nur bedingt zugesagt. [...] Diese bedingte Zusage hat nun der Künstler zurückgezogen«, notiert das »Neue Wiener Tagblatt« am 9. 6. zur Absage des Dirigenten.

Der Rückzug von Strauss vollzieht sich schrittweise. In Zeitungsmeldungen wird um den 20. 6. eine mögliche Absage erwogen, Mitte Juli scheint seine Mitwirkung in Salzburg wiederum gesichert. Am 20. 7. teilt das »Neue Wiener Tagblatt« mit, Strauss werde wegen seiner Tätigkeit in Bayreuth nicht den »Fidelio« zur Festspieleröffnung dirigieren, wohl aber die Wiederholung am 14. 8. und Konzerte. – Schließlich dirigiert Clemens Krauss die beiden »Fidelio«-Aufführungen, der Salzburg-Debütant Willem Mengelberg und Felix von Weingartner leiten die Konzerte am 31. 7. beziehungsweise 12. 8. Ende Juli begründet Strauss sein endgültiges Fernbleiben mit Übermüdung und Rücksichtnahme auf den Gesundheitszustand seiner Frau. Die Festspielleitung reagiert mit dem Vorwurf, er habe »seinem eigenen Kind nicht die Treue gehalten«.

2. August
Ein »vertraulicher« Brief von Strauss an Puthon gibt Aufschluß über den Grund der definitiven Absage: »Ich habe gehofft, daß gerade Sie es verstehen würden, wenn ich einen der schmerzlichsten Verzichte meines Lebens Ihnen direkt auszusprechen nicht übers Herz brachte. [...] Nach letzten Telefongesprächen mit Dr. Kerber mußte ich bestimmt annehmen, daß Salzburg begreifen würde: es war nicht mein freier Wille, der mich endlich bewog, [...] auch auf den Besuch der mir zu Ehren veranstalteten schönen Festvorstellungen meiner Opernwerke, auf die ich mich besonders gefreut hätte, zu verzichten. Aber gegen höhere Gewalt bin ich leider auch ich machtlos.« (ASF)

Kanzlermord – Gefahr für die Festspiele

25. Juli
Bundeskanzler Dollfuß wird in Wien ermordet. Doch der seit längerem vorbereitete nationalsozialistische »Juliputsch« scheitert. Es treffen zahlreiche Festspielkartenstornierungen ein.

26. Juli
Landeshauptmann Rehrl erläßt den Aufruf: »Salzburger! Bewahret Besonnenheit und sorget für Ruhe und Ordnung!« (»Salzburger

Volksblatt«, 27. 7.) Trotzdem fordern die Kämpfe zwischen Heimwehr und Nationalsozialisten am 26. und 27. 7. im Land Salzburg Tote.

28. Juli
Wegen des Begräbnisses von Dollfuß wird die Festspieleröffnung um einen Tag verschoben.

29. Juli
Dr. Kurt von Schuschnigg wird zum neuen Bundeskanzler ernannt. Die Festspiele werden mit 16 Stunden Verspätung eröffnet. Auf den Trauermarsch aus Beethovens »Eroica« zum Gedenken an Dollfuß folgt »Fidelio«.

5. August
In einer außerordentlichen Sitzung beraten Landeshauptmann Rehrl, Vertreter des Finanzministeriums und die SFG über die durch die politischen Ereignisse bedingten katastrophalen Auswirkungen auf die Festspiele. Zwar ist eine Ausfallshaftung von 51 Prozent seitens des Bundes zugesagt, jedoch unter der Bedingung, daß das Land den restlichen Abgang übernimmt und die SFG sich um eine Ausgabenreduzierung bemüht. Ein vorzeitiger Abbruch der Spielzeit wird abgelehnt, da sich dadurch das Defizit nur erhöhen würde.

»Richard-Strauss-Zyklus« zum 70. Geburtstag des Komponisten

1. August
Der »Richard-Strauss-Zyklus« unter der musikalischen Leitung von Clemens Krauss wird mit »Rosenkavalier« eingeleitet.

6. August
Der Chor der Wiener Staatsoper bestreitet erstmals ein Festspielkonzert. Solistin des Strauss gewidmeten Programms ist Viorica Ursuleac, am Flügel begleitet von Clemens Krauss.

9. August
Einmalige Wiederaufnahme der »Ägyptischen Helena«.

17. August
Mit der Übernahme der »Elektra«-Produktion aus der Wiener Staatsoper – Regie: Lo-

R. Strauss: »Elektra«, Festspielhaus. Regie: Lothar Wallerstein, Ausstattung: Alfred Roller. Der Dirigent Clemens Krauss und Richard Strauss nehmen zusammen mit Viorica Ursuleac (Chrysothemis) und Rose Pauly (Elektra) den Schlußapplaus entgegen.

thar Wallerstein, Bühnenbild: Alfred Roller – steht diese Strauss-Oper erstmals auf dem Salzburger Spielplan. Rose Pauly ist die Interpretin der Titelrolle. »Sie hat das Format für die Gestaltung der kompliziertesten Charaktere und ihre Prachtstimme ist jeglicher Anforderung gewachsen. Ihr Spiel ist lebensvoll, erschütternd.« (»Tonfilm, Theater, Tanz«, Heft 10, 1934). Ihr ebenbürtig sind Gertrud Rünger (Klytämnestra), Viorica Ursuleac (Chrysothemis), Alfred Jerger (Orest) und Gunnar Graarud (Aegisth).

Durch die überraschende Anwesenheit des Komponisten, der nach nochmaliger Vorsprache bei Goebbels doch noch eine Ausreisegenehmigung erhielt, gestaltet sich dieser Abend zu einem besonderen Ereignis.

18. August
Strauss besucht die zweite »Rosenkavalier«-Vorstellung.

20. August
Die vorgesehene Wiederaufnahme der »Frau ohne Schatten« wird aus »technischen Gründen« durch »Don Giovanni« ersetzt.

29. August
Mit der dritten »Rosenkavalier«-Aufführung endet der »Richard-Strauss-Zyklus«.

»Don Giovanni« in Originalsprache

4. August
Ein Triumph aller Mitwirkenden und die Bestätigung der Forderung nach einer Werkwiedergabe in Originalsprache wird Mozarts »Don Giovanni«, »als Sensations-Premiere der diesjährigen Festspiele, [...] die imstande wäre, das Interesse der ganzen Kulturwelt auf sich zu ziehen, wenn die Welt jetzt keine wichtigeren Sorgen hätte, als Kultur und Kunst und die Gestalten der Phantasie.« (»Der Wiener Tag«, 7. 8.)

Felix Salten, Lotte Lehmann, Bruno Walter, Dusolina Giannini und Virgilio Lazzari im Garten des Café Tomaselli

Virgilio Lazzari (Leporello) und Ezio Pinza (Don Giovanni) in Mozarts »Don Giovanni«. Dirigent: Bruno Walter

Das Werk italienisch aufzuführen, war der Wunsch Bruno Walters, der »immer unter der Unvereinbarkeit vieler Einzelheiten der deutschen Übersetzungen mit Mozarts Musik gelitten« hatte und der nun die »langersehnte Harmonie zwischen Ton und Wort« (Bruno Walter: Thema und Variationen, S. 455) verwirklichen kann. Walter greift auf die Originalpartitur zurück, öffnet Striche und läßt die Oper mit dem ursprünglichen Schluß, dem Sextett nach der Höllenfahrt Don Giovannis, schließen. Die Neuausstattung stammt von Oskar Strnad. »Er gibt dem äußeren Rahmen schwere, bildhafte Barockpracht und entsagt allen Verniedlichungen und den gewohnten Klischees und Maskeraden.« (»Die Stunde«, 7. 8.) Er benützt für Szenenwechsel einen Zwischenvorhang, vor dem er die Sänger die reflektierenden Arien singen läßt und vermeidet auf diese Weise die oft langwierigen Verwandlungen, was der Dichte der Aufführung sehr entgegenkommt. Karl Heinz Martin in-

Ein »Regendach« für die Felsenreitschule

»Faust I«. Ewald Balser (Faust) und Raoul Aslan (Mephisto)

Paula Wessely (Margarethe) und Vilma Degischer (Lieschen) bei der Probe

szeniert naturalistisch, mit Regieeinfällen, die sich an alte Theatertraditionen anlehnen. Margarete Wallmann choreographiert die Tanzeinlagen. Ezio Pinza, ein an der New Yorker Met bereits gefeierter Don Giovanni, mehr leichtsinniger als dämonischer Frauenverführer, »entwaffnet durch die Natürlichkeit seiner Person und rückt die Gestalt aus der Sphäre der Überlebensgröße in die der Popularität, eine Volksfigur.« (»Neues Wiener Tagblatt«, 6. 8.) Virgilio Lazzari ist ein buffonesker Leporello, hervorragend die drei Damen: Dusolina Giannini als Donna Anna, Maria Müller als Donna Elvira und Lotte Schöne als Zerlina. Lob finden auch Dino Borgioli (Don Ottavio) sowie Karl Ettl (Masetto) und Emanuel List (Il Commendatore).

Umbesetzungen im »Faust«

7. August

Schon bei der ersten »Faust«-Aufführung bewährt sich das neue Dach. Trotz heftigem Regen ist die Vorstellung nicht beeinträchtigt. Reinhardt muß eine wesentliche Umbesetzung vornehmen. Nachdem Max Pallenberg am 26. 6. mit einer Sportmaschine auf dem Weg nach Karlsbad tödlich verunglückt ist, übernimmt den Mephisto nun Raoul Aslan: ein geistvoller Spötter, der durch seine elegante Haltung und sein geschmeidiges Gehaben das Dämonische dieser Figur zu kaschieren versteht. Vilma Degischer ist nun das Lieschen.

11. August

Da Paula Wessely wegen unaufschiebbarer Filmverpflichtungen absagen muß, spielt die junge Angela Salloker vom Münchner Staatstheater die Margarethe und erweist sich als starke Begabung.

27. August/1. September

In den beiden letzten Vorstellungen gibt es einen neuen Faust: Luis Rainer, der der Figur betont intellektuelle Züge verleiht.

Galaabend zugunsten des Salzburger Heimatschutzes

19. August

Unter dem Protektorat von Vizekanzler Ernst Rüdiger Fürst Starhemberg findet im Stadttheater ein Galaabend zugunsten des Salzburger Heimatschutzes statt, an dem zahlreiche prominente Festspielkünstler mitwirken.

Triumphaler Einzug Toscaninis

23. August

Mit großer Spannung wird das erste Orchesterkonzert unter der Leitung von Arturo Toscanini erwartet. Viel Prominenz ist anwesend und ein großteils ausländisches Publikum, das Toscanini, der als entschiedener Gegner jeder Diktatur in Mussolinis Italien seit 1931 nicht mehr dirigiert und Bayreuth nach der Machtergreifung Hitlers demonstrativ den Rücken kehrte, auch aus politischen Motiven feiert.

Die Sensation Toscanini erfüllt sich im Musikalischen: »Mit Toscanini tritt ein fürstlicher Inspirator, ein cäsarengleiches Genie an das Orchester« (»Wiener Zeitung«, 26. 8.) – wie auch in wirtschaftlicher Hinsicht: »Heute ist jedes Hotel überfüllt. Gäste aus der ganzen Welt sind da; Salzburg trägt heuer absolut internationales Gepräge. Die drei Konzerte Toscaninis sind längst ausverkauft.« (»Wiener Zeitung«, 26. 8.)

26. August

In den Dienst der philharmonischen Wohlfahrtseinrichtungen stellt Toscanini das zweite Konzert, eine im Zeichen von Werken Richard Wagners stehende Sonntagsmatinee. »Ein Konzertprogramm mit Vorspielen, Zwischenspielen und anderen Bruchstücken aus des Meisters Musikdramen zu füllen, bedeutet ein gewisses Wagnis, das sich eigentlich nur mehr ein Toscanini in solcher Form erlauben darf.« (»Wiener Journal«, 28. 8.) Angesichts der Interpretation verstummen jedoch die Einwände gegen diese Programmgestaltung. Lotte Lehmann singt die Hallenarie der Elisabeth aus »Tannhäuser« und drei der Wesendonck-Lieder. »Interessant die impulsive, noch kaum je erlebte Hast, mit der Toscanini die Einleitung zur großen Arie heranstürmen läßt, atemberaubend für Ausführende und Hörer« (»Wiener Journal«, 28. 8.)

Arturo Toscanini dirigiert die Wiener Philharmoniker im Festspielhaus

– eine Hast, die nicht bei allen Kritikern Gefallen findet. Das abschließende »Meistersinger«-Vorspiel »war ein gar nicht zu schildernder Ausklang. Das Orchester spielte wie in Trance und das Publikum wurde von der gleichen Raserei ergriffen.« (»Neues Wiener Tagblatt«, Datum unbekannt) »Vor solchem Musizieren schweigt jede Kritik.« (»Wiener Zeitung« 28. 8.)

30. August
Rundfunkanstalten in Belgien, Dänemark, Jugoslawien, Polen, Frankreich, Ungarn, der Tschechoslowakei und die National Broadcasting Company New York übertragen das dritte und letzte Toscanini-Konzert mit den Wiener Philharmonikern. Nach Cherubini, Brahms, Debussy und Berlioz bildet den umstrittenen Abschluß Bachs »Passacaglia« für Orgel in einer Bearbeitung für großes Orchester von Ottorino Respighi. Trotz Anklang beim Publikum hört man Stimmen, die Bearbeitung als »Radaustück« (»Utrechtsch Dagblad«, 1. 9.) käme einem Skandal gleich und

diese Aufführung sei eines Toscanini unwürdig.

Festspielergebnis besser als erwartet
Ende August
Noch während der letzten Festspieltage melden Salzburgs Zeitungen bereits in Balkenlettern »Ausgezeichnete Bilanz« – »Hohe Agio bei den Schlußdarbietungen«. Seit 12. 8. sind alle »Faust«-Aufführungen, die drei »Don Giovanni«-Vorstellungen und sämtliche Konzerte ausverkauft, nur ein einziger »Rosenkavalier« bringt kein volles Haus. Ungewöhnlich hoch sind diesmal auch die Einnahmen an den Abendkassen, die durchschnittlich bei 3000 bis 5000 Schilling liegen. Besonders viele französische Gäste finden sich ein, nachdem Mitte August die Pariser Zeitungen »Le Temps«, »Petit Parisien«, »Excelsior« und »L'Echo de Paris« einen Aufruf des österreichischen Gesandten veröffentlichten, das französische Publikum möge die Salzburger Festspiele unterstützen. In »Le Figaro« be-

zeichnet François Mauriac, Mitglied der Akademie française, Salzburg als »die Stadt der Freude«.

Verstaatlichung der Festspiele?

Anfang September

Eine Wiener Zeitung will erfahren haben, daß ein Plan bestehe, die Festspiele zu verstaatlichen. »Das Projekt einer Verstaatlichung [...] hängt mit der eminenten Bedeutung Salzburgs für die österreichische Kunst und den österreichischen Fremdenverkehr zusammen. [...] Die Verstaatlichung soll auch die verschiedenen Verträge erleichtern, die durch die Leitung der Salzburger Festspiele alljährlich mit den Künstlern der Staatsoper, mit den Philharmonikern [...] und vom nächsten Jahr an auch mit den Künstlern des Burgtheaters geführt werden.« (»Die Stunde«, 6. 9.) Die Antwort aus Salzburg erfolgt prompt: »Wie wir dazu [...] erfahren, ist an dieser Mitteilung kein wahres Wort.« (»Salzburger Volksblatt«, 6. 9.)

»Kein Falstaff – Kein Toscanini«

September/Oktober

Die alles beherrschende Frage ist: Bleibt Toscanini den Festspielen erhalten? Seine Zusage, anstelle von Clemens Krauss, der wegen einer Südamerikatournee erst ab Mitte 1935 zur Verfügung steht, die »Fidelio«-Vorstellungen zu übernehmen, liegt seit Festspielende vor. Doch der Maestro wünscht zusätzlich eine Neueinstudierung, und zwar Verdis »Falstaff«. Die SFG äußert Bedenken. »Dann würde – da Toscanini ja ein intensiver Probierer ist – das Philharmonische Orchester für die ›Fidelio‹- und ›Falstaff‹-Proben zumindest vierzehn Tage lang von jeder Konzerttätigkeit ausgeschaltet sein«. (»Neues Wiener Tagblatt«, 16. 10.) Außerdem fürchtet die SFG »eine Gefahr für die künstlerische Linie der Festspiele« und zudem eine Konkurrenz für die Wiener Staatsoper, die ebenfalls eine »Falstaff«-Neuproduktion plant.

22. Oktober

In der 32. Aufsichtsratssitzung werden alle Argumente bezüglich einer »Falstaff«-Aufnahme nochmals erwogen. Schließlich wird beschlossen: »Die Mitwirkung Toscaninis ist unter allen Umständen sicherzustellen. Man möge versuchen, ihn von Falstaff abzubringen, doch ist auch diesem Werk zuzustimmen, falls Toscanini dies zur Bedingung stellt.« (VA/BMU-33432/34) Die Antwort des Maestro: »Kein Falstaff – Kein Toscanini«. – Schließlich entscheidet Bundeskanzler Dr. Schuschnigg: »Falstaff und Toscanini«.

Kerber gibt Auskunft über die vom Finanzministerium geforderten Sparmaßnahmen, wobei die Verhandlungen um den freiwilligen Verzicht auf einen Teil der Honorare nicht immer erfolgreich waren. Clemens Krauss verlangt die volle Gage auch für Veranstaltungen, bei denen er einsprang. »Die Philharmoniker erpreßten unter Androhung, den dritten Akt ›Tristan‹ nicht mehr zu spielen, die Rückziehung des erbetenen Notopfers von rund 1.500 Schilling. Der Opernchor erfuhr davon und bittet nun seinerseits um Refundierung der ihm abgezogenen 760 Schilling.« (VA/BMU-33432/34)

26. November

Kerber teilt dem Aufsichtsrat mit, daß die gewünschte Berufung Toscaninis erfolgt sei. Er wird außer »Fidelio« und »Falstaff« zwei Konzerte übernehmen. Der Vertreter des Bundes beantragt, für die Veranstaltungen unter Toscanini in Anbetracht der zu erwartenden Nachfrage höhere Preise anzusetzen. Der Aufsichtsrat beschließt, eine Erhöhung um rund 20 Prozent vorzunehmen und »für eine möglichst getarnte Ankündigung vorzusorgen«. (VA/BMU-39800/34)

Direktionswechsel an der Wiener Oper

10. Dezember

Nachdem Wilhelm Furtwängler aus Protest gegen die von den Nationalsozialisten über Paul Hindemith verhängten Sanktionen am 4. 12. Ministerpräsident Hermann Göring um seine Entlassung als Direktor der Berliner Staatsoper ersucht hat, meldet das Deutsche

Nachrichtenbureau aus Berlin: »Für den frei-
gewordenen Posten des Operndirektors an
der Berliner Staatsoper hat Ministerpräsident
Göring den Operndirektor der Wiener Staatsoper Clemens Krauss berufen.« (»Salzburger
Chronik«, 11. 12.) Krauss, dessen Vertrag mit
der Wiener Oper noch bis 31. 8. 1935 läuft,
demissioniert am 15. 12.

13. Dezember
Die Bundestheaterverwaltung betraut Dr.
Kerber mit der administrativen Leitung der
Staatsoper und schließt mit Felix von Weingartner einen Fünfjahresvertrag als künstlerischem Direktor ab. »Regierungsrat Dr. Kerber wird auch die organisatorische Leitung
der Salzburger Festspiele beibehalten. [...]
Für Salzburg ist auch der neue Direktor der
Wiener Staatsoper wichtig. Daß Felix Weingartner bei den Festspielen als Dirigent von
Opernaufführungen erscheinen wird, ist
selbstverständlich.« (»Neues Wiener Tagblatt«, 14. 12.)
Die »Salzburger Chronik« vom 13. 12. kommentiert die Berufung von Krauss nach Berlin: »Clemens Krauss geht also nach Deutschland, aber, wie die ›Reichspost‹ mehr als
deutlich andeutet, zumindest nicht aus künstlerischen Motiven allein, sondern auch aus
politischen. Wir sehen die Zeit kommen, wo
die schönen Tage des berlinerischen Aranjuez
wieder zu Ende sein werden. Wir wissen, daß
einem Dirigenten vom Rufe eines Clemens
Krauss die ganze Welt die Tore öffnet. Aber
irgend einmal hat dann auch ein Dirigent
vom Weltruf eines Clemens Krauss das Be-
dürfnis, seinen Wanderstab in die Ecke zu
lehnen. Clemens Krauss wird es in Österreich
tun. Denn der Österreicher hat für gewisse
Dinge kein Gedächtnis.«

Bericht der Generalversammlung

18. Dezember
Im Probensaal des Mozarteums hält die SFG
ihre ordentliche Generalversammlung für das
Vereinsjahr 1934/35 ab. Nach Gedenkworten
für Bundeskanzler Dollfuß erinnert Puthon
an die schwierigen Bedingungen, unter denen

diese Festspiele durchgeführt wurden. »Während am 27. 7. um Salzburg herum noch gekämpft wurde, hielt man hier die Generalprobe für ›Jedermann‹ ab. Täglich wurde das
Festspielhaus mehrmals von oben bis unten
durchsucht, alle im Hause ein- und ausge-
henden Personen mußten genauestens im
Auge behalten werden, täglich liefen anonyme Anzeigen gegen den oder jenen Beschäftigten oder Mitwirkenden ein und es gab
immer wieder in Briefen auch Ankündigun-
gen, daß an dem oder jenem Tage das Haus
in die Luft fliegen werde.« (»Salzburger
Volksblatt«, 19. 12.) Die Weltpresse habe be-
wundernd festgestellt, »daß es in einem
Staate, der in schwerem Fieber lag, eine Stadt
gegeben habe, in der es möglich gewesen sei,
einem Publikum aus aller Welt erlesene
Kunstgenüsse zu bieten!« (»Salzburger Volksblatt«, 19. 12.)
Puthon rechtfertigt die Überdachung der Felsenreitschule, da nur so ein reibungsloser Ab-
lauf der Aufführungen möglich sei. Von den
82.000 Schilling Kosten sind 63.000 Schilling
durch Spenden und Kredite gedeckt, für die
restlichen 19.000 Schilling bemüht sich die
SFG um einen weiteren Kredit. Auch die Bilanz der Einnahmen und Ausgaben ist viel
besser als nach den deprimierenden Ergeb-
nissen der ersten zwei Wochen erwartet. Der
Abgang von nur 15.000 Schilling findet Dek-
kung aus dem Reservefonds. Schließlich gibt
Puthon das Programm 1935 bekannt und betont zuallererst die Mitwirkung Toscaninis.
Weiter vorgesehen ist Bruno Walter mit der
Wiederaufnahme von »Tristan und Isolde«
und »Don Giovanni« sowie mit »Iphigenie auf
Tauris«. Statt Clemens Krauss, der für Salzburg nicht mehr in Frage kommt, wird Josef
Krips den »Rosenkavalier« dirigieren, Felix
von Weingartner »Die Hochzeit des Figaro«
und »Così fan tutte«. Der Dirigent von »Elektra«, die nach dem großen Erfolg wieder aufgenommen werden soll, steht noch nicht fest.
»Faust« und »Jedermann« sowie Orchesterkonzerte, Domkonzerte und Serenaden ergänzen den Spielplan.

1935

Dauer der Festspiele: 27. Juli–1. September

»Elektra«-Dirigent gefunden

Februar

Verschiedene Zeitungen melden, Erich Kleiber – früherer GMD der Berliner Staatsoper, der sich mit der Aufführung von Alban Bergs neuer Orchestersuite »Lulu« mutig gegen die Kulturpolitik der deutschen Machthaber stellte und mit Jahresbeginn vorzog, ins Ausland auszuweichen – sei als »Elektra«-Dirigent vorgesehen.

Alexander Moissi gestorben

22. März

Der langjährige Jedermann-Darsteller (1920/21, 1926–31), Alexander Moissi, stirbt in einem Wiener Sanatorium an den Folgen einer Grippe, die er sich bei Filmarbeiten in Italien zugezogen hatte. Der aus Triest gebürtige Schauspieler albanischer Abstammung wäre am 2. 4. 55 Jahre alt geworden.

Schloß Leopoldskron von Exekution bedroht

April/Juni

Max Reinhardt, der sich zu den »Sommernachtstraum«-Dreharbeiten in Hollywood aufhält, sorgt in Salzburg für Schlagzeilen. Das »Salzburger Volksblatt« gibt am 24. 4. bekannt: »Im Wege des zwischenstaatlichen Rechtshilfeverkehrs hat sich die reichsdeutsche Finanzbehörde an das österreichische Finanzministerium gewendet, um zur Deckung von Steuerschulden, die zu Lasten des Professors Max Reinhardt in Deutschland angefallen sind, die Sicherstellung von österreichischen Sachwerten des Schuldners zu betreiben. Wie in diesem Zusammenhang be-

Max Reinhardt im Marmorsaal von Leopoldskron

kannt wird, beläuft sich die Steuerschuld Max Reinhardts in Deutschland auf etwa 280.000 Mark. Zur Hereinbringung dieser Verbindlichkeit wurde auch an eine Zwangsversteigerung des Schlosses Leopoldskron gedacht. [...] Nun wird bekannt, daß auch die österreichische Steuerbehörde Forderungen an Max Reinhardt zu stellen hat, die natürlich an erster Stelle einzubringen wären. Eine von der Finanzbehörde veranlaßte Schätzung des gesamten Besitzes von Leopoldskron hat zu der überraschenden Feststellung geführt, daß der Schätzwert des Schlosses mit dem dazugehörigen Gasthaus, den Ökonomiegebäuden und allem Grundbesitz einschließlich des Weihers nicht ausreichen würde, die Steuerrückstände zu decken. Der Schätzwert des gesamten Komplexes wurde mit 350.000 S angesetzt. Die Inneneinrichtung des Schlosses mit den wertvollen Bildern und Antiquitäten sowie die Bibliothek kam bei der Schätzung nicht in Betracht, da Professor Reinhardt die gesamte Einrichtung um 100.000 S verkauft hat, mit der Einschränkung, daß er so lange Nutznießer dieser Einrichtung bleiben könne, so lange er Besitzer des Schlosses sei. Unter diesen Umständen ist es unwahrscheinlich, daß eine Zwangsversteigerung des Schlosses angebahnt werden wird.«

Derartige Meldungen interessieren nicht nur die breite Öffentlichkeit, sondern vor allem die Gläubiger Reinhardts. Laut Zeitungsmeldung ist Leopoldskron grundbücherlich mit höheren Beträgen belastet, als der damalige Kaufpreis ausmachte.

Durch den Verkauf seines Aktienanteils am Theater in der Josefstadt gelingt es Reinhardt, wenigstens einen Teil seiner Schulden zu tilgen.

Juni
Reinhardt läßt die seinerzeit in Riga ausgesprochene und nicht anerkannte Scheidung von seiner ersten Frau, der Schauspielerin Else Heims, in Reno/Nevada legalisieren und heiratet Helene Thimig.

Ein neuer Festspielführer
April
Ein offizieller Führer der Salzburger Festspiele, der auch für die kommenden Jahre geplant ist, erscheint im Eigenverlag des Österreichischen Propagandabüros. Die im Einvernehmen mit der SFG herausgegebene, reich illustrierte Publikation gibt auf über 100 Seiten gute Informationen über die Festspiele, deren Spielstätten, Repertoire und Mitwirkende.

Juni
Die englische Ausgabe des Festspielführers erscheint.

Änderungen im Festspielprogramm
27. Mai
In der Sitzung des Aufsichtsrats erfährt das Festspielprogramm noch einmal eine Abänderung. Feststehen »Jedermann« und »Faust«, die Opern »Falstaff« und »Fidelio« unter Toscanini, »Tristan und Isolde« und »Don Giovanni« unter Bruno Walter, »Der Rosenkavalier« unter Josef Krips, »Così fan tutte« und »Figaros Hochzeit« unter Felix von Weingartner, sowie acht Orchesterkonzerte. Die als dritte Oper für Walter gedachte »Iphigenie auf Tauris« von Gluck muß abgesagt werden, da Lotte Lehmann die Titelpartie nicht mehr zeitgerecht studieren kann. Stattdessen wird Walter die Inszenierung der »Entführung aus dem Serail« vom Maggio Musicale Fiorentino übernehmen. Die bereits angekündigte Wiederaufnahme der »Elektra« wird – wie Kerber ausführt – »über Auftrag des Kanzlers« abgesagt. Die SFG schiebt dafür ein neuntes Orchesterkonzert ein, Dirigent ist Erich Kleiber. Neben dem »Rosenkavalier« steht zur Zeit kein weiteres Werk von Richard Strauss im Repertoire. – Schon im Herbst 1934 ist an der Wiener Staatsoper und nunmehr auch bei den Festspielen eine merkbare Distanzierung zu dem Komponisten spürbar. Seit November 1933 ist Richard Strauss Präsident der Reichsmusikkammer in Berlin. Die Verstimmung in Österreich könnte also »dem Präsidenten der Reichsmusikkammer gelten und in dem schärferen politischen Kurs des Ständestaates begründet sein?«. (Franz Hadamowsky: Richard Strauss und Salzburg, S. 52)

Im Juni steuert auch der Konflikt um die neueste Strauss-Oper, »Die schweigsame Frau«, für die Stefan Zweig das Libretto schrieb, einem Höhepunkt zu. Strauss hatte sich in einen Machtkampf mit Goebbels eingelassen, um Zweig als Autor auch in der Öffentlichkeit durchzusetzen. Für Hitler und

Festspielauffahrt

Goebbels war Strauss als bedeutendster Repräsentant des zeitgenössischen deutschen Musikschaffens auch dem Ausland gegenüber derart wichtig, daß sie, trotz massiver Einwände nationalsozialistischer Kulturverbände, im September 1934 die Ausnahmegenehmigung zur Aufführung der Oper gaben. Die Uraufführung erfolgt am 24. 6. des Jahres in Dresden, der Name von Stefan Zweig steht, nach erbitterten Interventionen von Strauss, auf dem Theaterzettel. Knapp zuvor hatte die Gestapo in Dresden einen Brief von Strauss an Zweig abgefangen, in dem der Komponist von weiteren gemeinsamen Arbeiten spricht und unverblümt seine Meinung über das NS-Regime äußert. Nach vier Vorstellungen wird »Die schweigsame Frau« abgesetzt, und am 13. 7. stellt Strauss »aus gesundheitlichen Gründen« das Amt des Präsidenten der Reichsmusikkammer zur Verfügung.

Ein neuer Jedermann-Darsteller verpflichtet
Mai/Juni
Paul Hartmann legt nach drei Festspielsommern die Rolle des Jedermann zurück. Das von der Reichstheaterkammer verfügte Auftrittsverbot in Österreich für preußische Staatsschauspieler sowie Filmverpflichtungen verhindern seine weitere Mitwirkung. Als seine möglichen Nachfolger sind Raoul Aslan und Hermann Thimig im Gespräch. Reinhardts Wahl fällt auf Attila Hörbiger.

Tod Alfred Rollers
21. Juni
Alfred Roller, langjähriges Mitglied des Kunstrats der SFG und Ausstatter zahlreicher Festspielproduktionen, stirbt 71jährig in Wien.

Nachtdienst für Fremde

Juli

Für die Festspielzeit richtet das Verkehrsbüro einen »Nachtdienst am Fremden« ein. In jedem Polizeiwachzimmer liegen Listen von Hotel- und Privatzimmern auf. Besuchern, die während der Nachtzeit in Salzburg ankommen, werden nach telefonischer Anfrage von den Polizisten Unterkünfte vermittelt.

Salzburg im »Garbo-Fieber«

26. Juli

Die Salzburger Festnummer der Zeitschrift »Fledermaus« weiß zu berichten, »daß Greta Garbo als Reinhardts Gast auf Leopoldskron eintreffen werde«. Presse und Publikum sehen diesem gesellschaftlichen Ereignis mit nicht weniger Spannung entgegen als den künstlerischen Geschehnissen der Saison.

Zwei Wochen später schreibt dasselbe Blatt: »Nun ist Salzburg seit Tagen wahrhaftig in einem Zustand der Erwartung, der mit dem Ausdruck ›Garbo-Fieber‹ nicht übertrieben gekennzeichnet ist. Familien, die ihre Abreise für einen bestimmten Tag am Anfang dieser Woche festgesetzt hatten, verschoben sie. Diese Fälle gehen in die Hunderte. Die in Salzburg anwesenden Journalisten – an 150 Damen und Herren aus allen Ländern Europas und aus Amerika – versuchen, als erste die Garbo zu entdecken.« (»Fledermaus«, Wien, 10. 8.)

Doch von der Garbo ist keine Spur zu entdecken, obgleich sie hinter so mancher Gestalt vermutet wird und Tagesgespräch bleibt, bis das »Salzburger Volksblatt« am 28. 8. mitteilt: »In Wirklichkeit ist aber die berühmte Filmkünstlerin gar nicht in Salzburg gewesen. Sie hat sich in Stockholm kürzlich den Fuß verrenkt und mußte, statt die Reise in die Festspielstadt anzutreten, das Bett aufsuchen. Die genauen Nachforschungen, die über dieses Ereignis und seine Folgen angestellt wurden, haben ergeben, daß Max Reinhardt mit der Künstlerin telefonisch gesprochen hat, wobei sie erklärte, sie wäre schrecklich gerne nach Salzburg gekommen.«

Attila Hörbiger, Reinhardts »Lieblings-Jedermann«

Attila Hörbiger, der neue Salzburger Jedermann

28. Juli

Das mit viel Spannung erwartete Jedermann-Debüt Attila Hörbigers wird zu einem großen Erfolg für den Schauspieler. »Ein glücklicher Griff Reinhardts. [...] Der neue Jedermann bringt alles mit, was dieser Figur zukommt: er ist der Prototyp des holzschnitthaft-knorrigen mittelalterlichen Durchschnittsmenschen, den schon der symbolische Name fordert. (Moissi, schauspielerisch bezwingend, war mehr ein dekadent-morbider Einzelfall, Hartmann blieb im bürgerlich Trockenen verhaftet.) Hörbiger ist Naturbursch voll strotzender Lebensfreude, glaubhaft in seiner Todesangst, erschütternd – dank Reinhardts deutlich fühlbarer Führung – auch in der demutvollen Inbrunst. Stets frei von Anlehnung an seine Vorgänger, packt Hörbiger mit seinem zur Hälfte laut, zur andern stumm gebeteten Vaterunser nicht weniger als Moissi.« (»Tagesbote«, Brünn, 3. 9.)

Luis Rainer – langjähriger Tod und Teufel – ist durch Kurt von Lessen und Ludwig Stössel ersetzt. Hofmannsthals Mysterienspiel zeigt sich im ganzen »merklich aufgefrischt und tut seine Schuldigkeit wie am ersten Tag«. (»Tagesbote«, Brünn, 3. 9.)

2. August

Der »Faust«-Wiederaufnahme folgen noch weitere fünf Vorstellungen, die zu den gefragtesten Veranstaltungen zählen, obgleich der Reprise »etliche Verwässerungen und Schlampereien« nachgesagt werden.

Toscanini, der alles beherrschende Regent von Salzburg

29. Juli

Mit dem Salzburg von Toscanini aufgezwungenen »Falstaff« wird die so gerne zitierte künstlerische Idee dieser Festspiele keineswegs durchbrochen, sondern durchaus im Sinne Hofmannsthals, der seinerzeit »Oper und Schauspiel und von beidem das Höchste« forderte, erfüllt. »Enthält doch das Werk selbst in erlesenster, wunderbarster Sublimierung alle jene Elemente, aus welchen Salzburgs Berufung zur Festspielstadt hervorgegangen ist: es ist der gleiche wissende Sinn, die gleiche Helle und Beweglichkeit des Geistes, die gleiche Lust und Entschlossenheit, die Lebenskomödie im Spiegel der Kunst einzufangen, im Spiele bunt bewegter Formen, Klänge und Masken ein befreiendes Sinnbild des Welt-Spieles erstehen zu lassen; es ist ferner das gleiche organische Gewordensein, die gleiche Traditionsaura und die gleiche volkshafte Verwurzelung vorhanden: wie im gesamten Organismus dieser einzigartigen Stadt, wie in ihrem Herzschlag und Atemzug gleichsam der künstlerische Sinn von Jahrhunderten mit- und nachwirkt, so hat Verdi in

sein Alterswerk förmlich all das einbezogen, was seit Shakespeare an genialer komödiantischer Beglückung erdacht, erfunden und in die Welt gesetzt wurde.[...]

Aus dem Glücksfall, den die Einbeziehung des Werkes in das Salzburger Programm bedeutet, wurde zudem ein wahrhaft denkwürdiges Ereignis. Von dieser ›Falstaff‹-Aufführung im Festspielhaus unter Toscaninis Leitung wird man noch in späten Jahren schwärmen, mit Stolz und Begeisterung erzählen.« (»Tagblatt«, Wien, 31. 7.)

Erstmals nach seinem »Parsifal« 1931 in Bayreuth leitet der Dirigent wieder eine Opernaufführung, die zugleich seine erste in Salzburg ist. Die meisten der für den »Falstaff« engagierten Sänger gehörten Toscaninis ehemaligem Scala-Ensemble an, so etwa Mariano Stabile, der die Partie des Falstaff schon 1921 unter dem Maestro in Mailand gesungen hatte. Offiziell nennt der Theaterzettel zwar Guido Salvini als Regisseur, doch leitet Toscanini die meisten Proben selbst. Gespielt wird in den Dekorationen, die Robert Kautsky für die Neueinstudierung des Werks durch Clemens Krauss im November 1934 an der Wiener Staatsoper entworfen hatte. »Eines dieser Bühnenbilder beschwor beinahe eine Katastrophe herauf. In Wien war Toscanini [...] auf dem Wege zu einer Chorprobe für das Verdische ›Requiem‹ durch den Zuschauerraum gegangen, als gerade eine Bühnenprobe für die erste Szene des dritten Aktes von ›Falstaff‹ im Gange war; und er war aufgebracht, als er sah, daß Falstaff sich nicht, wie Verdi es vorgeschrieben hatte, vor dem Wirtshaus ›Zum Hosenbande‹ in der Sonne trocknete, sondern im Bett, unter einem Turm von Decken. Er setzte Burghauser [Hugo Burghauser war erster Fagottist und Orchestervorstand der Wiener Philharmoniker] davon in Kenntnis, daß er, wenn dieser Regieeinfall auch in Salzburg auf die Bühne käme, seinen Abschied nehmen würde. Burghauser unterrichtete davon seine Vorgesetzten; doch er kam in Salzburg auf die Bühne, was dazu führte, daß Toscanini seinen Hut nahm; und

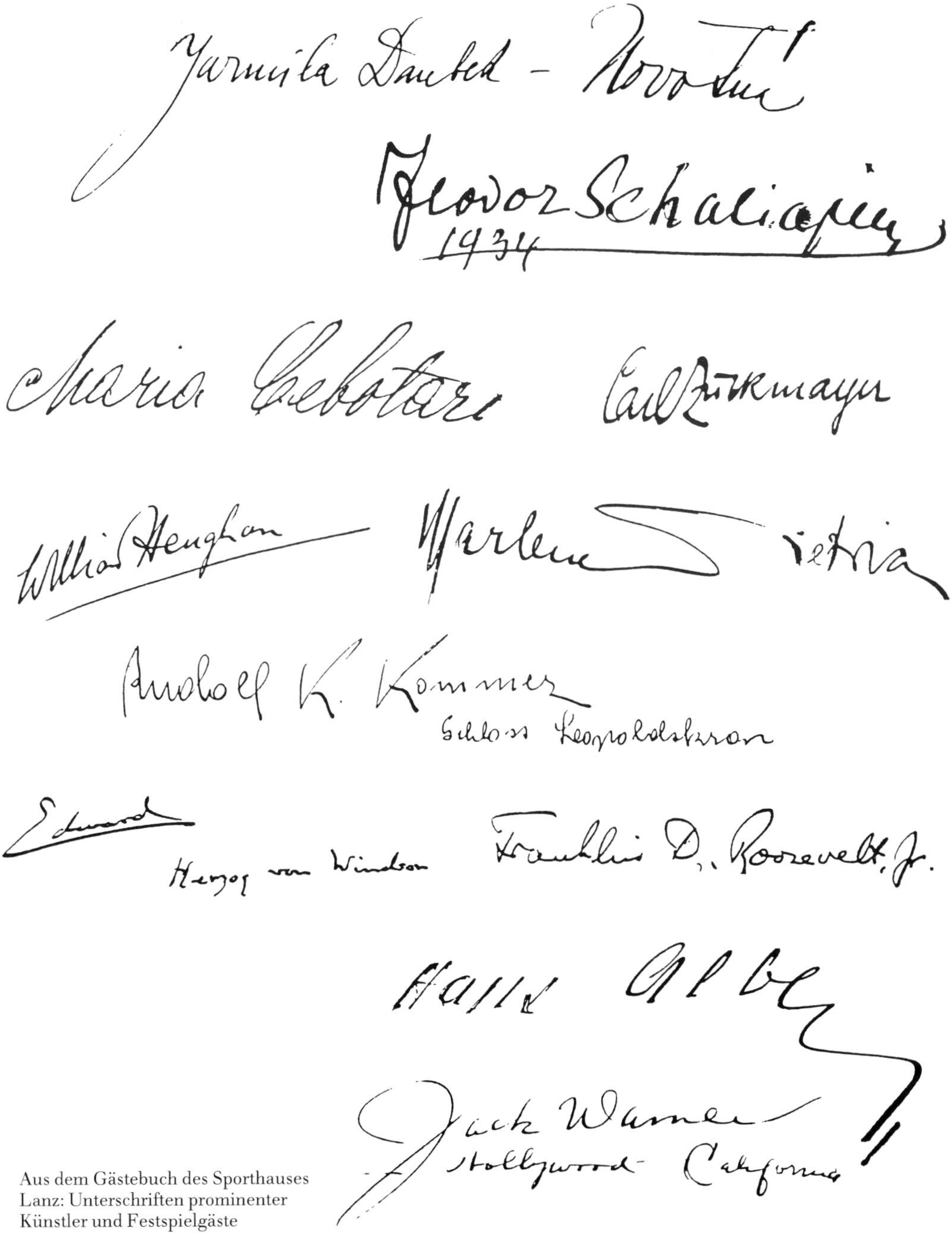

Jarmila Dautek – Novotná

Feodor Schaliapin
1934

Maria Cebotari　　　Carl Zuckmayer

William Heughan　　Marlene Dietrich

Rudolf K. Kommer
Schloss Leopoldskron

Edward
Herzog von Windsor　　Franklin D. Roosevelt, Jr.

Hans Albers

Jack Warner
Hollywood – California

Aus dem Gästebuch des Sporthauses
Lanz: Unterschriften prominenter
Künstler und Festspielgäste

Festspielpräsident Heinrich Baron Puthon im Gespräch mit Paula Wessely

tiker in diesem Jahr geringer mit Redaktions-
plätzen beteiligt wurden wie früher, zu ihren eigenen Ungunsten und zum Vorteil jener Ge-
legenheitsarbeiter, die in Salzburg das Ur-
laubsvergnügen der Festspiele umsonst haben
wollen.« (»Salzburger Volksblatt«, 31. 8.)
Gertrude Moulton, Weltbürgerin, Österreich-
Fan und engagierte Festspielbesucherin, sieht
es als »ein Gebot der Stunde«, daß die Österreicher nach dieser überaus erfolgreichen
Saison »jetzt eine nationale, lebenswichtige
und intensive Anstrengung machen, um diese
Stufe zu erhalten, oder, noch besser – sie ins
Unendliche zu steigern«. (StA/BKA-38153/
35) Ihre diesbezüglichen Vorschläge reicht sie
beim Unterrichtsministerium wie auch bei
Fürsterzbischof Sigismund Waitz ein: Ein
»Winter-Weihnachtsspiel« soll neben Opern-
Ballett- und Konzertveranstaltungen im Festspielhaus eine »Cenodoxus«-Bearbeitung von
Joseph Gregor im Stadttheater bringen, dane-
ben Kirchenkonzerte im Dom und ein Krip-

penspiel in der Franziskanerkirche, Brauch-
tumsveranstaltungen, gekrönt von einem
Bauernball im Hotel de l'Europe und einen
Eiskarneval auf einer erst zu errichtenden
Kunsteisbahn. »Mehrere Flöße sollen in der
Salzach verankert werden, auf denen Bauern
in Volkstracht Volkstänze und Volkslieder
vortragen, letztere mit Zitherbegleitung. Jo-
deln etc. Diese Flöße sollen zwischen der
Stadtbrücke und der zweiten Brücke unterhalb des Österreichischen Hofes vor Anker
liegen. Hier, am Ufer, sollen Buden errichtet
werden, wo Waren wie Spielzeug, Holzschnit-
zereien, Trachten etc. feilgeboten werden
können. Es wäre auch hübsch und angezeigt,
große Kübel mit Holzkohlenfeuer zur Erwär-
mung aufzustellen. Solche Kübel wären auch
malerisch, besonders in der Dunkelheit.«
(StA/BKA-38153/35) Schließlich regt die ein-
fallsreiche Dame auch eine »Flutbeleuchtung
der historischen Monumente« von Salzburg
an.

Georg, Herzog von Kent, und seine Frau, Herzogin Marina vor dem Hotel de l'Europe

Für die nächstjährigen Festspiele schlägt sie zur Entlastung der »offenkundig fürchterlich überarbeiteten Wiener Philharmoniker« das Engagement internationaler Orchester vor, so etwa das B. B. C. Orchester London, ein führendes französisches Orchester oder das Barcelona Orchester unter Pablo Casals. Igor Strawinsky könnte seine jüngst komponierte Pantomime hier zur Uraufführung bringen. Ein Film, der die Geschichte Salzburgs zur Zeit von Fürsterzbischof Wolf Dietrich behandelt – mit keinem Geringeren als Schaljapin in der Hauptrolle – könnte für Werbezwecke eingesetzt werden, eine Bühnenfassung den »Jedermann« ersetzen.

Sittliche Gefährdung der Festspielbesucher
Oktober
Das Außenministerium erhält vom österreichischen Generalkonsul in Köln den Hinweis, ein Journalist sei von reichsdeutschen Propagandastellen aufgefordert worden, in einem Artikel über die Salzburger Festspiele unter anderem auch darüber zu schreiben, »daß es in Salzburg im Café Bazar und auf den belebten Straßen von Päderasten wimmle, welche die ausländischen jungen Leute ansprächen und belästigten«. (StA/ BKA-38966/35) Der Artikel solle im Frühjahr 1936 in der amerikanischen »Saturday Evening Post« und in bekannten englischen Zeitungen erscheinen und gerade in diesen puritanischen Ländern die Festspiele schwer schädigen. Die Bundespolizeidirektion Salzburg überprüft daraufhin alle diesbezüglich vorliegenden Anzeigen und Beschwerden und faßt das Ergebnis in einem Bericht an die Generaldirektion für öffentliche Sicherheit in Wien vom 20. 11. zusammen: »Nach allen diesen Wahrnehmungen darf als erwiesen angenommen werden, daß es in erster Linie nicht Salzburger sind, die sich in geschlechtlich abwegiger Weise an fremde Personen

heranmachen, sondern zum Großteil die reichen Ausländer, die in Salzburg sexuellen Anschluß suchen, sowie auch zur Festspielzeit zugereiste Unzüchtler. [...] Abschließend kann nicht umhin bemerkt zu werden, daß der Betrieb der Festspiele nicht nur eine Massierung von Festspielgästen sondern auch von Mitwirkenden aller Kategorien mit sich bringt und schon an sich dadurch zu oft bedenklichen Erscheinungen in der mehrerwähnten Beziehung führt. Die Prominenten unter den Künstlern bringen nur zu oft einen Anhang mit, der auf ihre Schwächen abgestimmt und diesen dienstbar ist. Ein h. a. Einschreiten gegen diese Gefahr ist wegen der Folgen, die daraus für die Festspiele entstehen könnten, äußerst schwierig und bedarf der Bedachtnahme auf alle in Betracht kommenden Umstände und Rücksichten.« (StA/BKA-40275-13/35)

Rechnungshofeinschau

17. Dezember

Der Rechnungshof legt anhand der Festspielbilanzen der letzten Jahre einen 46seitigen Bericht vor und konstatiert für das Gebarungsjahr 1934/35 eine günstige Wendung: Ein Gebarungsüberschuß konnte erzielt werden und der Rechnungshof ist der Meinung, »daß nunmehr die Salzburger Festspiele festen Fuß gefaßt haben. Gelingt es, die Salzburger Festspiele auf ihrer gegenwärtigen Höhe zu erhalten und treten nicht außerordentliche Umstände ein, so dürfte es bei Durchführung entsprechender Sparmaßnahmen [...] schon im nächsten Jahre gelingen, die Salzburger Festspiele auf Selbsterhaltung zu bringen«. An erster Stelle der Einsparungsvorschläge steht die Reduzierung der Honorare, denn »der Rechnungshof kann sich des Eindrucks nicht erwehren, daß die Salzburger Festspiele von einzelnen Mitwirkenden als unversiegbarer Born angesehen werden, aus dem soviel als nur möglich geschröpft werden kann. [...]

In wenigen Jahren ist Salzburg durch die Veranstaltung der Festspiele aus der Stille seines Daseins als österreichische Provinzstadt ein Sammelplatz des internationalen Publikums geworden. Durch Zeitungen aller Sprachen ist der Ruf der Salzburger Festspiele in die fernsten Erdteile gedrungen. Bei den Salzburger Festspielen mitgewirkt zu haben, bedeutet für jeden Künstler eine ganz besondere Empfehlung und verschafft ihm einen internationalen Ruf, der dem der Bayreuther Künstler beinahe nicht mehr nachsteht. Es ist daher absolut nicht am Platze, wenn wiederholt nur von Opfern seitens der Solisten die Rede ist, nie aber die ihnen zuteil gewordene Auszeichnung, in Salzburg mitwirken zu dürfen, entsprechend gewürdigt wird. Auch dies wäre bei Engagementverhandlungen mit den betreffenden Künstlern zu beachten.«

Freilich muß auch der Rechnungshof zugeben, »daß den Maßstab für die Honorierung künstlerischer Leistungen letzten Endes die Höhe des Interesses bilden muß, das seitens des Publikums dem betreffenden Künstler entgegengebracht wird«. So erscheinen »die ungewöhnlich hohen Bezüge Arturo Toscaninis in Anbetracht seiner ganz besonderen Zugkraft gerechtfertigt, zumal nicht nur die unter seiner Leitung stehenden Konzerte, sondern auch die von ihm dirigierten Vorstellungen Höchsteinnahmen erzielten«. – Zum Beispiel: Konzerteinnahmen Toscanini: 25.028 Schilling, Bruno Walter: 15.040 Schilling, Kleiber: 5.970 Schilling –.

Weitere Einsparungsmöglichkeiten sieht der Rechnungshof in der Einschränkung der Provisionen für das Kartenbüro, der Freikarten und Tantiemen, wobei ihm die zehnprozentige Tantiemenzahlung an Max Reinhardt für »Jedermann« und »Faust« und an den Verlag Adolph Fürstner als »für heutige Verhältnisse ungewöhnlich hoch« erscheint. Außerdem wird angeregt, die Einnahmen aus den Rundfunkübertragungen in Hinkunft nicht mehr mit den Mitwirkenden zu teilen, sondern in voller Höhe der SFG zuzuführen. Im übrigen wird festgestellt, daß »die Verrechnung im allgemeinen ordnungsgemäß geführt ist und die Verwaltung als solche als sparsam be-

Das Begräbnis von Richard Mayr auf dem Friedhof von St. Peter

zeichnet werden kann«. Lobend hervorgehoben wird »die in den Kanzlei- und Garderoberäumen herrschende geradezu spartanische Einfachheit«. (VA/BMU-43866/35)

30. Dezember

Der ebenfalls mehrseitige Bericht des Finanzministeriums an das Unterrichtsministerium über die Rechnungshofeinschau und die Bundessubventionierung der SFG kommt zu dem Schluß: »Durch die vom Rechnungshofe vorgeschlagenen Ersparungsmaßnahmen wird die Gewährung einer Bundessubvention in Hinkunft bei annähernd gleichbleibender Frequenz entbehrlich. Das Bundesministerium für Finanzen ersucht daher die Festspiele zu verhalten, diese Ersparungsvorschläge strengstens zu beobachten und dem Bundesministerium für Finanzen sowohl bei Durchführung dieser Aktion als auch hinsichtlich der Gebarung der Festspielhaus-

gemeinde überhaupt eine erhöhte Einflußnahme insbes. auch eine Vertretung im Aufsichtsrate sichern zu wollen. Die Anweisung von Subventionsraten im Rahmen des bezüglichen Kredites 1936 erscheint somit einstweilen entbehrlich und wolle daher unterlassen werden.« (VA/BMU-43866/35) – Die vom Rechnungshof aufgerührte Subventionsfrage beschäftigte die SFG bereits in ihrer letzten Aufsichtsratssitzung, am 3. 12., in der »Land, Fonds und Stadt erklären, für die Festspiele nicht mehr zu leisten als der Bund leistet«. Außerdem wird angedroht, die Befreiung von der Lustbarkeits- und Fürsorgeabgabe aufzuheben. (Vgl. VA/BMU-38595/35)

Richard Mayr gestorben

1. Dezember

Nach monatelanger Krankheit stirbt Kammersänger Richard Mayr in Wien. Nach der

Aufbahrung in der Staatsoper, der er über drei Jahrzehnte angehörte, erfolgt die Überführung nach Salzburg, wo er auf dem Friedhof St. Peter unter Teilnahme einer großen Trauergemeinde beigesetzt wird. Mayr wurde am 18. 10. 1877 in Salzburg geboren. – Im Mai erwarb das Land Salzburg das Faistauer-Gemälde, das Mayr in seiner wohl berühmtesten Rolle, als Baron Ochs, zeigt.

Schutz der Salzburger Festspiele
4. Dezember
In der Sitzung des Salzburger Landtages wird unter Punkt 10) über ein »Gesetz zum Schutz der Salzburger Festspiele« verhandelt.

Festspielwerbung im Weißen Haus
16. Dezember
Die amerikanische Journalistin Lady Dunn hält auf Einladung von Präsident Roosevelt im Weißen Haus in Washington einen Vortrag über »Salzburg and its Festival«.

Vorschau auf das Programm 1936
21. Dezember
In der Generalversammlung der SFG gibt Präsident Puthon das Programm für 1936 bekannt: Toscanini wird »Falstaff«, »Fidelio« und zusätzlich die Neuinszenierung von Wagners »Die Meistersinger von Nürnberg« dirigieren, Bruno Walter »Don Giovanni«, die Wiederaufnahme von Glucks »Orpheus und Eurydike« und die Neueinstudierung von Hugo Wolfs »Corregidor«, Felix von Weingartner leitet wieder »Così fan tutte« und »Figaros Hochzeit«. Alle drei Dirigenten übernehmen je zwei Orchesterkonzerte, das siebente ist für Pierre Monteux, den Gründer und Leiter des Orchestre Symphonique de Paris, bestimmt.

1936

Dauer der Festspiele: 25. Juli–31. August

Salzburger Geldgeber beschlagnahmen SFG-Reservefonds

Januar
Der Jahresbeginn wird von schwierigen Finanzierungsverhandlungen überschattet. Da der Bund aufgrund des Rechnungshofberichts seine Subvention reduzierte, beschlagnahmen die lokalen Subventionsgeber ihrerseits den Reservefonds, um auf diese Weise die voll ausbezahlten Subventionen quotenmäßig zurückzubekommen.

28. Februar
In der 36. Aufsichtsratssitzung kann Präsident Puthon nach Absprachen zwischen Vertretern des Unterrichtsministeriums, des Finanzministeriums und Landeshauptmann Rehrl folgendes positive Ergebnis bekanntgeben:
»Der Bund subventioniert die Festspiele mit S 40.000,–, Fonds, Land und Stadt mit je S 20.000,–.
Der Bund pauschaliert die WUST mit S 30.000,– und verzichtet auf die Steuerrückstände aus den Jahren 1934 und 1935.
Land und Stadt pauschalieren im gleichen Verhältnis Lustbarkeits- und Fürsorgeabgabe mit S 36.000,–.
Land und Stadt heben die Beschlagnahme des Reservefonds auf. Der Bund streicht die restlichen Subventionen 1934 und 1935.« (VA/BMU-7929/36)

13. Mai
Unter Vorsitz des Rechnungshofpräsidenten findet eine Beratung über die geforderten Sparmaßnahmen statt. Kerber begründet die Unrealisierbarkeit derartiger Forderungen und erklärt zur Herabsetzung der Honorare der Festspielmitwirkenden, »daß die Salzbur-

ger Festspielhausgemeinde die Verträge mit Künstlern deshalb nicht frei abschließen könne, weil sie an die Wiener Künstler gebunden sei, da es im Hinblick auf das gespannte Verhältnis mit Deutschland nicht möglich sei, Künstler aus dem Reiche für die Salzburger Festspiele zu gewinnen. Die Wiener Philharmoniker besitzen eine vollkommene Monopolstellung; einen Ersatz für sie zu beschaffen wäre ausgeschlossen. Desgleichen seien einzelne Bühnenspezialarbeiter unersetzbar. Die Vorgenannten seien sich ihrer Monopolstellung bewußt und deshalb sei es schwer möglich, ihre Honorare und Entlohnungen herabzusetzen.« (VA/BMU-17508/36)
Auch die Rundfunkübertragungsgebühren, auf die die Künstler rechtlich Anspruch haben und die nach einem bestimmten Schlüssel im Verhandlungsweg mit der RAVAG festgelegt wurden, müssen künftig gezahlt werden.

Ballgeschehen unter der Devise »Salzburger Festspiele«

8. Februar
Im Wiener Konzerthaus findet unter dem Titel »Salzburger Festspielrummel« ein vom Wiener Journalisten- und Schriftstellerverein »Concordia« veranstaltetes Faschingsfest statt, für das die Räume originell auf »salzburgisch« adaptiert wurden.

18. Februar
Auch das Faschingsfest in der Wiener Sezession steht unter der Devise »Salzburger Festspiele«. Dafür wurden Festspielschauplätze wie die Faust-Stadt und beliebte Gaststätten nachgebaut.

14. März
Eine ähnliche Veranstaltung ist in Prag zu-

Ball in der Wiener Sezession unter der Devise »Salzburger Festspiele«. Josef Weinheber im Jedermann-Kostüm, Clemens Holzmeister, Gustinus Ambrosi

gunsten der Solisten-Pensionsanstalt des dortigen Deutschen Theaters angesetzt, für die der Bühnenbildner Emil Pirchan die Dekorationen nach Salzburger Motiven entwirft.

Gesetz zum Schutz der Salzburger Festspiele
9. März
Im LGBl. Nr. 51/1936 wird das »Gesetz zum Schutz der Salzburger Festspiele« kundgemacht, wonach andere musikalische und theatralische Veranstaltungen während der Festspielzeit einer besonderen Genehmigung der Landesregierung bedürfen.

Toscaninis Diktat
Juni/August
Aus Angst vor einer Absage Toscaninis erfüllt die Festspielstadt dem Maestro schlechthin

jeden Wunsch. In der ersten Jahreshälfte, in der er in Amerika und anschließend in Paris dirigierte, scheint er sich über Salzburg mehrfach geärgert zu haben, sonst hätte ihm Bruno Walter am 1. 6. nicht folgenden Brief geschrieben: »Ich bin von dem, was ich gehört habe, zutiefst bewegt und aufgewühlt. Ich kann mir Salzburg ohne Sie nicht mehr vorstellen. Salzburg braucht Sie, wir alle brauchen Sie. Ich bin sicher, daß Ihre Beweggründe stichhaltig sind – ebenso sicher bin ich aber, daß der Fehler von Kerber oder anderen nichts weiter ist als österreichisches Laisseraller, das zweifellos unannehmbar ist, zugleich aber doch weit entfernt davon, eine böse Absicht, und noch weiter entfernt, einen Mangel an Verständnis oder Respekt Ihnen gegenüber zu erkennen zu geben.

Ich bitte Sie von Herzen, mich wissen zu lassen, was geschehen soll, um Sie zufriedenzustellen, und ich werde mich selbst darum kümmern, daß auch wirklich alles dafür getan wird. [...]

Sie wissen besser als ich – und das wird Ihnen vom letzten Sommer her noch in Erinnerung sein –, daß Salzburg der vielleicht letzte unpolitische Ort ist, an dem die Kunst noch ein Dach über dem Kopf hat. Lassen Sie diesen Ort nicht im Stich – ich wiederhole, daß wir Sie brauchen.« (Harvey Sachs: Toscanini, S. 339)

Präsident Puthons persönliche Aufzeichnungen geben Aufschluß über Toscaninis Verstimmung: »Infolge Preisdifferenz (S 300,–) vermietet Baronin Baillou ihre Villa 1936 nicht an Toscanini sondern an zwei Schweizer (Dirigent Sturzenegger und Pianist Langnese), Toscanini darüber wütend, machte seine Mitwirkung an den Festspielen davon abhängig, daß ihm diese Villa wieder zur Verfügung stehe, besonders liebte er die Einsamkeit derselben und Baillou's Hund, einen Stallpinscher, der immer mit Toscanini spazieren ging. Wir mußten daher den zwei Schweizern zuerst eine neue Villa suchen (S 3.000,–) und dann verlangte Baillou von uns noch eine Aufzahlung von S 1.500,–, weil Toscanini als Mieter besonders anspruchsvoll sei.« (ASF)

Toscaninis Bedingungen für die »Meistersinger«-Inszenierung konfrontieren die SFG mit weiteren Kostenüberschreitungen. Als Stolzing kommt für den Maestro einzig und allein Charles Kullmann in Frage, was den Tenor zu dementsprechender Honorarforderung ermutigt. Für die Partie des Sachs wurde auf Toscaninis Wunsch Friedrich Schorr verpflichtet. Als dieser aber im Verlauf der Proben nicht entspricht, verlangt der Dirigent eine Umbesetzung. Die Zeitungen melden eine »Indisposition« des Sängers, die SFG muß ihn abgelten und dafür Hans Hermann Nissen engagieren. – Des Maestros Wünsche betreffen aber keinesfalls nur die Solisten. »Da der Stand des Opernchors von 52 Mit-

gliedern auf deren 84 erhöht werden mußte, außerdem das gesamte Ballett und noch eine Statisterie von 85 Personen mitwirkt, mußte sowohl der Stand der Wiener Garderober und Friseure wie auch der der Salzburger Garderober dementsprechend erhöht werden. Diese Personalvergrößerung verursacht Mehrkosten von rund S 4.000,–. Die restliche Überschreitung stammt daher, daß das gesamte Personal für die vorverlegten Toscaniniproben um 5 Tage länger beschäftigt ist, als ursprünglich budgetiert.« (VA/BMU-25866/36)

Richard Mayr zum Gedenken
25. Juli

Das von der Internationalen Stiftung Mozarteum eingerichtete »Richard-Mayr-Zimmer« in Mozarts Geburtshaus wird seiner Bestimmung übergeben. Privat- und Rollenfotos, Kostüme, Entwürfe, Requisiten, Schminkutensilien sowie Auszeichnungen erinnern an den berühmten Bassisten.

Im Anschluß daran wird im Salzburger Museum Carolino Augusteum die sogenannte »Richard-Mayr-Krippe« vorgestellt, die seine Frau bei dem Grazer Bildhauer Hans Mauracher in Auftrag gegeben hatte und die als Weihnachtsgeschenk für den Künstler gedacht gewesen war. Krippenberg und Stall sind dem Salzburger Festungsberg und der Felsenreitschule nachempfunden. Die Krippe wird von 29 Figuren bevölkert, die Richard Mayr in seinen bedeutendsten Rollen zeigen. Kurz vor Festspielbeginn wird in seinem Geburtshaus, dem Gasthof Gablerbräu in der Linzergasse, ein »Richard-Mayr-Stüberl« eingerichtet, das der akademische Maler Wilhelm Kaufmann künstlerisch gestaltet. Außerdem wird an dem Haus eine Gedenktafel angebracht.

Salzburger Festspielfanfare
25. Juli

Im Auftrag von Landeshauptmann Rehrl und diesem gewidmet, komponierte Domkapellmeister Joseph Messner eine Festspielfanfare, die als Pausenzeichen bei den Festspielüber-

Festspielbeflaggung. Autokolonnen im Linksverkehr

tragungen der RAVAG dienen soll. Messner hat, dem Anlaß entsprechend, für seine Komposition ein Motiv Mozarts – die Anfangstakte des »Ave verum« – verwendet. Doch schon bald erregt diese Fanfare Ärger: »Nicht zum Anhören ist, darüber sind sich die musikalischen Menschen in Salzburg und vor allem die vom Festspielbesuch ausgeschlossenen Radiohörer ganz Österreichs einig, die Salzburger Festfanfare von Professor Messner – nämlich in der Form, wie sie von einer Aufnahme regelmäßig vor Beginn einer Übertragung gesendet wird. [...] Aufnahme und Wiedergabe stellen sich als eine künstlerische Pfuscherei ersten Ranges dar. [...] Das jämmerliche Gejaule, wie es jetzt hörbar ist, klingt wie eine Parodie und wäre von der Festspielleitung oder Landesregierung einfach zu verbieten.« (»Salzburger Volksblatt«, 29. 7.)

»Schlage für Mephisto dringend Franz Schafheitlin vor«
30. Juli
Mit diesem Telegramm aus Amerika beendet Reinhardt alle Spekulationen über eine Neubesetzung des Mephisto im »Faust« nach der überraschenden Absage von Raoul Aslan. Schon in der ersten Vorstellung kann Franz Schafheitlin schwer dem Vergleich mit seinen Vorgängern Max Pallenberg und Raoul Aslan standhalten.

Toscaninis Kampf gegen Probenkiebitze
Juli/August
Mit unerbittlicher Härte geht Maestro Toscanini gegen Probenkiebitze vor, die er fast ohne Ausnahme aus dem Festspielhaus hinausbefördern läßt. Hundert Schliche und Wege werden ersonnen, um den Dirigenten wenigstens ganz kurz bei der Arbeit zu beobachten, selbst prominente Persönlichkeiten

R. Wagner: »Die Meistersinger von Nürnberg«, Festspielhaus. Dirigent: Arturo Toscanini, Regie: Herbert Graf, Bühnenbild: Robert Kautsky. Lotte Lehmann (Eva), Hans Hermann Nissen (Hans Sachs) und Charles Kullmann (Stolzing)

sind unter jenen, die erfinderisch nach solchen Möglichkeiten suchen. Da Toscanini sich weigert, den Taktstock zu berühren, sobald sich ein Unbefugter im Raum befindet, verstärkt Präsident Puthon die Sicherheitsmaßnahmen, was wiederum zu Zwischenfällen führt. Puthon berichtet darüber in seinen Erinnerungen: »Wir stellten noch einen dritten Portier hin und außerdem berief ich von der benachbarten Polizeiwachstube einen Sicherheitswachmann zur Verstärkung. Nachdem ich das durchgeführt hatte, begab ich mich wieder glücklich aufatmend in die Kanzlei, mit der Überzeugung, daß nun alles in bester Ordnung sei. Aber welcher Irrtum: Eine halbe Stunde später stürzte die Frau des Direktors Bruno Walter wütend in meine Kanzlei und sagte mir folgendes: ›Solche Behandlung laß ich mir nicht mehr gefallen, stellen Sie sich vor, ich wollte nun während der Probe in den Saal und der dort aufge-

stellte Polizist verweigerte mir dies. Als ich ihm sagte, daß ich die Frau Bruno Walters sei, erwiderte er mir, ja wenn Sie die Frau eines Kapellmeisters sind, müssen Sie ja ohnedies wissen, was Sie zu tun haben. Bruno Walter ein Kapellmeister, so eine Beleidigung kann ich nicht ruhig hinnehmen.‹ Nur mit Mühe gelang es mir, Frau Walter zu beruhigen und zu überzeugen, daß der Polizist den Unterschied zwischen Kapellmeister und Generalmusikdirektor ja nicht verstehen konnte, und ich führte sie zur Beruhigung dann in unsere im 1. Balkon befindliche Loge.« (ASF)

»Meistersinger«-Generalprobe und Premiere
7. August
Nach angeblich 45 intensiven Proben unter striktem Ausschluß aller Nichtbeteiligten öffnet Toscanini die »Meistersinger«-Generalprobe. »Die Journalisten mußten vorher eine

Regisseur Herbert Graf im Kreis der Meistersinger. 2. v. r. Anton Dermota, der als Zorn bei den Festspielen debütiert

Herbert Graf und Bühnenbildner Robert Kautsky

ehrenwörtliche Erklärung abgeben, über diese Generalprobe nichts zu bringen.« (»Salzburger Volksblatt«, 8. 8.)

So erscheinen in der Presse nur vage Andeutungen, die das Publikumsinteresse erst recht anheizen: »Tatsächlich begann nach einigen überflüssigen Anstell-Zeremonien um 10 Uhr vormittags die Probe, die mit einer Pause bis 1/2 2 Uhr dauerte, um 3 Uhr neuerlicher Einlaß, um 1/2 4 Uhr Beginn, um 1/2 6 Uhr Ende des dritten Aktes und damit des ganzen Werkes. Der Berichterstatter schwankt zwischen dem begreiflichen Wunsch von einer wahren Sensation Kunde zu geben und der durch besondere Zusagen eingeschärften kritischen Regel, nach der Generalprobe keinen meritorischen Bericht zu formulieren. Doch kann wohl so viel gesagt werden, daß ein unwahrscheinliches Gelingen die Besucher der heuti-

Franca Somigli, Mariano Stabile, Augusta Oltrabella und Alfredo Tedeschi mit Erich Leinsdorf

gen Premiere erwartet. Toscanini sieht mit dieser seiner ›Meistersinger‹-Aufführung, seiner ersten außerhalb Italiens [Toscanini wollte die ›Meistersinger‹ 1933 in Bayreuth dirigieren], einen Lebenswunsch erfüllt und dank der Regie Herbert Grafs in einer wirklich neuen und in jedem Sinn des Wortes ungewöhnlichen Art. Er und das Publikum, sie werden wohl auch mit den Hauptdarstellern zufrieden sein: vor allem mit Lotte Lehmann, mit Kullmann und dem Beckmesser Wiedemanns. Die Aufführung dürfte einen einzigen Fehler haben: daß es nicht leicht sein wird, sich bald nachher in den gewohnten Alltag des Repertoires zu schicken. Man war nach dieser Generalprobe, mochte man noch so viel erhofft haben, völlig benommen.« (»Die Stunde«, 9. 8.)

8. August
Vor dem Festspielhaus drängen sich die Neugierigen, um wenigstens am Rande an dem Premierenereignis teilzunehmen. Die Aufführung beginnt um 17 Uhr und dauert bis 23 Uhr. »Toscaninis ›Meistersinger von Nürnberg‹ sind wahrhaftig Wagners Meistersinger in ihrer idealen Form mit allem Pathos, allem Glanz, mit allem Sonnenhaften, aber auch mit allem Lustspielmäßigen und Heiteren des Werks, sie sind deutsch und dichterisch, bis in den letzten Winkel klar, von ungeheurem Schwung getragen und bei aller realistischen Sorgfalt des Details, bei aller Fein- und Kleinmalerei, ganz einheitlich in ihrem zugleich festlichen und lustspielhaften Stil.« (»Wiener Tag«, 9. 8.)
Diesen Stil tragen neben den Wiener Philharmonikern nicht zuletzt die Sänger, die sich

vor allem durch die von Toscanini angeregte Textdeutlichkeit auszeichnen: »Kein Wort geht verloren, von allen genialen Zügen der Toscaninischen ›Meistersinger‹-Darstellung ist der genialste das Gefühl für die Stimmung des deutschen Dichterwortes.« (»Wiener Tag«, 9. 8.) Neben Lotte Lehmann (Eva), Kerstin Thorborg (Magdalena), Hans Hermann Nissen (Hans Sachs), Charles Kullmann (Stolzing), Hermann Wiedemann (Beckmesser) und Richard Sallaba (David) gewinnen die Festspiele durch das Erstengagement von Herbert Alsen (Veit Pogner) einen Bassisten von Format. In der kleinen Partie des Zorn debütiert Anton Dermota in Salzburg. Regisseur Herbert Graf und Bühnenbildner Robert Kautsky gewinnen der beengten Festspielhausbühne geschickte szenische Lösungen ab. Nach einem schönen Kirchenraum verblüfft das terrassenartig angelegte Nürnbergbild mit vielen Winkeln für die Prügelszene. Die Schusterstube hat die nötige Intimität. Dem Stadttor und einem hohen Wehrgang ist die Festwiese vorgelagert – mit dem vielen Grün, das Toscanini gewünscht hat«. Sie wird von einer bunten Menge in Kostümen von Willi Bahner bevölkert.

Pierre Monteux

»Der Corregidor« – Hugo-Wolf-Gedenktafel

11. August

Bei der Aufführung von Hugo Wolfs »Der Corregidor« handelt es sich um eine Produktion der Wiener Staatsoper, mit Lothar Wallerstein als Regisseur und Bruno Walter als Dirigent, dem auch die Übernahme nach Salzburg zu danken ist. Neben Gunnar Graarud als Corregidor und Alfred Jerger als Tio Lukas begeistert vor allem Jarmila Novotna als Frasquita – »eine der besten Rollen der vielseitigen Künstlerin, in der sie gesanglich, darstellerisch und tänzerisch zu zeigen vermag, was sie alles kann, und das ist wahrhaftig nicht wenig«. (»Neue Freie Presse«, 14. 8.) Zur Erinnerung an Hugo Wolf, der 1881/82 am Salzburger Stadttheater als zweiter Ka-

pellmeister ein unglückliches Dasein fristete, wird an seinem Wohnhaus in der Bergstraße 8 eine Gedenktafel enthüllt.

Konzertattraktionen – Benjamino Gigli in Salzburg

2. August

Pierre Monteux dirigiert im zweiten Orchesterkonzert Werke französischer Meister. Monteux' Auftreten in Salzburg gestaltet sich zu einem vollen Erfolg, nachdem es zu Jahresbeginn kurzfristig in Frage stand: Monteux' Name schien auf der Titelseite des Festspielprospekts nicht auf, was von französischer Seite als »Verletzung des französischen Nationalgefühls« interpretiert wurde. Man wollte trotz der »bewährten und großen Freundschaft für Österreich die ganze Propaganda für Salzburg abstoppen lassen, bis Frankreich in dieser Frage vollkommene Ge-

Domorganist Franz Sauer

Artur Rodzinski

nugtuung erhalten habe«, heißt es im Brief des österreichischen Gesandten in Paris vom 14. 2. an das Bundeskanzleramt. (StA/BKA-35521-13/36) Die SFG wies die Beschwerde mit der Begründung zurück, daß auf der ersten Prospektseite nur die Operndirigenten genannt seien.

12. August
Das Orchesterkonzert der Wiener Philharmoniker steht ganz im Zeichen von Brahms und Toscanini, der nach der »Tragischen Ouvertüre« das »Deutsche Requiem« dirigiert. Ausführende sind der Chor der Wiener Staatsoper, Franz Sauer an der Orgel und die Solisten Anna Báthy (Sopran) und Alexander Svéd (Bariton). »Der Ernst und die Strenge von Brahms entsprechen vielleicht ernsten und seelischen Grundstimmungen des Maestro. Die Verbindung Brahmsscher Musik mit Toscaninischem Geist ist jedenfalls die

vollkommenste, die es gibt.« (»Wiener Tag«, 13. 8.)

16. August
Eine attraktive Neuerscheinung bei den Festspielen ist der amerikanische Dirigent Artur Rodzinski, ein Protegé Toscaninis, auf dessen Wunsch er eingeladen wurde. Rodzinski bringt in seinem Programm zeitgenössische Musik – unter anderem von Strawinsky und Schostakowitsch – sowie Franz Schmidts »Konzertante Variationen über ein Thema von Beethoven für Klavier (linke Hand) und Orchester«. Solist ist der Widmungsträger, Paul Wittgenstein.

19. August
Gustav Mahler, dessen Todestag sich am 18. 5. zum 25. Mal jährte, wird mit der Aufführung seiner Symphonie Nr. 3 unter Bruno Walter geehrt. Den Auftakt dieses Konzerts bildet Beethovens »Coriolan«-Ouvertüre.

Benjamino Gigli, zum ersten und einzigen Mal bei den Festspielen, mit Domkapellmeister Joseph Messner

30. August
Für einen Massenansturm auf die Kassen sorgt das unter dem Ehrenschutz von Fürsterzbischof Waitz stehende Konzert geistlicher Musik im Dom. Der italienische Startenor Benjamino Gigli ist das erste Mal in Salzburg und singt unter der musikalischen Leitung von Domkapellmeister Joseph Messner Werke von Händel, Stradella, Perosi, Bach, Verdi, Bizet, Franck und die Gralserzählung aus Wagners »Lohengrin«. Das Sensationskonzert dient einem guten Zweck. Der Reinerlös soll die neu installierte Dombeleuchtung und die zusätzliche Orgel im Presbyterium mitfinanzieren. »Der berühmte Tenor, für den der Erzbischof nach dem Konzert einen Empfang gibt, sang umsonst«, vermerkt Puthon in seinen persönlichen Aufzeichnungen. »Das ›Umsonst‹-Singen Giglis brachte aber dann eine allerdings schmerzliche Überraschung, da er hiefür für sich und seine Begleitung –

sieben Personen – freien Aufenthalt verlangte, was S 4.000,– kostete. Gigli, der sehr eitel ist, war bei seiner Abreise sehr gekränkt, als er beim Verlassen des Hotels nur das gewöhnliche Straßenbild sah und fragte den Portier: ›Ja wo ist denn das Volk, das mir sonst immer zujubelt?‹« (ASF)

»Sommernachtstraum« im Film
4. August
Im Mozart-Kino wird Max Reinhardts »Sommernachtstraum«-Film vorgeführt: »Es war ein Festabend für Salzburg. Das Kino festlich geschmückt, eine erlesene Gesellschaft von Festspielbesuchern aus aller Herren Länder; mit Reinhardt waren viele Kunstfreunde gekommen und die Vertreter der Behörden waren erschienen.« (»Salzburger Chronik«, 5. 8.)

Hoheiten zu Besuch
8. August
Gegen Mitternacht trifft der italienische Kronprinz Umberto von Piemont mit Gemahlin und Begleitung auf dem Salzburger Bahnhof ein, wo ihn Bundeskanzler Schuschnigg, mehrere Staatssekretäre, Landeshauptmann Rehrl und Vertreter der italienischen Diplomatie empfangen.
9. August
Am Vormittag besucht der italienische Kronprinz mit großer Suite das Festspielhaus. Präsident Puthon dazu in seinen persönlichen Aufzeichnungen: »Ich führte ihn durch das ganze Haus, Felsenreitschule, erklärte ihm alles und begleitete ihn dann durch den Tunnelausgang in den daneben liegenden St. Peter-Hof, wo ich mich von ihm verabschiedete. Ich ging hierauf an der Außenseite des Festspielhauses zurück und beim Haupteingang in das Haus; der dort stehende Portier sagte mir: ›Soeben ist der König von England in das Haus gegangen.‹ Ich erwiderte ihm: ›Sie irren sich, das war nicht der König von England, sondern der Kronprinz von Italien und der ist schon weggegangen.‹ ›Aber nein, der König von England ist ja gerade hinein und ist in der

Der italienische Kronprinz Umberto, Staatssekretär Dr. Guido Schmidt und Landeshauptmann Dr. Franz Rehrl bei einem Stadtspaziergang

Felsenreitschule.‹ Obwohl ich das nicht recht glauben konnte, begab ich mich doch in die Reitschule und traf dort zu meinem Erstaunen den König von England, der ganz inkognito mit kleiner Begleitung derselben soeben die Felsenreitschule erklärte. «(ASF)
Während König Edward VIII., in dessen Begleitung sich auch Mrs. Wallis Simpson befindet, nach einem Spaziergang durch die Altstadt und einer kurzen Rast im Cafè Bazar Salzburg wieder verläßt, besucht Kronprinz Umberto eine »Jedermann«-Vorstellung auf dem Domplatz und nimmt anschließend an dem ihm zu Ehren gegebenen Empfang in der Residenz teil.

22. August
Der ungarische Reichsverweser Nikolaus von Horthy unterbricht seine Reise zu einem Jagdaufenthalt in Tirol. Von Salzburg aus

Edward VIII., König von England, und Mrs. Wallis Simpson

Dusolina Giannini, William Somerset Maugham und Baronin Seiller, seine Übersetzerin, auf dem Mönchsberg

stattet er Adolf Hitler einen Besuch auf dem Obersalzberg ab und begibt sich dann in die »Meistersinger«-Aufführung.

Der 100. »Jedermann« hebt an
15. August
Zum 100. Mal steht Hofmannsthals »Jedermann« in der Einstudierung von Max Reinhardt auf dem Spielplan der Festspiele. Bundespräsident Miklas verleiht langjährigen Mitwirkenden hohe Auszeichnungen: Dagny Servaes, Helene Thimig, Frieda Richard und Reinhardts getreuem Assistenten Richard Metzl das Ritterkreuz des Österreichischen Verdienstordens und Poldi Czernitz-Renn das Österreichische goldene Verdienstzeichen. In seiner Rede bezeichnet er – in Anspielung auf die in Berlin stattfindende Olympiade – die Festspielstadt Salzburg als »eine Art Olympia des Geistes und der Kunst«. (»Salzburger Chronik«, 17. 8.)

Ende der »Tausend-Mark-Sperre«
24. August
Die Deutsche Reichsregierung beschließt das »Gesetz über den Reiseverkehr mit Österreich«, RGBl. Nr. 76/1936, in dem das »Gesetz über die Beschränkung der Reisen nach der Republik Österreich vom 29. 5. 1933 aufgehoben wird«. Somit ist die »Tausend-Mark-Sperre« beendet. – Diese Gesetzesaufhebung ist eine Folge der Unterzeichnung des Verständigungsabkommens zwischen Österreich und dem Deutschen Reich vom 11. 7. dieses Jahres, dem sogenannten Juliabkommen, das auf Vermittlung von Franz von Papen, dem Gesandten des Deutschen Reiches in Wien, zustande kam.

Erwin Kerber – neuer Direktor der Wiener Staatsoper
1. September
Erwin Kerber wird Direktor der Wiener

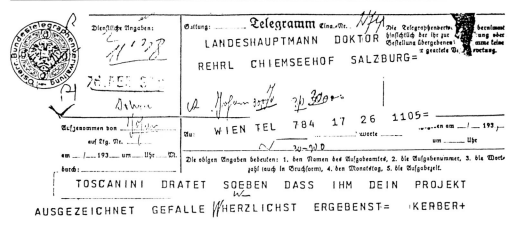

Dr. Erwin Kerber informiert Landeshauptmann Dr. Rehrl am 26. 2. 1937 telegraphisch über Toscaninis Zustimmung zu seinem Festspielhausprojekt (LA/Rehrl-NL 117, unnum.)

des Festspielhauses verbleibt das auf den doppelten heutigen Orchesterraum vergrößerte Orchester, das allerdings nur vom Bühnenhaus aus betretbar ist. Auf der alten Bühne sind neue Sitzplätze aufzustellen, die vom jetzigen Garderoberaum aus betretbar sind. Entsprechend den heute vorhandenen Etagen werden zwei Stockwerke Logen eingebaut, die durch die heutige Künstlerstiege separat betretbar sind und für die im Stadtsaal auf der Estrade für die Pausen ein eigener Erholungsraum besteht. Die bisherigen Garderoben können als Salon und Rauchzimmer ausgestaltet werden, die bei Anwesenheit prominenter Gäste zur Verfügung gestellt werden. In der dritten Etage werden Galeriesitze eingebaut. Durch diese Maßnahmen wird der Fassungsraum des Festspielhauses wesentlich erhöht. Die Logen und der jetzige Bühnenraum werden kurvenartig ausgestaltet, so daß die der Akustik schädlichen Eckräume verschwinden. Die Sesseln auf den Seitengalerien werden schief gestellt und der Boden überall ausgetauscht und ordentliche Parketten gelegt, so daß das Knarren und die Unruhe aus dem Festspielhaus verbannt wird. Was nun die Durchführbarkeit des Planes und den Baubeginn betrifft, so hat dieser Vor-

schlag den Vorteil, daß er zwar teurer kommen wird als der Vorschlag Holzmeister, dafür aber ein neues Bühnenhaus mit allen technischen Vorteilen schafft, die Kapazität des bestehenden Hauses vergrößert. Gegenüber den anderen Vorschlägen aber nur einen kleinen Prozentsatz der Kosten dieser Bauten betragen wird. Aber noch ein weit größerer Vorteil ist gegeben. Es kann sofort mit dem Bau begonnen werden, wenn die Mittel vorhanden sind, ohne Rücksicht auf den Beginn der Festspiele. Denn bis zur Herausnahme der Ostwand spielt sich der ganze Baubetrieb zwar unabhängig von den Festspielen ab, jedoch zeigt er den Festspielbesuchern, daß Salzburg auf den weiteren Aufstieg seiner Festspiele vertraut und bemüht ist, den Fremden möglichst das Beste zu bieten, was die Welt geben kann. Dieser Bau könnte bei den Festspielen 1938 in Betrieb gesetzt werden, falls man das heurige Frühjahr und den Sommer benützt, den Rohbau fertigzustellen, um im Winter nach Beendigung der Festspiele die Uminstallationen in Ruhe und ohne Hast durchführen zu können. Die Aufbringung der Mittel wird durch Verteilung auf zwei Baujahre auch wesentlich erleichtert. Sache der Architekten und der Bühnentechniker wird es sein, in diesen Rahmen das Bestmögliche einzufügen.

Ich möchte hoffen, daß dieser Vorschlag bei unserer Bevölkerung als auch bei dem Anreger des Neubaues des Festspielhauses Maestro Toscanini wohlwollende Aufnahme und Zustimmung finden soll.« (LA/Rehrl NL-116 unnum.)

6. Februar

Rehrls genialer Vorschlag wird in den Salzburger Tageszeitungen publiziert.

Wo ein Wille ist, ist auch Geld

10. März

Die Kosten für die Festspielhauserweiterung nach Rehrls Idee sind mit drei Millionen Schilling veranschlagt. Der Salzburger Landtag beschließt ein Gesetz, das die »Stadtgemeinde Salzburg ermächtigt, ein Darlehen bis zur Höhe von S 750.000,– aufzunehmen, dessen Ertrag von der Stadtgemeinde zum Ausbau des Festspielhauses in Salzburg zu verwenden ist«. (LA/Landtagssitzungsprotokoll vom 10. 3.) Der Fremdenverkehrsförderungsfonds macht ebenfalls 750.000 Schilling flüssig. Rehrl bemüht sich in Wien um die Restfinanzierung und findet bei Bundeskanzler Schuschnigg und Minister Pernter volle Unterstützung.

12. März

Der Ministerrat genehmigt, daß »der Rest von der Salzburger Festspielhausgemeinde im Wege einer Baufinanzierung [...] aufgebracht werde. Diese Baufinanzierung soll dadurch ermöglicht werden, daß sich der Bund verpflichtet, die 1,5 Millionen in 5 Jahresraten von 300.000 S innerhalb der nächsten 5 Jahre der Salzb. Festspielhausgemeinde als Subvention zu geben«. (VA/BMU-8649/37)

In einem Gedächtnisprotokoll zu einer Unterredung zwischen Landeshauptmann Rehrl, dem Finanzminister und dem Unterrichtsminister vom selben Tag wird die Verpflichtungserklärung des Bundes erweitert dargestellt: »Der Bund wird der Festspielhausgemeinde, die den Bau zu vergeben hat, durch

das Bundesministerium für Unterricht unabhängig von der für den laufenden Betrieb zu gewährenden Subvention, eine weitere Subvention durch 5 Jahre von höchstens je 300.000 S zuzüglich der anfallenden Zinsen gewähren. Der Bund stellt weiter den zum Bau erforderlichen Teil des in ärarischem Eigentum stehenden Franziskanergartens bei.« (VA/BMU-11501/37)

Einlaufende Spenden, wie etwa der Reinertrag der Toscanini-Konzerte, werden quotenmäßig auf die beitragleistenden Geldgeber aufgeteilt.

Da sich einige Grundstücke in Privatbesitz befinden, muß ein eigenes Gesetz über die »Enteignung für die Zwecke der Ausgestaltung des Festspielhauses in Salzburg« vom Landtag erlassen werden, wobei die davon Betroffenen entsprechende Schadensersatzleistungen erhalten. Der gesamte neue Festspielhauskomplex kommt in den Besitz der Stadt Salzburg.

Toscanini und Rehrl, dahinter Puthon und Frau Toscanini auf der Baustelle

Abtragung des Fischbrunnens vor dem Festspielhaus

14. April
In einer außerordentlichen Aufsichtsratssitzung halten die Vertreter von Land, Stadt, Fonds und SFG fest, daß »der Verein Salzburger Festspielhausgemeinde bei dem Umbau des Festspielhauses und allen damit zusammenhängenden Arbeiten als Bauherr auftritt und beauftragen die Direktion der Salzburger Festspielhausgemeinde den Bauauftrag im Namen des Vereines statutengemäß zu fertigen«. (VA/BMU-13257/37) Clemens Holzmeister wird mit der Durchführung des Erweiterungsbaus beauftragt. Die Baupläne tragen den Stempel: »Festspielhauserweiterung Salzburg nach einer Bauidee von Landeshauptmann Dr. Franz Rehrl ausgeführt von Architekt Prof. Dr. Cl. Holzmeister.«
Das Festspielhausprojekt findet auch in der Öffentlichkeit allgemein Zustimmung, »weil

der Bau, der einer künstlerischen Notwendigkeit entspricht, auch dazu beitragen wird, die Arbeitslosigkeit in der Stadt Salzburg etwas zu mildern«. (LA/Rehrl NL-397 F/Brief Franz Rehrl an die Soziale Arbeitsgemeinschaft der Landesführung Salzburg der Vaterländischen Front vom 22. 3.)

»Toscanini-Hof« zum Geburtstag
25. März
Landeshauptmann Rehrl reist aus Anlaß des 70. Geburtstags von Toscanini nach Mailand und bringt als Geschenk die Mitteilung, »daß der Gemeindetag der Stadt Salzburg beschlossen hat, den durch den Erweiterungsbau an der Stirnseite des Hauses, zwischen dem Bühnenhause, dem Reinhardt-Platze und der Erzabtei St. Peter entstehenden Raum zum Zeichen immerwährenden dank-

baren Gedenkens ›Toscanini-Hof‹ zu nennen«. (LA/Rehrl NL-116 unnum.)

Arbeitsbeginn und Neugestaltung des Festspielhausvorplatzes

April/Mai
Im Zuge der Bauarbeiten, die Mitte April beginnen, wird auch der Festspielhausvorplatz
neu gestaltet. Das sogenannte Grenadierstöckl samt anschließender Mauer fällt endgültig. Damit ist der Blick auf die Kollegienkirche frei. Der Fischbrunnen, dessen Platz
für den Garderobentrakt benötigt wird,
kommt auf die gegenüberliegende Seite zu
den Fichtenbeständen des Botanischen Gar-
tens. Rehrls Geburtshaus wird abgerissen.

22. Juni
Im Beisein von Rehrl und Puthon erfolgt der
Durchbruch des Tunnels, der von der Felsenreitschule in den künftigen Toscanini-Hof ge-
schlagen wurde und als Notausgang dienen
soll.

Juli
Ab 20. 7. werden die für die Unterbühne und
die Bühnenhausfundamente nötigen Spren-
gungen durchgeführt, die sich durch archäo-
logisch bedeutsame Funde aus keltisch-früh-
römischer Zeit verzögern. Neben Scherben-
und Metallgegenständen sind Reste eines
Töpfereibetriebes zu vermuten.

22. Juli
Mit der Enthüllung der Sonnenuhr an der
Südwand des Studiengebäudes und des Fres-
kos von Georg Jung, das die vier Fakultäten
versinnbildlicht, ist die Platzgestaltung abgeschlossen. Auch der von Rehrl vorgeschlagene
vorgezogene und überdachte Festspielhaus-
eingang ist fertiggestellt.

Störungen aus dem Reich

1. Juli
Die »Kulturpolitische Pressekonferenz« der
Deutschen Reichsregierung, die über Anweisung Pressemeldungen einheitlich regelt, bittet »um Zurückhaltung in der Berichterstat-
tung über die Salzburger Festspiele. Es bestehe Gefahr, daß sie von klerikaler Seite ge-

gen Deutschland ausgespielt werden sollten«.
(BA, ZSg 102/62)

Anfang Juli
Wie verschiedene Tageszeitungen mitteilen,
hat die Reichstheaterkammer kürzlich die
Mitwirkung reichsdeutscher Künstler bei den
von Toscanini geleiteten Aufführungen der
Salzburger Festspiele verboten. – Das Verbot
ist auch darauf zurückzuführen, daß Toscanini Rundfunkübertragungen seiner Aufführungen nach Deutschland ablehnte.
Obwohl er diese Situation selber heraufbe-
schworen hat, ist der Dirigent darüber verärgert und sagt am 2. 7. seine Mitwirkung in
Salzburg ab. Überdies fühlt er sich, wie Puthon in seinen persönlichen Aufzeichnungen
schreibt, verletzt, »daß wir Furtwängler zu einem Konzert eingeladen hatten, ohne ihn zu
verständigen, und er jetzt, wo von der deutschen Reichstheaterkammer den in Deutschland engagierten Künstlern verboten wurde
unter Toscanini zu spielen, darauf bestehen
müsse, daß wir Furtwängler absagen. [...]
Jetzt setzte ein ununterbrochenes Schreiben,
Telegraphieren, Telephonieren mit T. ein, an
dem sich auch der Landeshauptmann, Unterrichtsminister, ja sogar der Bundeskanzler beteiligten und worin man versuchte, T. begreif-
lich zu machen, daß eine Absage Furtwänglers jetzt aus politischen Momenten unmög-
lich sei, man auch alles versuchen werde, um
das Verbot der deutschen Künstler rückgän-
gig zu machen. T. blieb aber nach wie vor
starrköpfig und verlangte außerdem noch die
Demission Kerbers [Kerber hatte es verab-
säumt, Toscanini vom Engagement Furtwänglers zu verständigen]. Zum Schluß sand-
ten wir den Regisseur Dr. Graf als Vermittler
nach Mailand, dem es gelang, T. Interesse für
die Inszenierung der Zauberflöte derart zu
wecken, daß alles übrige in den Hintergrund
trat. Inzwischen war auch durch eine direkte
Intervention unseres Kanzlers beim Reichskanzler Hitler [...] das Auftrittsverbot der
deutschen Künstler aufgehoben worden und
T. traf glücklich am 15. Juli in Salzburg ein.«
(ASF)

Salzburger Atmosphäre beschrieben und gefilmt

Ende Juli

Rechtzeitig zu Festspielbeginn erscheint von Annette Kolb das Büchlein »Salzburger Festspieltage«, in dem die Schriftstellerin »über drei Jahre Salzburg von 1934 bis 1936 [...] auf ihre besondere Weise berichtet, über die Stadt, über die Kunst, über die Menschen, die sie geben, und jene, die sie empfangen«. (»Wiener Zeitung«, 6. 8.) Fast zur selben Zeit kommt auch Carl Zuckmayers Novelle »Ein Sommer in Österreich« heraus, die sich ebenfalls mit Begebenheiten und Ambiente der Festspielsommer beschäftigt. Im Auftrag des englischen Filmregisseurs Alexander Korda hat Zuckmayer ein auf dieser Novelle basierendes Filmdrehbuch mit dem Titel »Sommer in Salzburg« fertiggestellt. Korda und Zuckmayer befinden sich in Salzburg, um das Milieu zu studieren und über die Besetzung zu verhandeln.

»Du, glückliches Österreich, spiele!«

24. Juli

Die Festspiele beginnen wieder mit »Fidelio« unter Toscanini. Diesmal mit Helge Ros-

Karikatur von Kraft (»Der Morgen«, 2. 8. 1937)

waenge als großartigem Florestan und Alexander Kipnis als Rocco: »Unvergleichlich ist die Wärme dieser Stimme, ist die Beseelung der musikalischen Phrase, unvergleichlich ist der Glockenklang dieses Sprechorgans, dessen Weichheit von Güte und Milde überströmt, das zwingt und bezwingt.« (»Neues Wiener Journal«, 25. 7.) Wieder vereinen sich Kunst und Prominenz zu jenem unvergleichlichen Flair der Salzburger Festspiele: »Während Europa vom Lärm der Regierungs- und Währungskrisen, der Nichteinmischungs- und Kontroll-Konferenzen, von Kriegsfurcht, politischer und wirtschaftlicher Unruhe widerhallt, beginnt an einem jener seltsamen Schnittpunkte, wo Norden und Süden, Osten und Westen sich zu berühren scheinen, und der Begriff ›Europa‹, wenn er noch einen kulturellen Sinn hat, für kurze Zeit immer wieder aufleuchtet, wie alljährlich ein Fest.« (»Linzer Tagblatt«, 23. 7.)

Hans Knappertsbusch dirigiert Werke von Richard Strauss

27. Juli

Hans Knappertsbusch, ehemaliger Direktor der Münchner Staatsoper, der 1935 von den Nationalsozialisten mit Dirigierverbot belegt wurde und seit 1936 verstärkt in Österreich tätig ist, leitet erstmals bei den Festspielen eine Oper. Die Wiederaufnahme von Strauss' »Der Rosenkavalier«, mit weitgehend unverändertem Ensemble, weist ihn als kompetenten Strauss-Dirigenten aus, der das Österreichische und Wienerische des Werkes betont. Neu ist Esther Réthy als Sophie: »Es ist ein umfangreicher Sopran mit blühender Mittellage und tragkräftiger Höhe, die zudem eine gewandte und ansprechende Kopftechnik besitzt. In leichtem, gelenkigem Ansatz werden jene lichten Schwebetöne erreicht, die den verführerischen Duft der silbernen Rose so zärtlich einfangen und wieder ausströmen lassen.« (»Neues Wiener Tagblatt«, 29. 7.) In der zweiten Vorstellung, am 6. 8., springt Hilde Konetzni für die erkrankte Lotte Lehmann als Marschallin ein und zeigt sich damit

R. Strauss: »Der Rosenkavalier«, Festspielhaus. Dirigent: Hans Knappertsbusch, Regie: Lothar Wallerstein, Ausstattung: Alfred Roller. Esther Réthy (Sophie), Fritz Krenn (Ochs auf Lerchenau), Jarmila Novotna (Octavian) und Rosette Anday (Annina)

Margit Bokor (Octavian), Hilde Konetzni (Marschallin)

Arnold Rosé und Hans Knappertsbusch

auch in Salzburg in einer ihrer besten Partien, nachdem sie bereits im Vorjahr zweimal die Rolle der Donna Anna übernommen hatte.

4. August
Nach einem reinen Beethoven-Abend am 28. 7. dirigiert Knappertsbusch in seinem zweiten Orchesterkonzert mit den Wiener Philharmonikern ein reines Strauss-Programm.

8. August
Hervorragend sind die drei Hauptpartien der schon 1934 gezeigten »Elektra«-Inszenierung besetzt: Rose Pauly wiederum als Elektra, neben ihr Rosette Anday als Klytämnestra und Hilde Konetzni als Chrysothemis.

Werner Krauß als Mephisto – eine »Spottgeburt aus Dreck und Feuer«

29. Juli
Die herausragendste Neubesetzung im Schauspiel ist Werner Krauß, der seit 1921 zum ersten Mal wieder in Salzburg auftritt und als Mephisto die doppelte Gage seines Vorgängers Franz Schafheitlin bezieht. Mit wortlosem Händeschütteln begrüßte Reinhardt den Staatsschauspieler, der nach der Machtergreifung Hitlers dazu ausersehen war, Reinhardt die »Ehrenarierschaft« anzutragen.

Werner Krauß geht in seiner Rolleninterpretation ganz in Reinhardts Regiekonzept auf. Er ist der barocke, volksnahe Teufel, wie er in diese Inszenierung in der Fauststadt paßt. »Die große Erwartung der Aufführung war diesmal Werner Krauß als Mephisto, und man kann – und muß – von einem Ereignis berichten. Er ist der erste Darsteller, der den weiten Salzburger Raum immer und eindringlichst ausfüllt. Von der Maske bis zur kleinsten Betonung ist Krauß' Mephisto eine der größten schauspielerischen Gestaltungen des derzeitigen Theaters. [...] Bedeutungsvoll

Max Reinhardt und Werner Krauß, der neue Mephisto in »Faust«

Arturo Toscanini bei einer »Zauberflöten«-Probe

ist, wie Krauß den Mephisto von Anfang bis zum Schluß ein unirdisches Wesen, Geist in allen möglichen Körpern, sein läßt. Vor allem betont er die Herkunft aus Dreck und Feuer. [...] Sein Hinken ist nicht das theaterübliche! Er hat nicht den Pferdefuß, sondern förmliche Flossen, mit denen er sich mehr schleifend, rudernd, schleppend, bald wieder hüpfend, bockspringend, weiterbewegt. Also schon optisch von unheimlichster, bannendster Kraft.« (»Wiener Zeitung«, 31. 7.)

»Österreichs Gegenwart im Lied«
29. Juli
Außer den seit 1933 traditionellen Liederabenden Lotte Lehmanns, mit Bruno Walter am Flügel, gibt es ein Sonderkonzert unter dem Motto »Österreichs Gegenwart im Lied« mit Werken von Josef Hauer, Hans Ewald, Heller, Joseph Marx, Alban Berg, Wilhelm Kienzl, Joseph Rinaldini und Rudolf Reti,

dem Initiator dieser Veranstaltung. Interpreten sind die amerikanische Sängerin Helen Gahagan und Hans Duhan, am Klavier begleitet von Joseph Marx und Fritz Kuba.

Toscanini lernt Schikaneder auswendig
30. Juli
»Die Zauberflöte« ist Toscaninis erste Mozart-Oper bei den Festspielen. Er dirigierte das Werk bereits 1923 in Mailand, studierte es aber für Salzburg völlig neu und erstmals in deutscher Sprache ein. Seine Interpretation ist wiederum von größter Klarheit und Präzision, selbst was den Text betrifft: »Toscanini, der kaum ein paar Worte Deutsch spricht, hat den ›Zauberflöten‹-Text vollkommen auswendig gelernt und korrigiert auf den Proben die kleinsten Entgleisungen der mit Recht gefürchteten Sängerprosa. Er behandelt das Wort Schikaneders genauso wie die Noten Mozarts mit verbissener Ehrfurcht.« (»Der

W. A. Mozart: »Die Zauberflöte«, Festspielhaus. Dirigent: Arturo Toscanini, Regie: Herbert Graf, Bühnenbild: Hans Wildermann. Alexander Kipnis (Sarastro) und die Priester

Morgen«, 26. 7.) Dennoch sprechen einige Rezensenten von einer »gedämpften Sensation« und so manche Zuhörer empfinden seine raschen Tempi als ungewohnt.

Regisseur Herbert Graf und Ausstatter Hans Wildermann hatten 1935 bereits in Breslau gemeinsam eine »Zauberflöte« erarbeitet, die Vorbild für die Salzburger Inszenierung ist. Wildermann »benützt ein hohes Podest, das mit der Rampe durch seitliche Aufgänge in Verbindung steht und daher verschiedene Spielflächen bietet. Nach rückwärts führen Treppenanlagen zu den Tempelbauten, den seitlichen Bühnenabschluß bilden vielfach große Palmenstämme. Innerhalb dieser Elemente wird nun mit malerischer Phantasie und raffiniertem Spiel des Lichtes eine reiche

Folge von Szenenbildern geboten«. (»Salzburger Volksblatt«, 31. 7.) Grafs Spielleitung hält sich ganz an das märchenhafte Volksstück, für das er einen einfachen und natürlichen Grundton findet. »Den Tamino sang Helge Roswaenge mit nötiger Wärme und intensivem Ausdruck. Der Schmelz seiner Stimme nimmt gleich bei der ersten Arie – ›Dies Bildnis ist bezaubernd schön‹ – gefangen. Märchenhaft schön sieht wieder Jarmila Novotna als Pamina aus. Aber auch ihre sängerische Leistung erfüllt den Hörer mit Bewunderung. Eine vollendetere Pamina könnte man sich nicht mehr vorstellen. [...] Alexander Kipnis verleiht seinem Sarastro die nötige Würde. Auch das tiefe ›doch‹ wird klanglich tragend gebracht, wenn dabei trotz-

»Hofmannsthal-Büste« von Viktor Hammer im
Faistauer-Foyer des Festspielhauses

dem mehr Innigkeit und allumfassende Men-
schenfreundlichkeit, ja die abgeklärte Weisheit selbst aus diesen Arien uns entgegenklin-
gen könnten. Eine mustergültige Leistung,
die wirklich ohne jede Übertreibung vorbildlich zu nennen ist, stellt Willi Domgraf-Faß-
baender mit seinem Papageno auf die Bühne.
Wird die Partie schon stimmlich ganz hervorragend in jeder Hinsicht erfaßt, so kommen
noch die körperlichen Vorzüge, die einen solchen Papageno auch fürs Auge bezaubernd
wirken lassen. Mit Dora Komarek hat er eine
ganz entzückende Papagena als Gegenspiele-
rin. Dieses reizende Persönchen versteht dazu
noch ganz vorzüglich zu singen. Als Königin
der Nacht hatte man Julie Osváth ausersehen.
Die Sängerin verfügt über die nötige Kolora-

turtechnik, ohne dabei mit nötiger Sicherheit
zu überzeugen. Mit Anton Dermota und Carl
Bissuti standen zwei hervorragende Sänger
Wache als die beiden Geharnischten. Die drei
Damen waren mit Hilde Konetzni, Stefania
Fratnikova und Kerstin Thorborg so erstklassig wie nur denkbar besetzt. [...] Eine Delika-
tesse war die ursprüngliche Besetzung der
drei Knaben mit wirklichen Knabenstimmen.
[...] Richard Sallaba als Priester, Alfred Jerger als Sprecher und William Wernigk als be-
weglicher und angenehm dezenter Monosta-
tos ergänzten vorteilhaft das vorzügliche Ensemble, dem noch die Namen Hugo Lindin-
ger, Harry Horner und Eduard Fritsch als
drei Sklaven anzufügen wären.« (»Salzburger
Chronik«, 31. 7.)

Gedenktafeln für Hofmannsthal und Faistauer

8. August
In einer schlichten Feier werden in der Vor-
halle zum Faistauer-Foyer eine Hofmannsthal-Büste von Viktor Hammer und eine Mar-
mortafel mit der Inschrift »Hugo von Hofmannsthal zum Ruhm und Gedenken
XCMXXXVII« enthüllt. Festredner ist der
österreichische Gesandte in London, Georg
Freiherr von Franckenstein, ein Jugend-
freund des Dichters.

Ende August
Im Faistauer-Foyer wird zu Ehren seines Na-
mensgebers, des Schöpfers der Fresken, eine
Ehrentafel aus Untersberger Marmor angebracht. Karl Heinrich Waggerl ist Verfasser
der Inschrift: »Anton Faistauer. Salzburg
1887–1930 / Das Erbe der Alten bewahrend /
Die Jugend ins Künftige weisend / Hinwegge-
nommen von der Höhe seines Lebens / Un-
sterblich durch das Zeugnis seiner Kunst.«
An der Enthüllungsfeier nehmen Landeshauptmann Rehrl, Holzmeister und ein Vertreter des Sonderbundes österreichischer
Künstler als Redner teil, ferner Fürsterzbischof Waitz, Repräsentanten des öffentlichen
Lebens, Künstler, Freunde und Schüler Anton Faistauers.

»Don Giovanni«-Probe im Turnsaal. Bruno Walter, Ezio Pinza (Don Giovanni), Virgilio Lazzari (Leporello) und Karl Ettl (Masetto)

Der italienische »Figaro« und »Euryanthe« unter Bruno Walter

11. August

Dank Bruno Walters Anregung ist nach »Don Giovanni« nun auch »Le Nozze di Figaro« in italienischem Originaltext zu hören, aus Einsparungsgründen in der alten Ausstattung von Alfred Roller aus dem Jahre 1930, Regie führt wiederum Lothar Wallerstein. Die Wahl eines international zusammengestellten Ensembles nehmen einige Kritiker mit Vorbehalt auf; man hätte sich eine vollkommenere Harmonie erhofft, wenn ausschließlich italienische Künstler herangezogen worden wären. Die männlichen Hauptpartien sind ohnehin mit Italienern besetzt: Mariano Stabile, Salzburgs unvergleichlicher Falstaff, singt nun den Grafen Almaviva. Ezio Pinza, der gefeierte Giovanni, verwandelt sich in einen Figaro, »in dem es schon gewaltig nach Revolution knistert«. (»Salzburger Volksblatt«,

12. 8.) Die Gräfin, Aulikki Rautawaara, kommt aus Finnland, der Cherubino, Jarmila Novotna, aus der Tschechoslowakei und die Susanna, Esther Réthy, ist gebürtige Ungarin. Jedenfalls aber wird der »italienische Figaro« zu Recht gewürdigt als »ein Verdienst um Mozart, dessen Rezitative nun dank der Flugkraft der italienischen Sprache nicht mehr schleppten, sondern hinhuschten«. (»Neues Wiener Tagblatt«, 21. 8.)

18. August

Mit »Euryanthe« haben »Bruno Walter, Lothar Wallerstein [Regie] und Clemens Holzmeister [Bühnenbild] nun eine Wiedererwekkung gewagt, die man als historische Schicksalswende bezeichnen kann; wahrhaft aus einem Scheintod ist heute in einer hinreißend schönen, seelenvoll-poetischen Aufführung die ›Euryanthe‹ – vielleicht mit Dauer – dem Leben gewonnen worden. Das Werk Webers hier in Salzburg zu bringen, war überdies eine

C. M. v. Weber: »Euryanthe«, Festspielhaus. Dirigent: Bruno Walter, Regie: Lothar Wallerstein, Bühnenbild: Clemens Holzmeister. Herbert Alsen (König Ludwig VI.), Maria Reining (Euryanthe) und Karl Friedrich (Adolar)

programmatische Erfüllung der Festspielidee; neben dem ›Oberon‹ durfte die ›Euryanthe‹ nicht fehlen. Die Beziehungen des jugendlichen Weber zu seinem vorübergehenden Salzburger Meister Michael Haydn sind schließlich auch ein Band.« (»Wiener Zeitung«, 19. 8.)
Von Maria Reining als Interpretin der Titelpartie heißt es: »Die Webersche Poesie kommt ihrem Formate näher als das nervlich weitaus konfliktbeschwertere Evchen Wagners.« (»Wiener Zeitung«, 19. 8.) (In dieser Rolle hatte sie am 5. 8. als Nachfolgerin von Lotte Lehmann in Salzburg debütiert.) Kerstin Thorborg gibt der Eglantine Pathos und Theatralik. Karl Friedrich singt den Adolar, Herbert Alsen den König Ludwig VI. und Alexander Svéd den Lysiart. Margarete Wall-

mann und Willy Fränzl choreographierten die getanzten Volksszenen.

Toscanini contra Furtwängler

Mit höchster Erwartung sieht man in Salzburg, wo man an Sensationen einigermaßen gewöhnt ist, der Begegnung von Toscanini und Furtwängler entgegen. Zwei Große des Taktstocks treffen aufeinander, deren unterschiedliche politische Einstellung ebenso weltweites Interesse erregt wie ihr künstlerisches Genie.
14. August
Toscanini dirigiert Verdis »Requiem« mit den Solisten Zinka Kunz, Kerstin Thorborg, Helge Roswaenge und Alexander Kipnis.
»Vor vier Jahren hat Bruno Walter das Werk in Salzburg dirigiert. Er hat die Verdi-Thea-

Arturo Toscanini dirigiert Verdis »Requiem« im Festspielhaus mit den Solisten Zinka Kunz, Kerstin Thorborg, Helge Roswaenge und Alexander Kipnis, dem Chor der Wiener Staatsoper und den Wiener Philharmonikern

tralik in glühenden Farben gemalt, Toscanini ist ein Plastiker, er meißelt in hartem Stein, seine Werkzeuge sind glitzernder Stahl. Hier gibt es kein Maß des Menschlichen mehr, alles ist erfüllt von gewaltigen, übernatürlichen Gefühlen. Man muß das Alter tiefer Weisheit haben, eine Losgelöstheit vom Irdischen, um als Dirigent ein solches Requiem erstehen lassen zu können.« (»Salzburger Volksblatt«, 16. 8.)

24. August
Über Veranlassung der National Broadcasting Company, New York, leitet Toscanini ein außerordentliches Orchesterkonzert, das im Einvernehmen mit der RAVAG nur nach Amerika übertragen wird. Der Reinerlös aus dem Kartenverkauf fließt auf des Maestros Wunsch dem Pensionsfonds der Wiener Philharmoniker zu, sein eigenes Honorar und die Einnahmen aus der Rundfunkübertragung widmet er dem Festspielhausumbau.

27. August
»Das Rätselspiel der letzten Tage: ›Kommt er? Kommt er nicht?‹« hat ein Ende gefunden. Furtwängler kommt nicht nur, er siegt auch im Sturm. »Im selben Maß, wie die gewaltigste und tiefgründigste Symphonie [er dirigiert Beethovens Neunte] den Spielplan wohltuend ergänzt, fügt sich Wilhelm Furtwänglers bedeutende Erscheinung in den Ring der großen Festspieldirigenten.« (»Österreichische Volks-Zeitung«, 29. 8.)
»Als Soloquartett standen Furtwängler Kammersängerin Anday, Ria Ginster, Herbert Alsen und Helge Roswaenge zur Verfügung; vier von Furtwängler in der Probenarbeit har-

Wilhelm Furtwängler trifft zu seiner ersten Festspielverpflichtung in Salzburg ein.

monisch abgetönte Stimmfärbungen. Die So-
pranistin für Salzburg eine neue und ein-
drucksvolle Erscheinung. Von überwältigen-
der Wirkung der Klang, die Präzision des
Staatsopernchors. Soloquartett und Chor am
Schluß – gigantisch.
Nach der großen Erwartung eine stürmische
Erfüllung! Das Publikum war von der durch-
geistigten Intensität der Aufführung überwäl-
tigt und bot Dr. Furtwängler, den Solisten,
den Philharmonikern, dem Opernchor restlose Bewunderung; immer und immer wieder
mußten sie dankend vortreten.« (»Neues
Wiener Journal«, 28. 8.)
Die »New York Times« schreibt dagegen am
28. 8.: »Das Quartett bestand aus Ria Ginster,
der kürzlich von der Naziregierung die Er-
laubnis verweigert worden war, in einem
Verdi-Requiem unter Arturo Toscanini zu
singen, weil einer der Solisten jüdisch war,
aus Rosette Anday, Helge Roswaenge und
Herbert Alsen.

Mr. Furtwängler ist irgendwann einmal ein
beredter Interpret der Neunten Symphonie
gewesen, aber die Aufführung von heute morgen war eine der schlechtesten, an die der Re-
zensent sich erinnern kann. Bei verschiedenen Gelegenheiten während der letzten Jahre
ist es deutlich geworden, daß die Fähigkeiten
des Dirigenten aus irgendeinem Grund einer
Art geistigem Verfall unterworfen sind, und
der heutige Beethoven erbrachte neuerlich
den Beweis für diesen Abstieg.«
29. August
Das letzte Orchesterkonzert, das Toscanini in
Salzburg dirigiert, ist Brahms gewidmet, mit
Walter Stiasny und Erich Leinsdorf am Klavier, den von ihm so geliebten und geschätz-
ten Wiener Philharmonikern und dem Kam-
merchor der Wiener Staatsoper.
Während Furtwänglers Salzburg-Aufenthalt
kommt es zwischen ihm und Toscanini zu einer Auseinandersetzung: »Über dem Festspielhaus von Salzburg ballten sich in den

Bundeskanzler Dr. Kurt von Schuschnigg auf dem Weg zu einer Aufführung von W. A. Mozarts c-Moll-Messe in der Stiftskirche St.Peter

letzten August-Tagen dieses Sommers, der noblen internationalen Kundschaft unsichtbar, schwarze Wolken. Arturo Toscanini, der Kapellmeister, dem selbst die reportereifrige Verleihung der Attribute Titan und Feuerkopf nichts davon nehmen konnte, daß er beides ist, hieb eines Tages im Direktionszimmer auf den Tisch. ›Herr Furtwängler soll sich entscheiden!‹ rief er. ›Bayreuth oder Salzburg! – beides geht nicht.‹ Man hatte Salzburgs einträglichstem Star bis dahin mit so selbstverständlichem Stillschweigen das Protektorat über die Festspiele eingeräumt, daß man jetzt nur in stiller Zerknirschung dieses prachtvolle Ungewitter über sich ergehen lassen konnte. Der Direktor saß paff, der zuständige Ministerialfunktionär nicht minder, Herr Furtwängler stand bleich da, und Bruno Walter, immer nach beiden Seiten konziliant, wenn Macht und Kunst in Widerstreit kommen, versuchte zu ›kalmieren‹. Aber man kalmiere ein Überzeugungs-Genie, dem die Schöpfung

ein klares Einmaleins ist! ›Nein!‹ rief er aus, ›es geht nicht, Herr Furtwängler kann nicht gleichzeitig die Früchte von Salzburg pflükken und den Lorbeer von Nürnberg auf dem Haupt behalten! Das nächste Jahr ist bayreuthfrei. Ich verstehe, daß es unter solchen Umständen für einen deutschen Dirigenten verlockend ist, in Salzburg eine Oper einzustudieren. Ich aber verlange eine klare Entscheidung. Das Werk von Salzburg ist ein Werk der Humanität, des musikalischen Europäertums. Wer sich dazu nicht bedingungslos bekennen kann oder darf, der soll seine Hand davon lassen!‹ Und er schloß: ›Ich oder Herr Furtwängler.‹
Ob nun Toscaninis Ausbruch wortgetreu oder bloß dem Sinne nach so erfolgte – die Donner krachten, die Blitze schlugen ein.« (Anton Kuh: Luftlinien, S. 491f.)

Bernhard Paumgartner dirigiert ein Mozart-Konzert in der Stiftskirche St. Peter

Fest oder Abgesang?

15. August

Unter der Devise »Salzburg ehrt seine Festspielkünstler« gibt Landeshauptmann Rehrl
wie in den vergangenen Jahren einen Empfang in der Residenz, über den die gelenkte
Presse euphorisch berichtet: »Ein Blick auf
diese glänzende Namenliste, deren sich eine
Großstadt ersten Ranges rühmen dürfte, ge-
nügt, um die große gesellschaftliche Bedeutung dieses Abends zu kennzeichnen. Es wird
auch in Wien, in Berlin, in Paris oder London
nicht ganz leicht sein, eine so große Anzahl
solch illustrer Künstler und zugleich anderer
Persönlichkeiten aus den höchsten Kreisen
des gesellschaftlichen und öffentlichen Lebens zu einer gemeinsamen Veranstaltung zu
vereinigen. Daß es in Salzburg möglich ist, ist
ein unwiderlegbarer Beweis dafür, welch gewaltige Rolle unsere Festspiele in jeder Weise
spielen.« (»Salzburger Chronik«, 17. 8.)

Noch einmal bewahrheiten sich die Worte
Stefan Zweigs, der in »Die Welt von Gestern«
Salzburg als »künstlerischen Pilgerort Europas« bezeichnete. Zu Festspielbeginn trifft
Sara D. Roosevelt, die Mutter des amerikanischen Präsidenten ein, wenig später Franklin
B. Roosevelt, sein Sohn. Auch der Herzog und
die Herzogin von Windsor sind bereits bei der
Eröffnung anwesend. Fjodor Schaljapin,
ebenfalls langjähriger Festspielgast, hält sich
hier mit Frau und Töchtern auf. Douglas
Fairbanks ist hier, Louis B. Mayer, erster Pro-
duktionsleiter der Metro-Goldwyn-Mayer-
Filmgesellschaft, besucht als Gast Reinhardts
mehrere Vorstellungen. Zahlreiche Dichter
und Schriftsteller geben sich ein Rendezvous:
Carl Zuckmayer und Ödön von Horváth aus
Henndorf kommend, Franz Theodor Csokor,
Erich Maria Remarque, Thornton Wilder,
William Somerset Maugham und Sacha Guitry, der auch zwei Vortragsabende gibt. Un-

Marlene Dietrich und ihr Mann, Rudolf Sieber, bei einem Einkaufsbummel

Helene Thimig als Gastgeberin in Schloß Leopoldskron mit Fjodor Schaljapin und seinen Töchtern

Mrs. Sara D. Roosevelt (Mitte) bei der Ankunft auf dem Salzburger Hauptbahnhof

Carl Zuckmayer und Ödön von Horváth im Kaffeehaus

Sacha Guitry vor dem Mozarteum

Reichsverweser Nikolaus von Horthy im Residenzhof

garn ist durch den Ministerpräsidenten Koloman Daranyi und durch Reichsverweser Nikolaus von Horthy prominent vertreten. Unter der Rubrik »In Salzburg sind angekommen« nennt das »Salzburger Volksblatt« serienweise, was international Rang und Namen hat.

Doch dieses schöne Bild ist trügerisch. Am 18. 5. verkaufte Stefan Zweig sein Haus auf dem Kapuzinerberg, Treffpunkt der geistigen und kulturellen Elite Europas in vielen Festspielsommern.

Franz Theodor Csokor berichtet von einem Wachkordon, der anläßlich eines Empfangs bei Reinhardt um Leopoldskron gezogen werden mußte, weil man Sprengstoffattentate befürchtete.

Reinhardt selbst erscheint in diesem Festspielsommer kaum in der Öffentlichkeit. Er zieht sich in sein Domizil zurück und sein Ausspruch »Das Schönste an diesen Festspielsommern ist es, daß jeder der letzte sein

kann. [...] Man spürt den Geschmack der Vergänglichkeit auf der Zunge«, ist bezeichnend für die Stimmung dieser Tage. (Carl Zuckmayer: Als wär's ein Stück von mir, S. 63f.)

Österreichische Vogelstraußpolitik
September

»In diesem Sommer zeichnet sich schon das kommende politische Unheil ab. Patriotische Österreicher trösten sich mit der auffallend großen Zahl ausländischer Autonummern: Frankreich, England, Belgien – es wimmelt von ihnen und man redet sich ein, daß dem so weitgeschätzten Österreich ›nix passieren wird‹. Fromme Wünsche ...« (Henri Alter: Salzburger Vignetten, 1935–1985, S. 284)

22 verschiedene Nationen zählt ein flotter Statistiker anhand der Kraftwagen auf, die bei der letzten »Meistersinger«-Aufführung, am 20. 8., vorfuhren:

A	. . . . .	Österreich	. . . . . .	100 Kraftwagen
CH	. . . .	Schweiz	. . . .	8 Kraftwagen
CS	. . . .	Tschechoslowakei	. . .	21 Kraftwagen
D	. . . .	Deutschland	. . . . .	21 Kraftwagen
F	. . . .	Frankreich	. . . . . .	29 Kraftwagen
GB	. . . .	England	. . . .	38 Kraftwagen
I	. . . .	Italien	. . . .	23 Kraftwagen
USA	. . .	Amerika	. . . . . .	15 Kraftwagen
Y	. . . .	Jugoslawien	. . . . .	2 Kraftwagen
DK	. . . .	Dänemark	. . . . . .	2 Kraftwagen
R	. . . .	Rumänien	. . . . . .	2 Kraftwagen
B	. . . .	Belgien	. . . .	5 Kraftwagen
H	. . . .	Ungarn	. . . .	11 Kraftwagen
S	. . . .	Schweden	. . . . . .	1 Kraftwagen
NL	. . . .	Holland	. . . .	7 Kraftwagen
TR	. . . .	Türkei	. . . .	1 Kraftwagen
ET	. . . .	Ägypten	. . . . . .	1 Kraftwagen
RA	. . . .	Argentinien	. . . . .	1 Kraftwagen
ZA	. . . .	Südafrika	. . . . . .	1 Kraftwagen
BI	. . . .	Britisch-Indien	. . . .	1 Kraftwagen
U	. . . .	Uruguay	. . . .	1 Kraftwagen
E	. . . .	Spanien	. . . .	1 Kraftwagen
CD	. . . .	Diplomaten-Kennzeichen	.	3 Kraftwagen

Auflistung der Kraftwagen bei der Auffahrt zur »Meistersinger«-Premiere (»Salzburger Chronik«, 1. 9. 1937)

Statistiken bezeugen auch den florierenden Fremdenverkehr. In den Augustmonaten von 1932 bis 1937 weist Salzburg folgende Besucherfrequenz auf:

1932: 45.012
1933: 35.074
1934: 29.233
1935: 43.987
1936: 46.006
1937: 51.764

(»Neue Zürcher Zeitung«, 8. 9.)

Via Äther »hört die ganze Welt Salzburg«. 16 Staaten übernehmen 82 Sendungen, schreibt das »Neue Wiener Abendblatt« am 24. 7.: »An erster Stelle steht Frankreich, das 24 Übertragungen über seine Sender verbreitet. [...] Deutschland überträgt nur ein Konzert unter der Leitung von Furtwängler.«

Baufortschritt und Dachgleiche beim Festspielhausumbau

September

Der Festspielhausumbau schreitet planmäßig voran. Sofort nach der letzten Vorstellung, der »Zauberflöte« am 31. 8., fällt die Bretterwand, die die Baustelle während des Som-

mers vom eigentlichen Festspielbetrieb abschloß.

Oktober

Die Salzburger Tageszeitungen berichten ausführlich über den Baufortschritt, der sich in drei Abschnitte gliedert: Zuschauerraum, Garderobentrakt sowie Bühnenhaus mit Nebenbühne und Verlegung der Mönchsbergstiege. Der Zuschauerraum wird vergrößert und um 180 Grad gedreht. Dort, wo sich die Bühne mit ihrem charakteristischen Spitzbogenabschluß befand, entstehen ein Logenrang und eine Galerie, in deren Höhe über der jeweiligen Seitengalerie eine weitere. Somit werden zusätzlich etwa 600 Plätze gewonnen. Der Garderobentrakt erhält die gleiche Höhe wie der Theatersaal und ist bereits bis zum vierten Stock im Rohbau fertig. Das Bühnenhaus »verspricht ein Wunderwerk der Technik« zu werden. Die Bühnenmaße sind denen der Wiener Staatsoper angepaßt, so daß künftig die Dekorationen problemlos ausgetauscht werden können. Der Bühne, die auch einen Rundhorizont erhält, ist ein großer Orchesterraum vorgelagert. Aus feuerpolizeilichen Gründen ist ein Eiserner Vorhang nötig. Fünf Künstler sind eingeladen, Entwürfe zum Thema »Entwicklung der Salzburger Festspiele« auszuarbeiten. Die Vorlagen von Anton Kolig und Georg Jung kommen schließlich in die engere Wahl. (Vgl. »Salzburger Volksblatt«, 31. 12.)

Gleichermaßen wichtig ist Holzmeister die Außengestaltung des Bühnenhauses zum Toscanini-Hof hin. Jakob Adlhart, auch mit dem figuralen Schmuck der Mönchsbergstiege beauftragt, arbeitet bereits an den »Maskentragenden Genien«, sechs Steinreliefs, die das eiserne Bühnentor flankieren. Der Platz darüber ist für eine mächtige Orgelpfeifenattrappe bestimmt. Für den Dachvorsprung des Bühnenhauses ist ein cirka 3,5 Meter hoher Löwe, das Wappentier des Landes Salzburg, vorgesehen – eine Treibarbeit des Salzburger Bildhauers Rudolf Reinhart.

29. November

Landeshauptmann Rehrl nimmt das Glei-

Das Bühnenhaus nach dem Umbau durch Holzmeister mit der verlegten Mönchsbergstiege und den »Maskentragenden Genien« von Jakob Adlhart, gesehen vom Toscanini-Hof

chenfest zum Anlaß, allen am Festspielhausumbau Beteiligten zu danken.

30. November
Rehrl beauftragt das Landesarbeitsamt in Salzburg im Einvernehmen mit dem Finanzministerium, ein Ansuchen um »eine Beihilfe der ›Produktiven Arbeitslosenfürsorge‹ für den Umbau des Festspielhauses in Salzburg in Form von Zuschüssen im Gesamtbetrag von S 200.000,–« zu stellen.

4. Dezember
Dr. Josef Resch, Bundesminister für soziale Verwaltung, bewilligt das Ansuchen. »In die Produktive Arbeitslosenfürsorge werden alle Arbeiten einbezogen, die mit dem Umbau des Festspielhauses in unmittelbarem Zusammenhang stehen. [...] Die Beihilfegewäh-

rung gilt ab April 1937 bis zur Beendigung der Arbeiten. Sie hat den Zweck, die Überschreitung des ursprünglichen Kostenvoranschlages teilweise zu decken, um die Durchführung der Arbeiten zu ermöglichen. [...] Die Beihilfe ist an die Bedingung geknüpft, daß bei den Arbeiten nur vom Arbeitsamt Salzburg zugewiesene Arbeitslose beschäftigt werden.« (VA/BMU-1542/38)

Große Pläne für 1938 – Reinhardts Einfluß schwindet

November
Nachdem bereits im August Rossinis »Barbier von Sevilla« in italienischer Sprache, Mussorgskijs »Boris Godunow«, Verdis »Othello«, Wagners »Lohengrin«, die Stuttgarter Fas-

sung der »Ariadne auf Naxos« von Strauss und auf dem Schauspielsektor Imre Madáchs »Die Tragödie des Menschen« als interessante Projekte für 1938 kolportiert wurden, gibt die SFG das nun tatsächliche Programm bekannt: Zur Eröffnung am 23. 7. und zur gleichzeitigen Einweihung des umgebauten Festspielhauses wird Toscanini Beethovens »Missa solemnis« dirigieren. Als Novitäten sind festgesetzt: Wagners »Tannhäuser« unter Toscanini, Regie: Herbert Graf, mit Lotte Lehmann als Elisabeth, Anny Konetzni als Venus und Alexander Kipnis als Landgraf sowie »Così fan tutte« in italienischer Sprache unter Bruno Walter. Zur Wiederaufführung gelangen: »Die Zauberflöte«, »Die Meistersinger von Nürnberg«, »Fidelio« und »Falstaff« unter Toscanini, »Don Giovanni«, »Le Nozze di Figaro« und »Orpheus und Eurydike« unter Bruno Walter sowie »Der Rosenkavalier« unter Hans Knappertsbusch, ebenso Reinhardts alljährlicher »Jedermann« und seine »Faust«-Inszenierung.

»Die Fledermaus« unter Reinhardts Regie, von der in diversen Pressemeldungen die Rede war, fehlt in der Programmvorschau. Ursprünglich war als Dirigent dieser Novität Bruno Walter vorgesehen; Anfang September wird an seiner Stelle Herbert von Karajan genannt, den Dr. Kerber als vielversprechenden jungen Künstler, der noch dazu gebürtiger Salzburger ist, schätzt. Mitte Oktober muß Reinhardt befürchten, daß sein »Fledermaus«-Projekt scheitert, da das Festspielhaus durch die Opernaufführungen vollkommen ausgelastet ist. »Die Fledermaus« müßte also ins Stadttheater ausweichen. Aus New York schreibt er an seine Sekretärin Gusti Adler: »›Die Fledermaus‹ sollte unter allen Umständen in Salzburg gemacht werden, wenn nur irgend möglich schon in der kommenden

Festspielzeit. [...]. Ich mache, wie der Landeshauptmann weiß, nie Schwierigkeiten. Aber es ist doch nicht mehr als billig, [...] daß ich nach fünf Jahren wieder einmal mit einer neuen Inszenierung zu Wort komme. [...] Sowohl Toscanini wie Walter schlugen augenblicklich vor, daß ›Die Fledermaus‹ im Stadttheater gemacht werden sollte. Walter freilich dachte damit, der ›Fledermaus‹ einen zweiten, minderen Platz anzuweisen. Das dürfte allerdings nicht geschehen.«

Für den Fall, daß die Operette doch im Stadttheater gezeigt würde, verlangt Reinhardt einen Umbau des Hauses nach seinen Vorstellungen: Einbau einer Drehbühne, Vergrößerung des Zuschauerraums um mindestens 200 Plätze, sowie eine festlichere Gestaltung von Foyer und Aufenthaltsräumen. Er setzt seine ganze Hoffnung auf Landeshauptmann Rehrl: »[...] und der Landeshauptmann ist der einzige Hauptmann im Lande, der das ganz erkennen, die Idee wahren und sie aus dem unheiligen Krieg der Kapellmeister herausheben und ihr ein eigenes Dach schaffen wird. Denn er baut die Häuser und die Wege dazu.« (Gusti Adler: ... aber vergessen Sie nicht die chinesischen Nachtigallen, Seite 255 ff.)

Da Reinhardts Wünsche zum gegenwärtigen Zeitpunkt unerfüllbar sind, bietet ihm die SFG statt der »Fledermaus« eine andere Inszenierung, Hofmannsthals »Das Salzburger große Welttheater« in der Felsenreitschule, wofür Holzmeister mit verhältnismäßig geringfügigen Veränderungen der Fauststadt einen neuen Schauplatz schaffen könnte. Reinhardt verhandelt aus Amerika bis Ende des Jahres um »Die Fledermaus«, legt Besetzungen und Ausstattung fest, die Frage nach dem Dirigenten ist für ihn noch nicht geklärt. Die Verhandlungen laufen ins Leere.

1938

Dauer der Festspiele: 23. Juli–31. August

Vor Abschluß eines neuen Betriebsführungsvertrags

Februar

Der zwischen der SFG und der Stadtgemeinde Salzburg am 4. 12. 1926 abgeschlossene Betriebsführungsvertrag soll erneuert und modifiziert werden. Entwürfe zu diesem neuen Vertrag liegen seit November 1937 vor.

Nach einer Besprechung am 25. 2. zwischen Landeshauptmann Rehrl, dem Unterrichtsminister und dem Finanzminister, in der noch Änderungs- und Ergänzungswünsche der beiden Bundesministerien eingebracht wurden, steht der Vertrag, der eine Dauer vom 1. 10. 1938 bis 1. 1. 1960 vorsieht, knapp vor dem Abschluß.

Am 29. 3. vermerkt das Finanzministerium in einer Aktennote: »Laut kurzwegiger Auskunft [...] hat das Unterrichtsministerium wegen des neuen Betriebsführungsvertrages noch keine weitere Veranlassung getroffen, insbesondere auch mit der Landeshauptmannschaft von Salzburg hierüber noch nicht Fühlung genommen. Das Unterrichtsministerium habe sich hiebei von der Erwägung leiten lassen, daß über die weitere Gestaltung der Salzburger Festspiele mit Rücksicht auf die geänderten Verhältnisse derzeit noch nichts Näheres bekannt sei. [...] Im Hinblick auf die geänderten Verhältnisse wäre in der Angelegenheit vorläufig nichts weiter zu veranlassen.« (StA/BMF-25789-11/38)

Anschluß Österreichs und Machtwechsel

12. Februar

Bundeskanzler Schuschnigg trifft Hitler auf dem Obersalzberg bei Berchtesgaden. Er geht auf Hitlers Forderungen – Österreichs Außen- und Wirtschaftpolitik jener des Deutschen Reiches anzuschließen und den österreichischen Rechtsanwalt und Nationalsozialisten Dr. Arthur Seyss-Inquart mit dem Bundesministerium für Inneres und Sicherheit zu betrauen – ein und hofft, damit die staatliche Unabhängigkeit Österreichs zu retten. Die NSDAP bleibt offiziell zwar verboten, kann sich aber legal betätigen.

21. Februar

In Salzburg veranstalten die Nationalsozialisten einen Fackelzug, angeführt von dem illegalen Gauleiter Dipl.-Ing. Anton Wintersteiger.

25. Februar

Gegendemonstration der Vaterländischen Front.

11. März

Hitler und Göring fordern die Verschiebung der von Schuschnigg für den 13. 3. geplanten »Volksbefragung über die Aufrechterhaltung der Unabhängigkeit Österreichs«.

Bundespräsident Miklas akzeptiert den Rücktritt Schuschniggs und muß Seyss-Inquart als neuen Bundeskanzler anerkennen.

In Salzburg füllt sich gegen Abend der Residenzplatz mit Demonstranten. Sprechchöre rufen den »Deutschen Gruß«. Wintersteiger erhält von der Landesleitung Wien die telefonische Order, die Macht zu ergreifen. Er trifft gegen 20 Uhr im Chiemseehof ein, kommt ungehindert bis in das Arbeitszimmer Landeshauptmann Rehrls, läßt sich die Telefonanlage erklären und meldet nach Wien, daß die Machtübernahme erfolgt sei.

12. März

Gegen drei Uhr früh überschreiten Truppen der deutschen Wehrmacht am Walserberg die österreichische Grenze. Wintersteiger wird Landeshauptmann.

13. März

In Linz läßt Hitler das »Gesetz über die Wiedervereinigung Österreichs mit dem Deutschen Reich« ausarbeiten. Der Gesetzesentwurf wird telefonisch nach Wien übermittelt, wo ihn Seyss-Inquart dem Ministerrat vorlegt, mit dem Antrag, das Gesetz zu beschließen. Der Ministerrat stimmt dem Antrag zu. Bundespräsident Miklas weigert sich, das »Anschlußgesetz« zu unterschreiben, tritt von seiner Funktion zurück, die er gemäß der österreichischen Verfassung dem Bundeskanzler überträgt. Mit der Unterschrift von Seyss-Inquart erhält das Gesetz als österreichisches Bundesverfassungsgesetz seine Gültigkeit.

Das »Gesetz über die Wiedervereinigung Österreichs mit dem Deutschen Reich« vom 13. 3. wird am folgenden Tag im RGBl. Nr. 21/1938 publiziert.

Dr. Franz Rehrl gibt offiziell seinen Landeshauptmannposten ab. – Am 16. 3. wird er auch seines Amtes als Direktor der Landes-Hypothekenanstalt enthoben, im Mai verhaftet und im Juni in den »dauernden Ruhestand« versetzt. Er bleibt von Mai bis Dezember 1938 inhaftiert, dann Gauverweisung, Dezember 1939 bis April 1940 neuerliche Verhaftung, Freispruch im August 1941, Juli 1944 Festnahme wegen Hochverrats im Zusammenhang mit dem Stauffenberg-Putsch, Konzentrationslager bis Kriegsende.

Der neue Landeshauptmann Wintersteiger ernennt seine Regierungsmannschaft, darunter Rechtsanwalt Dr. Albert Reitter als Landesstatthalter und Fachlehrer Karl Springenschmid als Landesrat und späteren Reichsgauamtsleiter für Erziehung und Unterricht. Anton Giger wird anstelle von Richard Hildmann Bürgermeister. Landtag und Gemeindetag werden aufgelöst. Die »Salzburger Chronik« wird gleichgeschaltet und in »Salzburger Zeitung« umbenannt.

15. März

Seyss-Inquart wird Reichsstatthalter.

17. März

Einführung der Reichsmarkwährung: »Gesetzliches Zahlungsmittel im Lande Österreich ist neben dem Schilling die Reichsmark. Eine Reichsmark ist gleich einen Schilling fünfzig Groschen.« (RGBl. Nr. 27/1938)

2. April

Göring kommt nach Salzburg und wirbt auf dem Residenzplatz für die bevorstehende Volksabstimmung über die bereits vollzogene Wiedervereinigung.

6. April

Höhepunkt der Wahlpropaganda ist der Einzug Hitlers in Salzburg. Otto Pflanzl, Max Reinhardts Vorwitz in der »Welttheater«-Aufführung 1922, verfaßt das Begrüßungsgedicht. Auf den Empfang der Landesregierung in der Residenz folgt eine Wahlkundgebung im Festspielhaus.

10. April

Bei der Volksabstimmung entfallen in Salzburg 340 Ja-Stimmen auf eine Nein-Stimme.

23. April

Erlaß über die Bestellung eines Reichskommissars für die Wiedervereinigung Österreichs mit dem Deutschen Reich. (RGBl. Nr. 61/1938). Das Mandat erhält Gauleiter Josef Bürckel.

30. April

In Salzburg findet die einzige Bücherverbrennung in Österreich statt. »Als Organisator fungierte der Nationalsozialistische Lehrerbund (NSLB) unter der Leitung von Springenschmid. Ende April rief er die Bevölkerung auf, jüdische und klerikale Bücher ›auszumisten‹. Namentlich genannt sind: Stefan Zweig, Josef-August Lux (kam ins KZ Dachau), Arthur Schnitzler, Franz Werfel u. a. Auch der Salzburger Buchhandel hatte seinen Beitrag geleistet. Am Abend des 30. April wurden 1200 Bücher (die einen guten Teil der österreichischen Weltliteratur ausmachten) auf dem Residenzplatz feierlich von der HJ verbrannt.« (Ernst Hanisch: Nationalsozialistische Herrschaft in der Provinz. Salzburg im Dritten Reich, S. 92)

Adolf Hitler kommt am 6. 4. 1938 zu einer Wahlkundgebung nach Salzburg

Telegramm / Fina -Mr.

= NLT = LANDES HAUPTMANN

DOKTOR REHRL SALZBURG =

NEWYORK 28 25 16 NFT = VIA RADIO =

INFOLGE DER VERAENDERTEN LAGE MUSS ICH ZU MEINEM BEDAUERN

MEINE MITWIRKUNG BEI DEN SALZBURGER FESTSPIELEN ABSAGEN

HERZLICHST   ARTURO TOSCANINI +

Telegraphische Absage Arturo Toscaninis vom 17. 2. 1938 an Landeshauptmann Dr. Rehrl (LA/Rehrl-NL 117, unnum.)

23. Mai

Hitler verfügt die Einteilung Österreichs in sieben Gaue, der Name Österreich wird durch Ostmark ersetzt. »Am 23. Mai 1938 entschied Hitler mit Wirkung vom 22. Mai für ein Weiterbestehen des Gaues Salzburg. [...] So blieb der Gau Salzburg – als einziger österreichischer Gau – in seinen Grenzen unverändert. [...] Mit Wirkung vom 22. Mai wurde [...] Friedrich Rainer, der vor und beim Anschluß eine prominente Rolle gespielt hatte, zum Gauleiter und Landeshauptmann von Salzburg ernannt.« (Ernst Hanisch: Nationalsozialistische Herrschaft in der Provinz. Salzburg im Dritten Reich, S. 73f.) Wintersteiger ist Gauleiter- und Landeshauptmann-Stellvertreter.

Toscanini reagiert blitzartig und kompromißlos

16. Februar

Vier Tage nach dem Treffen Hitler/Schuschnigg telegrafiert Toscanini von New York aus an Kerber:

»Die heutigen politischen Ereignisse in Österreich zwingen mich, auf meine Beteiligung an den Salzburger Festspielen zu verzichten. Grüße Toscanini«

(Harvey Sachs: Toscanini, Hitler und Salzburg, S. 20)

17. Februar

Bei Landeshauptmann Rehrl trifft ein ähnlich lautendes Telegramm ein.

Die Salzburger Stellen versuchen Toscanini zu beschwichtigen und bitten ihn flehentlich, eine Klärung der Sachlage durch das österreichische Außenministerium abzuwarten. Auch Künstlerkollegen wollen die tatsächliche politische Entwicklung nicht wahrhaben. Bruno Walter schaltet sich als Vermittler mit Briefen und Telegrammen an Toscanini ein. So kabelt er:

»Fortsetzung des österreichischen kulturellen Kurses wurde mir überzeugend und unzweifelhaft von höchst berufener Stelle zugesichert. Habe neuen Vertrag mit der Staatsoper abgeschlossen. Bitte auch von Ihrer Seite Zusammenarbeit in Salzburg zu unterstützen. In Freundschaft Walter.«

(Harvey Sachs: Toscanini, Hitler und Salzburg, S. 21)

Aber Toscaninis Grundsätze sind unerschütterlich. Sein handschriftlicher Telegrammentwurf an Walter vom 21. 2. lautet:

»Meine Entscheidung ist endgültig, wenngleich schmerzlich. Ich kenne nur eine Art zu denken und zu handeln. Ich hasse Kompromisse. Ich gehe den geraden Weg und werde ihn immer gehen, den Weg, den ich mir im Leben vorgenommen habe. Herzliche Grüße. A. T.«

(Harvey Sachs: Toscanini, Hitler und Salzburg, S. 22)

März

Die SFG will Toscaninis Absage nicht zur Kenntnis nehmen: »Hoffend, daß die seit Depesche LH Dr. Rehrl vom 17. 2. erfolgte Klärung der Verhältnisse Ihnen Rücknahme der an LH gerichteten Absage ermöglicht, erbitten wir tunlichst umgehendst bis 10. März eine bezügliche Mitteilung, da wir andernfalls zu unserem aufrichtigen Bedauern gezwungen wären, Ihre Absage als endgiltig zu betrachten.« (LA/Rehrl NL – 117 unnum.)

Toscanini reagiert darauf mit Befremden:

»Wundere mich über Ihr beleidigendes Telegramm und wundere mich, daß man nicht bereits aus meinem ersten Kabel die Endgültigkeit meiner Entscheidung verstanden hat. A. Toscanini«

(Harvey Sachs: Toscanini, Hitler und Salzburg, S. 22)

Der Reinerlös der beiden Konzerte, die Toscanini am 6. 2. und 4. 3. in der New Yorker Carnegie Hall dirigiert, war ursprünglich dem Umbau des Salzburger Festspielhauses zugedacht. Jetzt bestimmt der Maestro, daß der Ertrag notleidenden amerikanischen Musikern zukommt.

Die Dirigentenfrage in Salzburg
Anfang März

Toscaninis Ausfall stellt die Festspielveranstalter vor große Probleme. Wie aus verschiedenen Zeitungsmeldungen hervorgeht, bemüht sich die Festspielleitung »mit den prominentesten Dirigenten, die dazu berufen erscheinen, an Stelle Toscaninis zu wirken, in Fühlung zu treten«. (»Wiener Zeitung«, 6. 3.) An erster Stelle steht Wilhelm Furtwängler, »der einzige Dirigent, der den künstlerischen Standard der Salzburger Festspiele auf demselben, wenn nicht auf einem höheren Niveau erhalten kann, wie es durch Toscanini der Fall wäre. [...] Es erhebt sich die Frage, ob es angebracht ist, daß österreichischerseits an den Dirigenten Furtwängler herangetreten wird, um ihn aufzufordern, die musikalische Leitung der Salzburger Festspiele in die Hand zu nehmen« (BA, NS 10/110) lautet die Notiz der Dienststelle des Außerordentlichen und Bevollmächtigten Botschafters des Deutschen Reiches vom 28. 2. in Berlin an Hauptmann a. D. Fritz Wiedemann, dem persönlichen Adjutanten Hitlers. Hitler ist jedoch zu diesem Zeitpunkt gegen eine Teilnahme Furtwänglers an den Festspielen.

Weiters im Gespräch sind die amerikanischen Dirigenten Leopold Stokowski und Artur Rodzinski, Willem Mengelberg, die Italiener Victor de Sabata und Gino Marinuzzi, der Engländer Sir Thomas Beecham. Die meisten der Genannten sind allerdings reine Konzertdirigenten, so daß Walter und Knappertsbusch die Opernaufführungen übernehmen müßten.

»Neuordnung« in der Festspielführung
März

»Nach dem ›Anschluß‹ wurden sofort politi-

Dr. Erwin Kerber und sein Neffe Dr. Tassilo Nekola, der schon als Student seit 1931 im Sommer bei den Festspielen arbeitet

sche Maßnahmen getroffen, um eine ›Neuordnung‹ auch in Österreich zu schaffen und zwar nicht zuletzt auch im Bereich des Kulturlebens. Alle Maßnahmen sollten sich in ihren leitenden Grundsätzen unter Berücksichtigung der örtlichen und zeitlichen Notwendigkeiten an den Prinzipien der nun ›großdeutschen Kulturpolitik‹ anlehnen. [...] Die wichtigen kulturpolitischen Positionen besetzte man möglichst mit ›geeigneten‹ Personen.« (Boguslaw Drewniak: Das Theater im NS-Staat, S. 71)

Gauleiter Wintersteiger betraut am 29. 3. den Landesstatthalter Reitter »mit der kommissarischen Leitung und Führung aller Angelegenheiten, welche die Salzburger Festspiele betreffen«. (StA/Bürckel Archiv RStH III-200 725/38) »Von personeller Säuberung blieben die Festspiele weitgehend verschont. Puthon,

der bereits auf die Siebzig zuging, war auf Grund seines Alters Angriffen mehr oder minder entzogen. Seine Position war eingeschränkt, aber er behielt seinen Titel. Auch Erwin Kerber blieb verschont. Seine immense Erfahrung und seine Verdienste in Salzburg und Wien schützten ihn.« (Stephen Gallup: A History of the Salzburg Festival, S. 105)

Das Schicksal von Schloß Leopoldskron

16. April

Mit Verfügung der Geheimen Staatspolizei – Staatspolizeistelle Salzburg – wird Max Reinhardts Leopoldskroner Besitz als »volks- und staatsfeindliches Vermögen« ohne Entschädigung enteignet. »Der geschätzte Wert betrug 700.000 RM, die Kunstgegenstände beliefen sich auf 52.000 RM. Zunächst bestand der Plan, die Gauschulung dort unterzubringen. Aber Seyss-Inquart beschied den Gauleiter, daß eine Übereignung des Schlosses derzeit nicht möglich sei; nur das Benutzungsrecht ging vorläufig an den Gau über. Mit Erlaß vom 20. Mai 1938 wurde Hofrat Franz Martin beauftragt, die Reinhardt-Bibliothek für das Landesregierungsarchiv sicherzustellen. Aber auch hier gab es sofort ein Kompetenzgerangel: denn auch die Studienbibliothek meldete ihren Anspruch an. Der Kampf um Leopoldskron reichte bis in die obersten Ränge der Hierarchie.« (Ernst Hanisch: Nationalsozialistische Herrschaft in der Provinz. Salzburg im Dritten Reich, S. 96)

15. Juli

Gauleiter Rainer kämpft in einem Brief an Hauptmann a. D. Fritz Wiedemann vergeblich um Leopoldskron: »Ich habe mir durch Sachverständige überprüfen lassen, welchen Ausfall der Gau Salzburg erleidet, wenn ihm die Benützung des Schlosses Leopoldskron entzogen wird. Ich hatte bereits verfügt, daß der Schloßbau selbst in allen seinen Teilen eine Heimstätte für Künstler werden soll, die wir als Gäste nach Salzburg ziehen wollen, um der kulturellen Sendung Salzburgs zu entsprechen.

Auftakt unter Furtwängler
23. Juli

In Anwesenheit von Joseph Goebbels, Edmund Glaise-Horstenau, Arthur Seyss-Inquart, Gauleiter Rainer und anderen führenden Persönlichkeiten des Dritten Reiches, werden die »deutschen Festspiele in Salzburg« mit »Die Meistersinger von Nürnberg« eröffnet. Berichte über dieses Ereignis füllen die gleichgeschalteten Zeitungen. Furtwängler und die Wiener Philharmoniker werden mit jubelndem Applaus begrüßt. Ebenso alle anderen Mitwirkenden, allen voran Set Svanholm von der Königlichen Oper Stockholm als neuer Stolzing und Alfred Jerger als Beckmesser. Nach Herbert Graf, der gemeinsam mit Toscanini Salzburg verließ, ist nun Erich von Wymetal als Regisseur dieser Produktion genannt, die bereits in der dritten Saison auf dem Programm steht.

Goebbels schreibt dazu in seinem Tagebuch am 24. 7.: »Fahrt durch Salzburg. Diese wunderbare Stadt. Ich bin ganz berückt von dem Zauber dieses einzigartigen Fleckens Erde. [...] Triumphale Fahrt zum Festspielhaus. Das Haus selbst ist scheußlich. Muß abgerissen werden. ›Meistersinger‹. Unter Furtwängler, musikalisch wunderbar. Aber gesanglich, szenisch und dekorativ unter aller Kritik. Ich habe eine unbeschreibliche Wut und schnauze alle Kombattanten (!) zusammen. Das ist richtiger Wiener Kitsch. Aber ich werde das abschaffen. Und zwar mit allen gebotenen Mitteln. [...] Spät abends noch Empfang in der Residenz. Diese (!) Residenz ist großartig. Stimmungsvoll. Viele Leute da. Ich parlavere lange mit Furtwängler und Jannings. Und dann müde ins Bett.« (Die Tagebücher von Joseph Goebbels. Hrsg. von Elke Fröhlich. Bd. 3, S. 489)

Böhm dirigiert Mozart und Strauss
25. Juli

In neuen Bühnenbildern von Robert Kautsky und unter der Regie des Essener Spielleiters Wolf Völker, wird wie in den letzten Jahren »Don Giovanni« im italienischen Originaltext

Anton Dermota (Don Ottavio) und Maria Cebotari (Zerlina) in einer Pause von Mozarts »Don Giovanni«

Reichsminister Rudolf Heß auf dem Weg zur »Don Giovanni«-Premiere

Regisseur Erich von Wymetal und Karl Böhm mit Esther Réthy, der Sophie in R. Strauss »Der Rosenkavalier«

aufgeführt. Der Ausstatter kann die Raumdimensionen der neuen Bühne voll nützen, was vor allem der Festsaalszene zugute kommt. Neu im Ensemble sind Anton Dermota als Don Ottavio und Maria Cebotari als Zerlina. Karl Böhm, GMD der Dresdener Oper, tritt zum ersten Mal in den Kreis der Salzburger Festspieldirigenten und erweist sich sogleich »als Haupt- und Kraftzentrum dieses Abends«.

Hitlers Stellvertreter, Reichsminister Rudolf Heß, wohnt der »Giovanni«-Premiere bei und wird »vom Publikum stehend mit lauten Rufen und Händeklatschen begrüßt«, als er nach »langsamer Fahrt, nach allen Seiten grüßend«, im Festspielhaus eintrifft. (»B.Z. am Mittag«, 26. 7.)

26. Juli
Weitgehend unverändert in Ausstattung und Regie – der Theaterzettel nennt zwar Erich von Wymetal als neuen Spielleiter, den die Kritiken jedoch kaum erwähnen – wird »Der Rosenkavalier« übernommen. Karl Böhm beweist seine Fähigkeiten als Strauss-Dirigent: »Mit dem Stil Richard Strauss'scher Musik vertraut wie selten einer, musizierten er und die Wiener Philharmoniker die ewig jungen unverbrauchten Melodien dieser Meisteroper.« (»Völkischer Beobachter«, 27. 7.) Im Sängerensemble fehlt ein großer Name: Lotte Lehmann bleibt Salzburg fern. An ihrer Stelle singt nun Hilde Konetzni die Marschallin. Fritz Krenn behauptet sich weiterhin als Baron Ochs, Ester Réthy als Sophie. In der

letzten Vorstellung, am 22. 8., übernimmt Maria Cebotari diese Partie und macht sie »zum reinsten und ungetrübtesten Genuß«. (»Völkischer Beobachter«, 29. 8.). Auf Jarmila Novotna ist die Salzburg-Debütantin Marta Rohs als Octavian gefolgt, »ein schön singender, jugendlich feuriger Rosenkavalier, voll überschäumender Lebensfreude«. (»Neues Wiener Journal«, 28. 7.)

Presseempfang beim Landesstatthalter
26. Juli
Gauleiter Dr. Rainer empfängt im Park des Hotels Europe die in- und ausländischen Pressevertreter. Landesstatthalter Reitter berichtet über die Verhandlungen mit Goebbels wegen der Fortführung der Festspiele und über die neuen Ziele und Aufgaben: »Dem Reichspropagandaminister ist es zu verdanken, daß die Frage mit größter Aufgeschlossenheit gelöst wurde. Der Grundsatz für die Programmentwicklung ging dahin, das zu übernehmen, was für unseren Standpunkt gut war, und das auszuschalten, was für Deutschland unbrauchbar und artfremd war und sich seit je gegen Deutschland richtete. [...] Die Überschätzung des Reproduktiven und die Unterschätzung des Produktiven habe ferner dazu geführt, daß man von den Darstellern mehr sprach als von den Schöpfern der Werke. [...] Der Dienst am Werk aber ist wichtiger als die Herausstreichung des Künstlers. [...] Salzburg ist und soll noch mehr als bisher die deutsche Festspielstadt werden, weil es Festspiele seit Jahrhunderten hat und sich der Festspielgedanke in Salzburg sogar auf Richard Wagner gründet. Die Kunst der Welt soll in ihren besten Erscheinungsformen herausgestellt werden, weil Salzburg ein Schnittpunkt ist, in dem das Nationale zu aller Welt spricht. So verstanden, soll Salzburgs Kunst international bleiben. [...] Wir legen sehr großen Wert darauf, auch in Zukunft ausländische Gäste zu begrüßen, weil wir den Ehrgeiz haben, zu zeigen, daß

für die Ausländer sich in Salzburg höchstens etwas zum Guten geändert hat.« (»National-Zeitung«, Essen, 27. 7.)

Opernabende unter Hans Knappertsbusch
29. Juli
Richard Wagners »Tannhäuser«, noch 1937 von und für Toscanini auf das Repertoire der Festspiele gesetzt, kommt nun in völlig neue Hände: Hans Knappertsbusch (Dirigent), Max Hofmüller (Regisseur) und Robert Kautsky (Bühnenausstatter).
In den weiträumigen Dekorationen werden rosafarbene und bläuliche Nebel als Stimmungsmittel eingesetzt, die mit ihrer Farbsymbolik den Gegensatz zwischen Heiden- und Christentum unterstreichen sollen. Die Zusammenstellung der Kostüme erinnert an mittelalterliche Miniaturen. Die Regie wirkt opernhaft stilisiert und statuarisch, nur die

R. Wagner: »Tannhäuser« Festspielhaus. Dirigent: Hans Knappertsbusch. Maria Reining (Elisabeth)

W. A. Mozart: »Le Nozze di Figaro«, Festspielhaus. Dirigent: Hans Knappertsbusch, Regie: Guido Salvini, Bühnenbild: Alfred Roller. Marta Rohs (Cherubino) und Maria Cebotari (Gräfin)

Wartburgszene und der Venusberg sind bewegter. Dabei wird Hofmüller durch die Choreographie des Wiener Ballettmeisters Willy Fränzl unterstützt, der für den Venusberg eine dekorativ aufgebaute Pantomime entwirft.

Die Sänger haben Rang und Namen: Set Svanholm als Tannhäuser, Maria Reining als Elisabeth, Piroska Tutsek als Venus, Alexander Svéd als Wolfram. Den Walter von der Vogelweide singt Anton Dermota, den Landgrafen Herbert Alsen.

30. Juli

Einen Tag nach der einzigen Opernnovität der Saison dirigiert Knappertsbusch »Fidelio«. Als Don Pizarro debütiert Paul Schöffler in Salzburg, Hilde Konetzni hat als Leonore die Nachfolge von Lotte Lehmann angetreten.

1. August

Im wiederum italienisch gesungenen »Figaro« unter der Stabführung von Knappertsbusch übernimmt Maria Cebotari die Partie der Gräfin, Marta Rohs die des Cherubino.

Vittorio Gui für »Falstaff«

6. August

Auch auf »Falstaff« will die neue Führung nicht verzichten. Vittorio Gui, der sich damit in Salzburg als Operndirigent einführt, läßt gerade bei diesem Werk Toscanini besonders vermissen. Das Sängerensemble ist großteils gleich geblieben.

Neues aus dem Konzertsaal

7. August

Im dritten Orchesterkonzert der Wiener Philharmoniker im Mozarteum tritt erstmals in Salzburg Edwin Fischer als Pianist und Dirigent mit Werken von Haydn und Mozart in Erscheinung. Als musikalische Besonderheit führt er Mozarts Notturno D-Dur KV 286 für

Hans Knappertsbusch dirigiert die Wiener Philharmoniker im Festspielhaus, dessen Zuschauerraum noch nicht umgestaltet ist.

vier Orchester auf. »Durch eine geschickte Postierung dreier Orchester, die im jeweils rechten akustischen Verhältnis zum Stammorchester hinter den Türen und der Orgel des Konzertraumes Aufstellung gefunden hatten, kamen die reizvollen Echowirkungen des Werkes eindrucksvoll zu Gehör.« (»Neues Wiener Tagblatt«, 9. 8.)

9. August
In einem Kammerkonzert mit Werken von Schubert kann Elly Ney »in hervorragendem Maße ihre pianistische Kunst« beweisen.

15. August
Unter Vittorio Gui ist zum ersten Mal Claudio Arrau in Salzburg zu hören, der ein »ebenso eleganter wie feinfühliger Interpret des Soloparts« von César Francks Symphonischen Variationen für Klavier und Orchester ist.
Bei den Serenaden in der Residenz, die bisher die Domäne Bernhard Paumgartners waren, verzichtet man auf einen Dirigenten und

kommt der alten Gepflogenheit nach, die Musik vom ersten Geigenpult her zu leiten.
Die Domkonzerte sind nach wie vor in den Händen von Joseph Messner, mit Franz Sauer an der Orgel. Mozarts c-Moll-Messe in der Stiftskirche St. Peter wird von Meinhard von Zallinger in der Nachfolge Paumgartners geleitet.

Neuinszenierungen im Schauspiel
24. Juli
Nachdem fünf Sommer hindurch außer »Faust« und »Jedermann« kein weiteres Sprechstück auf dem Spielplan stand, gibt es nunmehr wieder eine Schauspielpremiere. Erich Engel, Regisseur am Deutschen Theater Berlin und auch als Filmregisseur bekannt, inszeniert im Festspielhaus Heinrich von Kleists »Amphitryon« in der Ausstattung von Stefan Hlawa.
Die Inszenierung hat den Charakter einer

Anstelle der »Faust-Stadt« von Clemens Holzmeister ist in der Felsenreitschule die »Egmont-Stadt« von Ernst Schütte entstanden.

Freilichtaufführung, als die sie anfänglich auch vorgesehen war. Dieses Stück sollte ursprünglich auf Anweisung von Berlin auf dem Domplatz gespielt werden – als eine Art »Ersatz-Jedermann« – wogegen Reitter jedoch treffende Argumente fand: »Dazu kommt, daß der Erzbischof uns die Bitte aussprach, von der Aufführung des Amphitryon vor dem Dom abzusehen, aus Gründen, die ich absolut billigen muß, weil es nicht nur dem Takt gegenüber religiösen Übungen widerspricht, einen liederlichen, heidnischen Gott der Kirchenfassade gegenüberzustellen, sondern auch, daß Alkmene und Zeus aus dem Dom, als ihrem ehelichen Brautgemach frisch vom Ehebruch herausschreiten, was nicht nur für einen Kirchenfürsten, sondern auch für Ungläubige recht peinlich ist.« (StA/Bürckel Archiv RStH III – 200 725/38) Nachdem auch der Stiftshof von St. Peter als Aufführungsort erwogen wurde, erhält die Produktion endlich

ihren Platz im Festspielhaus. Stefan Hlawa benützt das Prinzip der Simultanbühne und verwendet ein gestaffeltes System von Spielflächen. Dazu bringt er auch antike und barocke Elemente ein, womit er »fast vergessen ließ, daß man im Festspielhaus und nicht auf einem Salzburger Platz, im Mirabell-Garten oder in Helbrunn war.« (»Wiener Neueste Nachrichten«, 20. 7.). Von der einheimischen Presse wird das Stück auch als »Hohelied auf die Tugend der deutschen Frau« interpretiert. Das Ensemble setzt sich aus deutschen, für Salzburg neuen Schauspielern zusammen: Elisabeth Flickenschildt (Charis), Heidi Kuhlmann (Alkmene), Ferdinand Marian (Jupiter), Raimund Bucher (Amphitryon), Wilfried Seyfert (Sosias) u. a. Die eigens für diese Inszenierung komponierte Bühnenmusik stammt von Rudolf Wagner-Régeny.
28. Juli
»Das Schicksal des für die Freiheit seines Vol-

(Stadttheater unter Hilpert mit
Hans Moser)
voraussichtlich noch ein Raimund
(Stadttheater, Burgtheater unter Müthel)
Konzerte:
Stokowski, Sabata und Mengelberg.

(StA/Bürckel Archiv/RStH – III – 78 064/39)

Weiters wird Kerber mitgeteilt, »daß das Propaganda-Ministerium voraussichtlich der eigentliche und verantwortliche Veranstalter der Festspiele sei«.

31. Dezember
Landesstatthalter Reitter gibt eine Vorschau auf die Entwicklung von Salzburger Kultureinrichtungen im kommenden Jahr: »Die Festspiele 1939 werden voraussichtlich in der Zeit vom 30. Juli oder 1. August bis 7. September stattfinden und im wesentlichen von Mozart bestimmt sein. Auch italienische Aufführungen mit hervorragenden italienischen Gästen stehen auf dem Programm, das im

kommenden Jahr von einer besonderen, heiteren Note beherrscht sein wird. Vor allem im Schauspiel soll das Fröhliche, Erheiternde wieder mehr als bisher gepflegt werden. Die Besucher der Festspiele 1939 werden das klassische Lustspiel genießen können. Es ist auch ein österreichischer Dichter in Aussicht genommen.
Umbau des Stadttheaters – jetzt Landesbühne. Der etwas spätere Beginn der Festspiele hängt hauptsächlich auch damit zusammen, daß im kommenden Sommer nach langer Unterbrechung auch wieder das Stadttheater in die Festspiele einbezogen werden soll. Es wird aber bis dahin gründlich umgebaut und ausgestattet werden. Während an dem Zuschauerraum im wesentlichen nichts geändert wird, erhält die Bühne ein ganz neues Aussehen. Sie bekommt die modernste Ausstattung, einen vollkommen neuen technischen Apparat mit einer Drehbühne, die zugleich versenkbar ist, eine Hinterbühne und einen Rundhorizont.« (»Salzburger Volksblatt«, 31. 12.)

Projekt einer Verbauung des Kapuzinerbergs von Architekt Otto Strohmayr

1939

Dauer der Festspiele 1.–31. August

Planung aus dem Altreich

9. Januar
Reichsminister Goebbels hält sich für einen Tag in Salzburg auf, um Gespräche über die kommenden Festspiele und die Neugestaltung des Stadttheaters zu führen.
Januar
Gauleiter Rainer wird zu Hitler bestellt, um Salzburger Baupläne zu besprechen.
25. März
Durch »Erlaß des Führers und Reichskanzlers über Städtebauliche Maßnahmen in der Stadt Salzburg vom 25. März 1939« (LGBl. Nr. 430-432/1939) wird Gauleiter Rainer ermächtigt, die bauliche Gestaltung Salzburgs gemäß dem »Gesetz über die Neugestaltung deutscher Städte« vom 4. 10. 1937 durchzuführen.
Juli
Verschiedene Architekten erhalten den Auftrag, Pläne für Repräsentationsbauten in Salzburg auszuarbeiten – unter ihnen auch die Salzburger Architekten Otto Strohmayr und Otto Reitter, die sich mit einer gigantischen Bebauung des Kapuzinerberges bis hin zum Bürglstein befassen, wo ein neues Festspielhaus und ein Hotel entstehen sollen.

Der dritte Umbau des Festspielhauses

Ende Januar
Für den von Hitler und Goebbels im Herbst 1938 beschlossenen Umbau des Festspielhauses liegen die Pläne des Reichsbühnenbildners Benno von Arent vor. Auch ein Gipsmodell zeigt das neue Haus in allen Einzelheiten, das »in seiner Grundstimmung der beschwingten Freude, dem graziösen Humor und der geistreichen Heiterkeit der Spielplangestaltung entsprechen soll, wie sie Reichsminister Goebbels für die Salzburger Festspiele gekennzeichnet hat.« (»Neues Wiener Tagblatt«, 20. 5.)
31. März
In einem Schreiben an den Chef der Reichskanzlei, Reichsminister Hans-Heinrich Lammers, bittet der Staatssekretär im Reichsministerium für Volksaufklärung und Propaganda Berlin um den von Hitler zugesagten Baukostenzuschuß: »Mit dem Umbau des Salzburger Festspielhauses wird nunmehr umgehend begonnen werden. Ich bitte daher, die vom Führer und Reichskanzler hierfür zur Verfügung gestellten 350.000 RM alsbald an die Salzburger Kredit- und Wechselbank zu Gunsten Konto ›Festspielhaus-Umbau 1939‹ zu überweisen. Die treuhänderische Verwaltung der Mittel habe ich dem Gauleiter Dr. Rainer, Salzburg, übertragen.« (BA, R 43 II/1252/3)
Die Auszahlungsanordnung erfolgt am 5. 4.
Der Umbau, dessen Ausführung Arents Mitarbeiter, Dipl.-Ing. Fritz Bornemann sowie die Architekten Fritz Beyer, Berlin, und Franz Spindler, Salzburg, übernehmen, beginnt Anfang April.

Abtragung der Faistauer-Fresken durch Alberto Susat

März
Der aus Italien stammende und seit 1924 in Salzburg lebende Maler und Restaurator Alberto Susat erhält den Auftrag, bis Ende April die Faistauer-Fresken im Festspielhaus-Foyer – laut »Völkischem Beobachter« vom

Abnahme der Faistauer-Fresken durch Alberto Susat

1. 4. »wertvolle Arbeiten des Meisters« – ab-
zutragen und zu konservieren. Grund dafür
ist der Stilwandel des Festspielhauses: Das
»Düstere und Drückende« soll einem freudigen Barock und Rokoko weichen, im Foyer
sollen »die Hauptgestalten Mozarts in zarten
weißen Reliefs« angebracht werden. (Ernst
Hanisch: Nationalsozialistische Herrschaft in
der Provinz. Salzburg im Dritten Reich, S.
196)
Dazu Professor Veva Treuberg-Toncic:
»Ich war damals Lehrling bei dem bekannten
Salzburger Bildhauer Leo v. Moos, und für
mich als junge Künstlerin war das ein sehr
gravierendes Erlebnis. Damals hatte sich –
mehr still als öffentlich – ein Komitee gebildet. Auch Parteileute waren dabei, die zu ret-

ten versuchten, was zu retten war. Der Maler
Alberto Susat, der ein in Österreich noch
nicht erprobtes Verfahren zur Abnahme von
Fresken und ihrer Übertragung auf Leinwand
konnte, wurde in einem ganz beschränkten
Zeitmaß in voller Alleinverantwortung mit
dieser Abnahme betraut.
Es gelang ihm, in Tag- und Nachtarbeit einen
Großteil zu retten, was aber deshalb so
schwierig war, weil nicht alles Fresko, sondern viele Flächen auch übermalt waren und
sogar mit Pastell getönt. Da Susat zum Be-
kanntenkreis meiner Eltern gehörte, habe ich
dann beim Überbügeln auf Leinwand mitge-
holfen und kenne daher auch Details des Auf-
trags, wie z. B. daß er sich zwei Porträts nach
Wahl behalten konnte.
Die neuen ›Umgestalter‹ des Festspielhauses
störte weniger die malerische Form als der Inhalt der Fresken: die heilige Cäcilie und die
Verewigung Salzburger Persönlichkeiten, wie
LH Rehrl, Fürsterzbischof Rieder oder des
weithin bekannten Erzabtes Klotz von St. Peter und von Menschen aus Faistauers Freun-
deskreis. Diese vor allem aus Zeitmangel nur
teilweise Abnahme hat aber den übriggeblie-
benen Teil vor dem Abschlagen gerettet. Er
wurde stark übertüncht, und als man später
das Foyer restaurierte, kam z. B. die Jeder-
mann-Tischgesellschaft wieder zu Tage, allerdings mit ausgeschlagenen Augen.«
(»Salzburger Nachrichten«, 27. 4. 1988)
Die Arbeit muß bis Ende April beendet sein,
um den Gesamtumbau nicht zu verzögern.
Die einzelnen Teile werden schließlich an
verschiedenen Orten – in der Residenz, im
Museum, in den Depots des Festspielhauses
und in Lagerhäusern – untergebracht.

«Ein Programm festlichen Frohsinns»
8. April
Die Tageszeitungen verlautbaren das nunmehr endgültige Programm, das »im Zeichen
einer festlichen und kultivierten Heiterkeit«
steht, »in der neben der deutschen auch die
italienische, französische und englische Note

aufklingen wird«. (»Salzburger Volksblatt«, 8. 4.) Abweichend von der Vorschau im vorigen Dezember, ist die Festspieldauer nun für die Zeit von 1. 8. bis 8. 9. festgesetzt. Statt der »Zauberflöten«-Neueinstudierung von Gustaf Gründgens mit Herbert von Karajan als Dirigenten – beide brachten diese Oper am 18. 12. 1938 an der Berliner Staatsoper heraus – gibt es die Wiederholung von »Le Nozze di Figaro«. Auch »Don Giovanni« bleibt und wird nicht, wie angekündigt, in deutscher Sprache einstudiert. Salzburg wird nun neben Bayreuth, Heidelberg und München ein Teil des deutschen Festspielsommers 1939, wobei durch eine gezielte Staffelung der einzelnen Termine möglichst vielen Besuchern die Teilnahme an den Veranstaltungen aller Festspielorte erleichtert werden soll. In diesem großdeutschen Theatersommer hat jedes Festspiel eine bestimmte »Sendung« zu erfüllen, die Aufgabe für Salzburg lautet: »Mozart«, »heitere Lebensfreude«, »geistreiche Grazie und freudige Beschwingtheit«.

»Ostmarkgesetz« – Das Land Salzburg wird Reichsgau Salzburg

14. April

Hitler erläßt das »Ostmarkgesetz« über die Neuordnung der Verwaltung in Österreich. Dadurch wird das Land Salzburg zum Reichsgau. Dieser ist ein staatlicher Verwaltungsbezirk, eine Selbstverwaltungskörperschaft und gleichzeitig Parteigau und steht in unmittelbarer Verwaltungsbeziehung zur Reichszentrale.

»Alle drei Funktionen kulminierten an der Spitze: – in der Person des Reichsstatthalters und Gauleiters, der über alle drei Bereiche die Befehlsgewalt innehatte. Lediglich in seiner Stellvertretung wurden die drei Befehlsebenen auseinandergelegt. Bei der staatlichen Verwaltung wurde der Reichsstatthalter durch den Regierungspräsidenten, in der Selbstverwaltung durch den Gauhauptmann, in Parteiangelegenheiten wurde der Gauleiter durch den Stv. Gauleiter vertreten. Alle Reichsson-

derverwaltungen auf der Stufe des Reichsgaues – mit Ausnahme der Reichsjustiz-, der Reichsfinanz-, der Reichsbahn- und Reichspostverwaltung – unterstanden dem Reichsstatthalter.« (Ernst Hanisch: Nationalsozialistische Herrschaft in der Provinz. Salzburg im Dritten Reich, S. 175)

Dr. Friedrich Rainer bleibt Gauleiter und wird Reichsstatthalter (bis 1941), Dr. Albert Reitter wird Regierungspräsident (ab September 1939) und Gauhauptmann (1940 bis 1944).

Stadttheaterumbau

April

Der Um- und Erweiterungsbau des Stadttheaters nach Plänen von Paul Geppert jun. und Josef Holzinger beginnt ebenfalls im April. Reich, Gau und Stadt bringen dafür über eine Million Reichsmark auf. Mit ausschlaggebend für diese großzügige Umgestaltung ist die polizeilich geforderte Straßenerweiterung. Da das dem Theater gegenüberliegende »Haus Jetzelsberger«, das Geburtshaus von Christian Doppler, unter Denkmalschutz steht, muß die Auffahrtsrampe des Theaters weichen. In der Folge wird das Fußbodenniveau im Theaterfoyer gesenkt und die Decke tiefer gerückt, was die Schaffung eines Repräsentationsraums über der Eingangshalle ermöglicht. Eine vorgebaute schmale Terrasse auf marmorverkleideten Doppelsäulen überdeckt die drei Eingänge und zwei seitliche Türen. Die überladenen Stuckverzierungen des aus den Jahren 1892/93 stammenden Helmer- und Fellner-Baues verschwinden. Das Haus erhält ein strengeres, klassizistisches Aussehen. Der Zuschauerraum bleibt weitgehend unverändert, erhält eine neue hellrote Wandbespannung sowie Logenvorhänge, geräuschlose Klappsitze und einen Velourteppich in gleicher Farbe. Aus den Mittellogen entsteht die große Führerloge. Der Orchesterraum wird um eine Sitzreihe erweitert, dafür das Stehparterre aufgelassen, wodurch sich die Platzanzahl vergrößert. Das Deckengemälde, der Mozart-Vorhang und die Goldverzierung der Wände werden fachgemäß restauriert.

Der Theaterumbau sieht »eine bedeutende Vergrößerung des Bühnenraumes vor. Sie geht auf Kosten der Hannibalgasse, die verbaut werden muß. So nur kann die Bühne von neun auf sechzehn Meter Spieltiefe erweitert und eine Hinterbühne von weiteren neun Metern Tiefe (diese an Stelle der heutigen Gasse) geschaffen werden, so daß eine spielbare Bühnentiefe von zusammen fünfundzwanzig Metern entsteht. In dem neu dazugebauten Teil werden an der Schwarzstraße die Garderoben, und darüber ein Probesaal, die Chorgarderoben und andere Nebenräume untergebracht.

Die größte Neuerung im Bühnenraum ist die künftige Drehbühne, die einen Durchmesser von dreizehneinhalb Metern erhält und in zwei getrennten Hälften erbaut wird, von denen jede für sich versenkbar und außerdem einen Meter über den Bühnenboden zu heben ist. Ferner bekommt eine dieser beiden Hälften noch eine eigene, sechs Meter lange und einen Meter breite Versenkung. Hinter die Drehbühne kommt selbstverständlich ein Bühnenhimmel (Rundhorizont) und über die Bühne ein neuer großer Schnürboden.« (»Salzburger Volksblatt«, 20. 5.)

Juli

Nach viermonatiger Bauzeit ist das Stadttheater für Festspielproben zur Verfügung. Als Motto steht über dem Eingang:
»Wir bauten ein Haus,
Der Kunst ist's geweiht –
Nun künd' es die neue,
Die glückliche Zeit!
Heil dem Führer!«

Verstaatlichung des Mozarteums

8. Juni

Das Konservatorium Mozarteum wird zur »Hochschule für Musik« erhoben. Das Institut gliedert sich nun in drei Abteilungen: die Musikschule für Jugend und Volk, die Fachschule für Musik und die Hochschule für Musik. Die Leitung übernimmt nach der interi-

mistischen Führung durch den Domorganisten Franz Sauer – seit der Entlassung von Bernhard Paumgartner – Clemens Krauss. Sein Stellvertreter wird der Dirigent Dr. Willem van Hoogstraten, der das Mozarteum-Orchester als Berufsorchester gründet und mit diesem auch in die Festspielveranstaltungen einbezogen wird.

13. Juni

In Anwesenheit des preußischen Kultusministers und Reichsministers für Wissenschaft, Erziehung und Volksbildung Bernhard Rust, von Gauleiter Rainer, Landesstatthalter Reitter und hohen Vertretern der Partei findet im Großen Saal des Mozarteums der feierliche Eröffnungsakt der Hochschule statt. Clemens Krauss sagt in seiner Ansprache: »Ich übernehme in diesem feierlichen Moment die künstlerische Oberleitung der Musikhochschule. Ich gelobe an dieser Stelle, das mir anvertraute Gut als eine hohe Schule der Kunst zu führen mit all der Ehrfurcht, die uns Künstler in dieser Stadt befällt, wo Mozart als Schüler gelernt, mit tiefer Demut vor dem Genius Mozart und vor dem vorwärts stürmenden und erhabenen Meister und Künstler Adolf Hitler.« (»Salzburger Landeszeitung«, 14. 6.)

Werbefilm: »Salzburg, die Mozartstadt«

27. Juni

Ein im Auftrag des Propagandaministeriums von der UFA bei den Festspielen im Vorjahr gedrehter Werbefilm »Salzburg, die Mozartstadt«, wird im Lifka-Kino geladenen Gästen vorgeführt.

Reglementierte Ausschmückung Salzburgs

Ende Juli

Nach einem festgelegten Plan der Kreispropagandaleitung und nach Skizzen von Architekt Hermann Haindl präsentiert sich Salzburg in diesem Sommer in einem genau reglementierten, festlichen Schmuck. Jede Eigeninitiative hat zu unterbleiben, Salzburg muß ein einheitliches Bild bieten: »Der schönste Platz

Salzburgs, der Residenzplatz, wird mit roten Tüchern und goldenem Lorbeer geschmückt, der Alte Markt in Gold und Grün erstrahlen; in den engen Gassen der Altstadt, wie Getreidegasse, Judengasse usw. werden heuer statt der langen Fahnen weißrote Wimpeln flattern. Auch die Brücken erhalten Wimpelschmuck in Rot und Gold, und goldene Lorbeergirlanden werden sich von Mast zu Mast schwingen, während die bisher dort verwendeten roten Hakenkreuzfahnen heuer wegbleiben.« (»Salzburger Volksblatt«, 29. 7.) Alle übrigen Häuser sind mit einer sauberen, der Höhe des Hauses entsprechenden Hakenkreuzfahne zu beflaggen. Die Festung, das Festspielhaus, alle historischen Gebäude und Brunnen erstrahlen im Scheinwerferlicht. Die Kreispropaganda unterhält eine eigene Beratungsstelle für »Volksgenossen, die hinsichtlich der Ausschmückung ihres Hauses im unklaren sind.« (»Salzburger Volksblatt«, 27. 7.)

Benno von Arent führt durch das Festspielhaus

22. Juli
Nach knapp drei Monaten ist der Zuschauerraum des Festspielhauses termingemäß pünktlich fertig, so daß der Probenbetrieb beginnen kann. Die Vollendung der anderen Räumlichkeiten erfolgt in den nächsten Tagen.
Benno von Arent führt Vertreter der heimischen und der auswärtigen Presse durch das fast fertige Haus. »Das straffe Eisengitter am Eingang, das wie ein Tor eines Gefangenenhauses wirkte, wurde durch eine prachtvolle solide heimische Schmiedearbeit ersetzt«, schreibt Wolfgang Schneditz. (»Salzburger Landeszeitung«, 24. 7.) Im Foyer sind die Faistauer-Fresken entfernt, der lichte Raum wird von einem riesigen Glasluster beherrscht; an den Wänden der in Weiß und Mattgelb gehaltenen Gänge Stiche aus Joseph Gregors Sammlung »Denkmäler des Theaters«. Der Zuschauerraum ist »durch Beleuchtungskörper in einer Stärke von 60.000 Watt illuminiert. Von einer Deckenrosette fällt indirektes Licht. Die Holzkonstruk-

tion ›mit ihrer gewollten Primitivität‹ mußte einer verzierten Wand-, Galerie- und Deckenverkleidung aus Gips Platz machen – Stuck an den Wänden, Stuck an der Proszeniumsumrahmung, Stuck an der Orgelverkleidung, Stuck an der Decke. [...] Die dunklen Holzstühle waren durch gepolsterte Stühle in den Farben Weiß, Gelb und Erdbeerrot ersetzt. Über der ›Führerloge‹ befand sich das Hoheitszeichen mit dem Hakenkreuz. [...] Der Empfangsraum vor der ›Führerloge‹ galt als ›besonderes Schmuckstück‹ (vergoldete Gitter, Stilmöbel, Glasluster, barocke Wandarme in Gold). In seiner heiteren Anmut sei er geradezu die Inkarnation Mozartschen Geistes gewesen.« (Gert Kerschbaumer: Faszination Drittes Reich, S. 119) »Waggonladungen von Stuck« verwandelten »das Gebäude in ein Vorstadtkino. So war jeder Anklang an österreichische Bautradition verwischt, mit ihm verschwand aber auch die gute Akustik und Würde des Hauses«, heißt es bei Clemens Holzmeister. (Architekt in der Zeitenwende, Selbstbiographie, Werkverzeichnis, S. 96 f)

1. August
Am Eröffnungstag erscheint eine mehrseitige, illustrierte Broschüre mit dem Titel »Festspielhaus Salzburg. Umbau 1939« und der Danksagung:

DER FÖRDERNDEN HAND DES FÜHRERS UND DER UNTERSTÜTZUNG DURCH DEN HERRN REICHSMINISTER DR. GOEBBELS IST DIESER UMBAU ZU DANKEN

Aus der Broschüre »Festspielhaus Salzburg. Umbau 1939«

Wieder »Gäste aus aller Welt«

Ende Juli
Das »Salzburger Volksblatt« vom 29. 7. kündigt die Ankunft einer Gruppe von 100 Engländern an, die der Organisation »The Link« angehören und die Festspiele besuchen wollen. Aufgabe von »The Link« ist es, »in Eng-

Der Zuschauerraum des Festspielhauses nach dem Umbau durch Benno von Arent, der die Holzverkleidungen durch Gipsstuck ersetzte.

Gerade in einer Zeit
wirtschaftlicher Nöte und
Sorgen ist es wichtig,
allen Menschen klar zu machen,
daß eine Nation auch noch
höhere Aufgaben besitzt,
als im gegenseitigen
wirtschaftlichen Egoismus
aufzugehen. Die Kultur,
Denkmäler der Menschen
waren noch immer die
Altäre der Besinnung
auf ihr Wesen und ihre
Würde //.

ADOLf HITLER

Aus dem Programmheft der Salzburger Festspiele 1939

Michael Bohnen (Kaspar) in Webers »Der Freischütz«, Festspielhaus. Dirigent: Hans Knappertsbusch, Regie: Heinrich K. Strohm, Ausstattung: Benno von Arent

Festspielauftakt mit Goebbels

1. August

In Anwesenheit von Goebbels, der sich für eine Woche zur Sommerfrische in der Umgebung von Salzburg aufhält, wird mit »Rosenkavalier« der »deutsche Festspielsommer 1939« eröffnet. Gast, neben anderer Parteiprominenz, ist der italienische Außenminister Dino Alfieri. Karl Böhm dirigiert, Inszenierung und Besetzung gleichen weitestgehend der Aufführung des Vorjahrs.

3. August

Ebenfalls im Beisein von Goebbels geht die erste Opernnovität dieser Saison in Szene. Mit dem »Freischütz« findet nach »Euryanthe« und »Oberon« eine weitere Oper von Carl Maria von Weber Eingang in das Festspielrepertoire. Dirigent dieser »deutschen Nationaloper« ist Hans Knappertsbusch, dessen »breite und besinnliche« Tempi den Stimmen zustatten kommen. Tiana Lemnitz von der Berliner Staatsoper tritt zum ersten Mal in Salzburg auf und singt die Agathe mit erlesener Gesangskultur. Franz Völker als Max und Michael Bohnen als Kaspar sind ihr ebenbürtige Partner. Sonderapplaus gibt es für die Wolfsschlucht; auch sonst findet die realistische Ausstattung von Benno von Arent nur Lob. Heinrich K. Strohm, von der Hamburger Staatsoper, ist der Regisseur dieses »handfesten und herzhaften Theaters«, dessen Handlung er mit Volkstänzen und Anleihen aus dem Brauchtum umrahmt.

Zwei Empfänge stehen am Beginn der Festspiele. Goebbels begrüßt im Park von Schloß Kleßheim die Festspielkünstler, Oberbürgermeister Anton Giger lädt die Vertreter der in- und ausländischen Presse nach Hellbrunn.

Wieder Shakespeare und Molière im Schauspiel

Im Schauspielangebot scheinen statt der vier angekündigten »heiteren Stücke«, bei denen auch ein Goldoni und ein österreichischer Dichter in Aussicht genommen waren, nur zwei Produktionen auf.

land das Verständnis für deutsche Kultur und deutsche Art zu verbreiten«. Weiters berichtet die Zeitung: »In einer Welt, in der Hysterie und Angst täglich neue Triumphe feiern, in der ganze Kontinente vor Marsgespenstern zittern, und in der in vielen Ländern der Nachbar dem Nachbarn nicht mehr traut, feiert Deutschland Feste des Geistes und der Kultur. In diesen Tagen und Wochen strömen tausende Menschen nach Bayreuth, München und Salzburg. Aus aller Herren Ländern kommen sie, vor allem aus Holland, Belgien, Schweden und Dänemark, aus Norwegen, und auch aus England.«

Hitler und seine Begleitung bei der zweiten Vorstellung von »Die Entführung aus dem Serail« im Stadttheater

chern, wie nur einer von ihnen. [...] Obgleich der Führer für ganz Salzburg überraschend gekommen war, hatte sich die Kunde von seiner Anwesenheit eiligst verbreitet. Immer größer wurde die Menge vor dem Festspielhause, während sich die Aufführung des ›Don Giovanni‹ ihrem Ende näherte; die Leute holten sich Klappsessel und andere Sitzgelegenheiten herbei, denn alle wollten warten, um den Führer zu sehen, wenn er wieder aus dem Hause käme.« (»Salzburger Volksblatt«, 10. 8.)

Clemens Krauss – nach seinem Abgang von Wien im Dezember 1934 und seiner zweijährigen Direktionstätigkeit an der Berliner Staatsoper seit 1936 Generalintendant in München – ist nach vierjähriger Pause wieder zu den Festspielen zurückgekehrt und dirigiert diesen »Don Giovanni«, außerdem begleitet er auch höchstpersönlich die Secco-Rezitative vom Cembalo aus. – 1945 sieht Krauss diese Vorstellung folgendermaßen:

»Im Jahre 1939 bewog mich die Festspielleitung, eine alte, recht verschlampte Vorstellung von ›Don Giovanni‹ zu dirigieren. Ich gab auf Bitten von Kerber meine Zusage, was ich später bereute. Die Vorstellung war schlecht, da nur geringe Probemöglichkeiten waren und die Besetzung trotz guter Sänger nicht einheitliches Niveau, geschweige denn Festspielniveau hatte.« (Der Prinzipal. Hrsg. Clemens-Kraus-Archiv Wien, S. 254)

14. August

Hitler kommt während der Festspielzeit noch einmal überraschend nach Salzburg. Diesmal besucht er die zweite Vorstellung der »Entführung« im Stadttheater und läßt sich das umgebaute Haus zeigen. »Hitler präsentierte sich in seiner Lieblingsrolle: als Kunstkenner, der die Farbzusammensetzung im Stadttheater zu wenig abgetönt fand, ein Fehler, der sofort behoben wurde.« (Ernst Hanisch, Nationalsozialistische Herrschaft in der Provinz, Salzburg im Dritten Reich, S. 196)

G. Rossini: »Il Barbiere di Siviglia«, Festspielhaus. Dirigent: Tullio Serafin. Mariano Stabile (Figaro)

Ezio Pinza (Basilio)

Deutscher Festspielsommer mit Opern in italienischer Sprache

16. August

Auf die Wiederaufnahme von »Falstaff« folgt als weitere Reverenz vor Italien Rossinis »Il Barbiere di Siviglia«. Die Aufführung unter dem Dirigenten Tullio Serafin kommt fast einem italienischen Ensemblegastspiel nahe, da außer den Philharmonikern und dem Staatsopernchor nur italienische Künstler dabei beschäftigt sind. Die Dekorationen von Guido Salvini und A. Calvo wurden bereits in Paris verwendet und »erzählten, halb malerisch, halb raumbildnerisch witzig von Sevilla, stumme Diener einer stark pulsierenden Aufführung.« (»Salzburger Volksblatt«, 17. 8.) Salvinis Regie ist voll parodistischer komischer Einfälle, die noch durch die komödian-

tischen Sängerdarsteller übertroffen wird. »Urkomisch der mit kleinen, affektierten Schritten über die Bühne tänzelnde dicke und cholerische Doktor Bartolo Salvatore Baccalonis, elegant witzig und von überschäumendem Temperament der virtuose Mariano Stabile als Figaro.

Eine besondere Überraschung erlebten die Festspielbesucher, als sie ihren Liebling Ezio Pinza, den strahlenden Don Giovanni, als grandios verschnörkelten Basilio sahen. Dieser tückische, erbärmliche, jesuitische [...] Musiklehrer war ein Höhepunkt grotesker Kunst.« (»Wiener Mittag«, 17. 8.) In den weiteren Rollen Margherita Carosio (Rosina), Luigi Fort (Graf Almaviva) und andere.

»Don Giovanni« und »Le Nozze di Figaro« werden in italienischer Sprache beibehalten.

Clemens Krauss gibt Autogramme

**Im Konzertprogramm: Uraufführung –
Trompeterchor als Gast – Absagen**
13. August
Clemens Krauss nimmt mit seinem Johann
und Josef Strauß gewidmeten Konzert eine
alte Tradition wieder auf.
20. August
Karl Böhm dirigiert Brahms und Beethoven –
als Solist wirkt der Pianist Walter Gieseking
mit, der erstmals in Salzburg auftritt. Den Auftakt bildet die Uraufführung der »Salzburger
Hof- und Barockmusik« des Wiener Komponisten Wilhelm Jerger – seit 1938 Vorstand der
Wiener Philharmoniker –, der im Schlußsatz
auch den »Salzburger Stier« mit seinem
Hornwerkchoral anklingen läßt.
Das fünfte Orchesterkonzert, das Strauss am
27. 8. dirigieren sollte, wird wegen Erkran-

kung des Komponisten abgesagt. Auch das
für 30. 8. geplante Konzert unter Mengelberg
fällt der Absage des Dirigenten zum Opfer.
22. August
Der Trompeterchor der Stadt Wien gastiert in
der Felsenreitschule und läßt unter anderem auch weniger qualifizierte Komponisten
zu Festspielehren kommen. So den Solokor-
repetitor der Wiener Staatsoper, Karl Pilß,
dessen Fanfare zu seinem »Heldischen Hym-
nus« bei einem von den Nationalsozialisten
veranstalteten Musikwettbewerb anläßlich
der Olympischen Spiele in Berlin eingereicht
war, »aber nicht einmal für einen Trostpreis
würdig befunden wurde«. (Gert Kerschbaumer: Faszination Drittes Reich, S. 131) Von
Carl Fürich kommt der »Bergpsalm op. 131«
zur Uraufführung.

Kammermusikabend im Marmorsaal von Schloß Leopoldskron, veranstaltet von Dr. Wilhelm Frick (3. v. l.) zu Ehren des kgl.-ungarischen Außenministers Graf Csaky (2. v. l)

Münchner Presseempfang –
Leopoldskron erfüllt seine Aufgabe
15. August
Die Münchner Presse ist zu einem Salzburg-Besuch eingeladen, bei dem Gauleiter Rainer über »die Entwicklung der Salzburger Fest-spiele und die Neugestaltung der Gauhaupt-stadt spricht«.
17. August
Reichsminister Dr. Wilhelm Frick, der mit seiner Frau seit 14. 8. in Schloß Leopolds-kron zu Gast ist und Festspielvorstellungen besucht, lädt zu Ehren des kgl.-ungarischen Außenministers Graf Csaky zu einem Kam-mermusikabend in die ehemalige Reinhardt-Residenz. Parteigrößen und Prominente aus Wirtschaft und Kultur sind von dem pracht-vollen Rahmen begeistert.

Salzburger Wissenschaftswochen
23. August
Eröffnung der ersten »Salzburger Wissen-schaftswochen«, die auch für die kommenden Jahre zur Festspielzeit vorgesehen sind. Trä-ger dieser Veranstaltung, die namhafte deut-sche Wissenschaftler zusammenführt, sind das Reichsministerium für Wissenschaft, Er-ziehung und Volksbildung sowie die For-schungs- und Lehrgemeinschaft »Das Ahnenerbe«. Die bis 2. 9. geplante Veranstal-tung muß bei Kriegsbeginn vorzeitig abgebro-chen werden.

Spielplanänderung und kriegsbedingter Abbruch der Festspiele
16. August
»Auf den ausdrücklichen Wunsch des Füh-

Elly Ney und Karl Böhm unter den Gästen des Kammermusikabends in Schloß Leopoldskron

rers werden auch heuer bei der Festaufführung der ›Meistersinger‹ im Rahmen des Nürnberger Parteitages am 3. September die Wiener Philharmoniker spielen. Dieses Gastspiel hat einige Veränderungen im Spielplan der Salzburger Festspiele zur Folge. So wird das Requiem von Verdi nicht am 3., sondern am Vormittag des 1. September zur Aufführung gelangen. Am Abend des gleichen Tages, an Stelle von Shakespeares ›Viel Lärm um nichts‹ wird ›Falstaff‹ gegeben. Dafür finden am 2. und 3. September Aufführungen von ›Viel Lärm um nichts‹ statt. Der ›Rosenkavalier‹ am 3. entfällt daher.« (»Völkischer Beobachter«, 16. 8.)

30. August
Das Festspielpressebüro gibt bekannt, daß »infolge der Absage des Reichsparteitages die Wiener Philharmoniker sowie der Chor der Wiener Staatsoper in Salzburg bleiben« und das Programm deshalb nochmals geringfügig geändert wird: »Falstaff«am 1. 9. und »Viel Lärm um nichts« am 2. 9. bleiben, am 3. 9. kommen, wie ursprünglich geplant, am Vormittag das Verdi-Requiem und abends »Der Rosenkavalier« zur Aufführung. (Vgl. ASF/ Presseaussendung vom 30. 8.)

1. September
Beginn des Einmarsches deutscher Truppen in Polen. Ausbruch des Zweiten Weltkriegs.

1. September

> # Lichtspieltheater bleiben geöffnet!
>
> **Salzburg, 1. September.** Wie uns mitgeteilt wird, bleibt der Betrieb der Salzburger Lichtspieltheater unbeschränkt aufrecht.
>
> Die **Salzburger Festspiele** wurden aus technischen Gründen **abgesagt.**

Absage der Salzburger Festspiele (»Salzburger Volksblatt«, Sonderausgabe, 1. 9. 1939)

2. September

Salzburger Festspiele beendet.

Salzburg, 2. September. Wie schon in unserer gestrigen Sonderausgabe bekanntgegeben wurde, mußten die Salzburger Festspiele **abgesagt** werden. Der Betrieb der Salzburger **Lichtspieltheater** jedoch bleibt unbeschränkt aufrecht.

Abflaggen!

Die Kreispropagandaleitung Salzburg gibt bekannt, daß nunmehr die **Fahnen** und der übrige Schmuck, der an den Häusern Salzburgs während der Dauer der Festspiele angebracht war, umgehend **entfernt** werden soll.

Neuerliche Absage der Salzburger Festspiele und Anordnung zur Abflaggung (»Salzburger Volksblatt«, 2. 9. 1939)

Der Abbruch der Festspiele, wodurch insgesamt zwölf Vorstellungen entfallen, steht im Widerspruch zu einem Rundschreiben von Goebbels vom 1. 9. an alle Gauleiter und Reichsstatthalter, worin verfügt wird: »Die Spielplan- und Programmgestaltung der deutschen Bühnen, Varietées, Kabaretts und Kleinkunstbühnen kann wie vorgesehen durchgeführt werden und zwar für den ganzen Spielplan.« (Zentrales Staatsarchiv Potsdam/50.01 Promi – 258)

Parole für 1940
30. Dezember

Wie schon 1938, ergreift Gauleiter Rainer auch 1939 zum Jahresende noch einmal das Wort. Von »Pflichterfüllung« und »größter Verantwortung« ist die Rede, »Vertrauen in die Staatsführung und Einsicht in die Notwendigkeit unseres Schicksalskampfes«. – Für Theater und Feste ist kein Platz mehr. (Vgl. »Salzburger Landeszeitung«, 30. 12.)

1940

»Salzburger Kultursommer«: Juli/August

Wiener Staatsoper verlangt von der SFG Ersatz für Einnahmenausfall

Januar
Einer Aktennotiz des Finanzministeriums zufolge verlangt die Wiener Staatsoper von der SFG den »Ersatz für den Einnahmenausfall von 1. bis 6. Sept. 1939«, der mit 6672 Reichsmark berechnet ist. Das Reichsministerium für Volksaufklärung und Propaganda lehnt die Forderung ab und das Finanzministerium vermerkt, »der Einnahmenentgang könne von Salzburg nicht gefordert werden, da der Spielplan der diesjährigen [1939] Salzburger Festspiele, die programmgemäß bis zum 8. Sept. stattfinden sollten, szt. unter voller Kenntnis des Direktors der Wr. Staatsoper aufgestellt worden sei. [...] Da es die Direktion der Staatsoper versäumt hat, bei der Aufstellung des Spielplanes für die Salzburger Festspiele von der Festspielhausgemeinde eine Entschädigung für den verspäteten Spielbeginn der Staatsoper zu vereinbaren, erscheint der ablehnende Standpunkt des RMin. f. V. u. Pr. gerechtfertigt. Es bleibt daher nichts übrig, als denselben z. K. zu nehmen, zumal die Salzburger Festspiele 1939 tatsächlich schon am 31. August beendet waren und es [...] ohneweiteres möglich gewesen wäre die St. Oper schon mit 1. Sept. 1939 zu eröffnen.« (StA/BMF – 1577-2/40)

Darlehen des Festspielhausumbaues zurückgezahlt

4. März
Der Reichsminister der Finanzen in Berlin beauftragt das Ministerium für Finanzen in Wien schriftlich, die finanzielle Angelegen-

heit des Festspielhausumbaues aus den Jahren 1937 und 1938 endgültig zu bereinigen, und »das restlich aushaftende Darlehen in voller Höhe samt Zinsen noch im Rechnungsjahr 1939 als außerplanmäßige Ausgabe zurückzuzahlen.« (StA/BMF – 4427/40)
Der Rest des Darlehens bei der Ostmark Versicherungs-AG, ehemals Versicherungsanstalt der österreichischen Bundesländer, beträgt zu dem Zeitpunkt noch 537.645,45 Reichsmark zuzüglich fünfeinviertel Prozent Zinsen ab 1. 1. 1940.

Stadttheater wird Landestheater

24. April
Das Stadttheater wird in Landestheater umbenannt.

»Salzburger Kultursommer« anstelle der Salzburger Festspiele

Kriegsbedingt können 1940 keine Festspiele abgehalten werden. Trotzdem finden verschiedene kulturelle Veranstaltungen statt. Die wichtigsten sind: der »Konzertzyklus der Wiener Philharmoniker« vom 13. bis 27. 7., die »Salzburger Dichtertage« vom 28. 7. bis 4. 8. und die Aufführungsreihe »Mozart-Musik in Salzburg« vom 2. bis 25. 8.

»Konzertzyklus der Wiener Philharmoniker«

27. Juni
Der »Völkische Beobachter« meldet: »Die Leitung des Wiener Philharmonischen Orchesters hat sich entschlossen, in der Zeit vom 13. bis 27. 7. 1940 in Salzburg einen Konzertzyklus zu veranstalten.« Im »Neuen Wiener Tagblatt« vom 27. 6. heißt es dazu: »Die Beweggründe, welche die Wiener Philharmoni-

SALZBURGER KONZERT-ZYKLUS 1940

der

Wiener Philharmoniker

Samstag, den 13. Juli 1940, im Festspielhaus, um 20 Uhr

KNAPPERTSBUSCH

L. v. Beethoven: Leonore 3 / A. Bruckner: Symphonie Nr. 7

Mittwoch, den 17. Juli 1940, im Mozarteum, um 20 Uhr

DR. BÖHM

W. Jerger: Salzburger Hof- u. Barockmusik / W. A. Mozart: Violinkonzert A-dur, Solist: W. SCHNEIDERHAN
P. J. Tschaikowsky: Symphonie Nr. 4

Freitag, den 19. Juli 1940, im Hof der erzb. Residenz, um 20·30 Uhr

Serenade der Bläservereinigung der Wiener Philharmoniker

L. v. Beethoven: Rondino / G. Rossini: Quartett für Flöte, Klarinette, Fagott und Horn
R. Strauß: Serenade op. 7 für 13 Bläser / W. A. Mozart: Serenade für 13 Bläser (K. V. 361)

Samstag, den 20. Juli 1940, im Festspielhaus, um 20 Uhr

FRANZ LEHAR dirigiert eigene Werke

Mitwirkend: E. RETHY (Sopran), Staatsoper Wien / M. WITTRISCH (Tenor), Staatsoper Berlin

Dienstag, den 23. Juli 1940, im Mozarteum, um 20 Uhr

KNAPPERTSBUSCH

O. Respighi: Antiche Danse / R. Schumann: Klavierkonzert. Solist: E. v. SAUER
L. v. Beethoven: Symphonie Nr. 7

Donnerstag, den 25. Juli 1940, im Mozarteum, um 20 Uhr

KNAPPERTSBUSCH

Wiener Musik

Freitag, den 26. Juli 1940, im Hof der erzb. Residenz, um 20·30 Uhr

Serenade Schneiderhan-Quartett und
Bläservereinigung der Wiener Philharmoniker

L. v. Beethoven: Septett / Fr. Schubert: Oktett

Samstag, den 27. Juli 1940, im Festspielhaus, um 20 Uhr

KNAPPERTSBUSCH

R. Wagner: Eine Faust-Ouverture / Siegfried Idyll / 3 Wesendonck Lieder (Träume — Schmerzen — Treibhaus)
Tristan Vorspiel und Liebestod / Siegfrieds Rheinfahrt / Tannhäuser-Ouverture
Solistin: G. RUNGER, Staatsoper Berlin

EINTRITTSPREISE:
Festspielhaus und Mozarteum RM 10.— bis RM 2.— / Serenaden: Sitzplätze RM 2.—, Stehplätze RM 1.—

KARTENVERKAUF: **VORAUSBESTELLUNGEN:**
bei der Bayernbank, Salzburg, Makartplatz ab 4. Juli   Kartenbüro der Salzburger Festspiele

DRUCK: FRANZ KARNER, WIEN IV.

Programmankündigung für den »Salzburger Konzert-Zyklus der Wiener Philharmoniker«

ker veranlaßt haben, in diesem Sommer in
Salzburg mit einem Konzertzyklus zu erscheinen, sind durchaus idealistischer Natur. Es ist
vor allem [...] der Gedanke an Traditionsver-
bundenheit, der bestimmend wirkte. Das
weltberühmte Orchester feierte ja bereits
zwanzig Jahre hindurch allsommerlich in der
Festspielstadt an der Salzach seine Triumphe,
von dort ging stets die Kunde in alle Welt von
der Herrlichkeit des Wiener Meisterorches-
ters; anderseits aber sind die Philharmoniker
auch zu einem der stärksten Magneten der
sommerlichen Stadt geworden.«

2. Juli
Im Festspielhaus wird ein Philharmonisches
Büro eingerichtet. In den Zeitungen erscheint
das detaillierte Programm.

11. Juli
90 Orchestermitglieder treffen in Salzburg
ein. »Vielfach sind die Musiker von ihren
Frauen begleitet und haben sich jene Quar-
tiere bestellt, die sie in früheren Jahren in der
näheren Umgebung der Stadt inne hatten.
[...] Die Wiener Philharmoniker beginnen
ihre Probentätigkeit am Freitag, dem 12.
Juli.« (»Salzburger Volksblatt«, 10. 7.)

12. Juli
Im Festspielhaus wird eine kleine Ausstellung
aus den Beständen des Archivs der Wiener
Philharmoniker eröffnet. Zu den wertvollen
Objekten zählen Briefe von Bruckner, Brahms
und Strauss an die Philharmoniker und die
Geigenzettel so berühmter Instrumenten-
bauer wie Stradivari, Amati und anderer.

13. Juli
In Anwesenheit von Regierungspräsident
Reitter, Vertretern der Stadt, der Partei und
Wehrmachtsangehörigen beginnt Hans
Knappertsbusch im Festspielhaus den Kon-
zertzyklus mit Beethoven und Bruckner.

17. Juli
Am zweiten Abend dirigiert Karl Böhm im
Großen Saal des Mozarteums Jerger, Mozart
und Tschaikowsky. Als Solist wirkt der Geiger
Wolfgang Schneiderhan mit.

19. Juli
Im Residenzhof bestreitet die Bläservereini-

Franz Lehár auf dem Weg zum Festspielhaus

gung der Wiener Philharmoniker den ersten
Serenadenabend mit Kompositionen von
Beethoven, Rossini, Strauss und Mozart.

20. Juli
Franz Lehár dirigiert im Festspielhaus eigene
Werke. »Der Samstagabend sah wieder ein
restlos ausverkauftes Festspielhaus und eine
von vornherein auf sinnlich frohe und leichte,
gleichwohl in ihrer Faktur hochwertige
Ausspannung gestimmte Hörergemeinde.«
(»Salzburger Landeszeitung«, 22. 7.) Ge-
sangssolisten sind Esther Réthy und Marcell
Wittrisch.

23./25. Juli
Dirigent zweier Konzerte im Mozarteum ist
wiederum Hans Knappertsbusch. Der erste
Abend bringt Respighi, Schumann (mit dem
Pianisten Emil von Sauer als Solisten) und
Beethoven, der zweite ist mit Werken von Jo-
hann und Josef Strauß, Lanner, Suppé, Zieh-
rer, Heuberger und anderen auf die heitere
Note abgestimmt und wird am 26. 7. im Fest-

spielhaus für Wehrmachtsangehörige wiederholt.

26. Juli

Der Rittersaal der Residenz bei Kerzenlicht wird für die zweite Serenadenveranstaltung herangezogen, in der neben dem Schneiderhan-Quartett auch Mitglieder der Bläservereinigung der Wiener Philharmoniker und Otto Rühm (Kontrabaß) mitwirken. Gespielt wird Beethoven und Schubert.

27. Juli

Das letzte offizielle Konzert bietet unter Knappertsbusch im vollbesetzten Festspielhaus beliebte Wagner-Kompositionen: Lieder, Ouvertüren, Opernausschnitte. Solistin ist Gertrud Rünger.

29. Juli

In einem außerordentlichen Konzert, das am 30. 7. wiederholt wird, dirigiert Furtwängler Beethoven, Wagner und Brahms. Sein Honorar stiftet er dem Kriegshilfswerk des Roten Kreuzes. »Furtwängler ist als hoher Gast Salzburgs stets willkommen. Sein Erscheinen an der Spitze der Wiener Philharmoniker bedeutet nicht nur in Wien, sondern auch in Salzburg besonderen Festglanz. [...] Das Konzert im ausverkauften Festspielhaus war ein großer Erfolg. Und zugleich galt es auch Abschied nehmen von den Wiener Philharmonikern, unsern jährlichen Sommergästen. Salzburg hat sie in ihr Herz geschlossen, nicht nur weil sie beitragen, dem Rufe der Stadt internationale Prägung zu geben, sondern weil sie ein Höhepunkt musikalischer Darstellung sind.« (»Salzburger Volksblatt«, 31. 7.)

Zu Ehren Furtwänglers laden Regierungspräsident Reitter und Bürgermeister Giger zu einem Empfang in das Mirabell-Kasino.

2. September

»Der Konzertzyklus war in jeder Weise ein voller Erfolg«, kann Wilhelm Jerger, Vorstand der Wiener Philharmoniker und Hauptinitiator der Veranstaltungsreihe, in der Sitzung des Vereins der »Wiener Philharmoniker« berichten, »obwohl das Reichspropaganda-Ministerium sie eher behinderte als förderte. Daß es nicht zu einem Verbot der Konzerte kam, ist der großen Entschlossenheit und Einsatzbereitschaft des Salzburger Regierungspräsidenten Dr. Reitter und dem Leiter des Kulturamtes im Wiener Reichspropagandaamt, Dr. Wolfram, zu danken.« Im Sitzungsprotokoll vom 2. 9. heißt es weiter: »Über die finanzielle Gestaltung der Salzburger Festkonzerte gibt der Geschäftsführer genauesten Bericht. Der nicht erhoffte Überschuß von RM 1.900,– wird mit großer Freude zur Kenntnis genommen. Vorstand Jerger dankt nun auch dem Geschäftsführer für die klaglose Durchführung der Salzburger Konzertwochen und schildert das wunderbare Klappen der Propaganda, die mit Hilfe von 20.000 Flugzetteln, Hunderten von Plakaten, 2000 Propagandakartons und einer intensiven Zeitungspropaganda, die sich in der Hauptsache auf die ostmärkische Presse stützte während die altreichsdeutsche Presse sich leider ergiebig ausschwieg, eine mustergültige war. Der Erfolg hat jedenfalls gezeigt, daß eine richtig geführte Propaganda durchaus nicht unwichtig ist und gerade in der heutigen Zeit von ausschlaggebender Bedeutung sein kann.« (Archiv der Wiener Philharmoniker)

1. September

Heinrich Karl Strohm, Generalintendant der Hamburger Oper, wird Direktor der Wiener Staatsoper (bis Januar 1941), Erwin Kerber zum Leiter des künstlerischen Betriebsbüros degradiert.

1941

Dauer der Festspiele: 2.–24. August

Februar
Ernst August Schneider folgt dem erkrankten Heinrich Karl Strohm als Direktor der Wiener Staatsoper.

Die Hochschule Mozarteum wird Reichshochschule
23. April
Anläßlich der Feiern zum hundertjährigen Bestehen des Mozarteums verkündet Reichsminister Bernhard Rust die Erhebung der Salzburger Hochschule Mozarteum zur Reichshochschule für Musik. Die entsprechende Verordnung wird mit 25. 6. im RGBl. Nr. 71/1941 publiziert:
»§ 1 (1) Die Hochschule für Musik – Mozarteum – in Salzburg ist eine Hochschule des Reichs und untersteht dem Reichsminister für Wissenschaft, Erziehung und Volksbildung.
(2) Sie führt die Bezeichnung ›Reichshochschule für Musik – Mozarteum – in Salzburg‹.«
1940/41 wird eine Opernschule unter Meinhard von Zallinger eröffnet und das »Leopold Mozart-Seminar für Musikerziehung« unter Eberhard Preußner angegliedert, im Dezember 1943 eine »Schauspielschule« unter dem Theaterintendanten Peter Stanchina.

Kino im Festspielhaus
Mai
Das Festspielhaus wird nun auch als Kino verwendet. »Denn mehr als die fehlende Raumkapazität wurde der Sachverhalt als Mangel empfunden, daß der Gauhauptstadt [...] jede Möglichkeit fehle, ›den deutschen Spitzenfilm in einem seiner Bedeutung und seinem künstlerischen wie politischen Wert entsprechenden Rahmen‹ herauszustellen. Das NS-Salzburg erhob Anspruch auf Filmuraufführungen.« (Gert Kerschbaumer: Faszination Drittes Reich, S. 204)
Am 19. 5. eröffnet das repräsentative Filmtheater mit der Erstaufführung von »Ohm Krüger« in der Ostmark. Die hohen Erwartungen, das Festspielhauskino zu einem der führenden Lichtspiele des Reichs auszubauen, erfüllen sich jedoch nicht. Bis Kriegsende gibt es neben den üblichen Filmen nur drei Erstaufführungen: »Wen die Götter lieben« (5. 12. 1942), »Paracelsus« (12. 3. 1943) und »Nora« (14. 2. 1944).

Festspiele für die Wehrmacht
19./20. Juni
Die Tageszeitungen melden, daß vom 2. bis 24. 8. wieder Salzburger Festspiele abgehalten werden, an denen auf Einladung von Dr. Goebbels in erste Linie Angehörige der Wehrmacht teilnehmen sollen. Laut Mitschrift der »Kulturpolitischen Pressekonferenz« vom 27. 6. »wurde wieder ausgiebig über die Salzburger Festspiele gesprochen und besonders die Tatsache wichtig genommen, daß sie überhaupt stattfinden können. Es gibt nur eine Neuinszenierung, die Zauberflöte; zu mehr hätte das Material einfach nicht gereicht. Man bittet die Namen der Teilnehmer und für welche Aufführungen sie sich interessieren, dem Amt Kulturpresse bald mitzuteilen (Schon wegen der Unterkunft).« (BA, ZSg 102/63)
Im Mozart-Gedenkjahr – 150. Todestag – sol-

Soldaten als Festspielgäste

len auch »Die Hochzeit des Figaro« und
»Don Juan« (in deutscher Sprache) wieder
aufgenommen werden. Als weitere Reprisen
sind »Rosenkavalier« und »Viel Lärm um
nichts« aus dem Jahr 1939 genannt, dazu Ballettaufführungen und eine größere Anzahl
von Konzerten. »Das Jahr 1941 bringt wieder
den vollen Einsatz aller künstlerischen Kräfte.
Getreu dem Befehl des Führers, daß auch
mitten im Kriege Kunst und Wissenschaft
weiter nachdrücklich gepflegt werde, daß die
Heimat ihre seelischen Kräfte in beständiger
Spannung erhalten solle, auf daß dereinst unter der Sonne des Sieges die so bewahrten
Kräfte sich reich entfalten können.«
(»Münchner Neueste Nachrichten«, 29. 7.)
2. August
Das »Salzburger Volksblatt« schreibt unter
dem Titel »Soldaten als Festspielgäste«: »Die
diesjährigen Salzburger Festspiele tragen ei-

nen bescheidenen Teil der Dankesschuld der
Heimat gegenüber der kämpfenden Front ab.
Insgesamt werden 10.000 Soldaten des Hee-
res, der Luftwaffe, der Waffen-SS und im
Einsatz bewährte Männer der Organisation
Todt an den Festspielen teilnehmen. Innerhalb von drei Wochen mußten alle Vorbereitungen erledigt werden, was angesichts der
kriegsbedingten Schwierigkeiten eine erstaunliche organisatorische Leistung bedeutet. Um das Transportwesen nicht ungebühr-
lich zu belasten, werden alle militärischen
Festspielgäste mit fahrplanmäßigen Zügen
nach Salzburg gebracht. Ähnlich wie bei den
Bayreuther Festspielen werden auch hier die
Standorte in neuen Reichsgebieten stark berücksichtigt. Durch besonderes Entgegen-
kommen ist es gelungen, auch von den Ge-
birgsdivisionen, die in Griechenland und auf
Kreta eingesetzt waren, eine Anzahl beson-

ders verdienter Unteroffiziere und Mannschaften nach Salzburg zu befördern. Auf Einladung des Reichsministers Dr. Goebbels werden fünfzig Fallschirmjäger, die sich in den Kämpfen um Kreta ausgezeichnet haben, an den Festspielen teilnehmen. Für die Auswahl der zu entsendenden Gäste waren Musikverständnis und Vorliebe für hervorragende Darstellungskunst maßgebend. Bevorzugt wurden in erster Linie Träger von Kriegsauszeichnungen, besonders des Eisernen Kreuzes, Soldaten, die im Felde gekämpft haben, und genesende Verwundete. Aber auch besonders musikverständige Soldaten und musikstudierende Wehrmachtsangehörige, die sich aus anderen Wehrmachtskreisen gemeldet haben, wurden in großzügiger Weise berücksichtigt und kommen als Einzelreisende nach Salzburg.

Zur Vorbereitung der militärischen Festspielgäste wurden bei den Truppenteilen von Wehrmachtspropagandaoffizieren Einführungsvorträge in die zu erwartenden Kunstwerke gehalten. Außerdem sind jedem Soldaten kleine Schriften über die einzelnen Opern kostenlos zur Verfügung gestellt worden. Der Aufenthalt in Salzburg erstreckt sich auf zwei Tage, so daß jeder Gast im Rahmen seines Festspielsonderurlaubes zwei Vorstellungen sieht. Auf diese Weise sind im ganzen 20.000 Plätze an den Festspielstätten von Soldaten besetzt. Auch die Sehenswürdigkeiten der geschichtsreichen, architektonisch so besonders reizvollen Stadt Salzburg, die Festung Hohensalzburg, Schloß Hellbrunn u. a. werden den Soldaten auf gemeinsamen Wehrmachtsführungen gezeigt. So dürfte vom 2. bis zum 24. August das Straßenbild in der Stadt Mozarts von den Abgesandten der ruhmreichen deutschen Armee bestimmt sein.«

Aufruf des Gauleiters zum Schmuck der Häuser
31. Juli

An alle Volksgenossen der Gauhauptstadt Salzburg!

Am 2. August beginnen die Salzburger Festspiele. Sie trotz des Krieges durchzuführen, ist nicht nur ein Beweis für den Fortbestand unseres Kulturlebens im Schutze unserer Waffen, sondern auch eine gewaltige organisatorische Leistung, die der Stadt Salzburg den Rang unter den ersten Festspielstädten des Reiches sichert.

Unter den Besuchern wird die Gauhauptstadt neben vielen hohen Ehrengästen, alten und neuen Freunden der Salzburger Festspiele aus dem ganzen Reiche, vor allem starke Kontingente deutscher Soldaten begrüßen können, die über Einladung des Reichsministers für Volksaufklärung und Propaganda als Gäste an diesen Kriegsfestspielen teilnehmen werden. Ihnen einen besonders herzlichen Empfang zu bereiten, ist Pflicht der Gauhauptstadt.

Ich fordere daher die Bevölkerung auf, die Häuser zu beflaggen und sie zu schmücken. Die Auslagen der Geschäfte, die Vergnügungsstätten und öffentlichen Einrichtungen sollen nach Möglichkeit in festlichen Zustand versetzt werden. Überall soll den Soldaten wie allen übrigen Gästen ein freundlicher Willkommgruß geboten werden. Mit besonderer Herzlichkeit wird Salzburg zur Eröffnung der Festspiele den Reichsminister Dr. Goebbels begrüßen.

Die Beflaggung beginnt am Samstag, den 2. August, früh, und bleibt bis zum Ende der Festspiele am 24. August bestehen.

Gauleiter und Reichsstatthalter: Dr. Rainer.

(»Salzburger Volksblatt«, 31. 7. 1941)

Reger Probenbetrieb
Ende Juli

Während Karl Böhm auf der Bühne des Festspielhauses die »Zauberflöte« einstudiert, hält nebenan im Stadtsaal der Oberspielleiter der Wiener Oper, Oscar Fritz Schuh, die Probe für »Die Hochzeit des Figaro« ab. Weil dadurch die Räumlichkeiten im Festspielhaus ausgelastet sind, muß Kapellmeister Fritz Kuba, der für Knappertsbusch »Don Juan« probt, ins Stadttheater ausweichen. Hier arbeitet auch das Wiener Staatsopernballett für den Ballettabend, der zusätzlich in das Programm aufgenommen wurde. Nur Heinz Hilpert verfügt mit der Felsenreitschule, in der er seine Inszenierung von Shakespeares »Viel Lärm um nichts« aus dem Jahre 1939 auffrischt, über ungehinderte Probenmöglichkeiten.

W. A. Mozart: »Die Zauberflöte«, Festspielhaus. Dirigent: Karl Böhm, Regie: Heinz Arnold, Ausstattung: Ludwig Sievert. Im Vordergrund Ludwig Weber (Sarastro) und Maria Reining (Pamina)

»Für die Probendisposition ist Dr. Erwin Kerber verantwortlich, der sich als ausgezeichneter Organisator bewährt hat. Seiner langjährigen Erfahrung, seinem Wissen um die Einzelheiten des künstlerischen und technischen Organismus ist ein Probenvorplan zu danken, der mit zu den wichtigsten Geheimnissen des Gelingens gehört. [...] Dr. Kerber sprach zu einem unserer Mitarbeiter über die Neueinteilung der Proben. Es wurden nämlich die technischen Proben an die Spitze gestellt, so daß jeder Regisseur beim Eintreffen der Künstler gleich in den fertigen Dekorationen die Arbeit beginnen konnte.« (»Neues Wiener Tagblatt«, 2. 8.)

Die »feldgrauen« Festspiele im Zeichen Mozarts

2. August

Am Nachmittag trifft Dr. Goebbels in Salzburg ein und begibt sich in Begleitung von Gauleiter Rainer, Regierungspräsident Reitter und Generalintendant Dr. Heinz Drewes in Mozarts Geburtshaus: »Beim Eintritt des Ministers in das Geburtshaus ertönte auf dem alten Mozart-Flügel Mozartmusik, gespielt von Generalsekretär Dr. Valentin. Der Minister lauschte ergriffen den Tönen und legte anschließend an der Gedenktafel im Geburtszimmer einen großen Lorbeerkranz mit Schleifen nieder. Dann ließ sich der Minister vom Leiter des Museums , Dr. Otto Kunz, die Einteilungen der Sammlungen erklären.« (»Salzburger Volksblatt«, 4. 8.)

Am Abend findet im Festspielhaus die Premiere der »Zauberflöte« statt, an der auch Goebbels und hohe Parteifunktionäre teilnehmen. Man hatte sich trotz des Krieges zu dieser Neuinszenierung entschlossen, um den Mythos, mit dem das Dritte Reich das Werk Mozarts umgibt, in diesem Jubiläumsjahr besonders zur Geltung zu bringen. Der Dirigent dieser »Zauberflöte«, Karl Böhm, bestätigt seinen Ruf als Mozart-Interpret: »Die fein ziselierte Art, wie er Mozart auffaßt und niemals die Singstimmen durch das Orchester zudeckt, dazu die herrlich spielenden Philharmoniker, die auch dem leisesten Wink des Dirigenten folgen, gestalteten die musikalische Wiedergabe schlechthin unübertrefflich.« (»Berliner Lokalanzeiger«, 5. 8.)

Die Regie des Spielleiters der Dresdener Staatsoper, Heinz Arnold, und die in Berlin neu angefertigte Ausstattung von Ludwig Sievert stellen das Märchenhafte dieser Oper in den Vordergrund, betonen die zarten lyrischen Stellen und die menschlichen Verhaltensweisen der Figuren. »Peter Anders ist ein idealer Tamino, Prinz und junger Held, Mensch und Liebhaber zugleich im edlen männlichen Spiel und dem makellosen Gesang. Maria Reinings Pamina ist ein ins Weibliche übertragener Charakter der gleichen Eigenschaften. Von diesem Paar empfängt die Aufführung eine wunderbare, unmittelbar mozartsche Stärke der Empfindung.« (»B.Z. am Mittag«, Datum unbekannt)

Ebenbürtig ist auch die zweite Besetzung des Tamino in zwei Vorstellungen (14. und 19. 8.) durch Anton Dermota. Ludwig Weber singt den Sarastro, Lea Piltti die Königin der Nacht, Kurt Böhme gibt den Sprecher, Alfred Poell den Papageno, Dora Komarek die Papagena und Hilde Konetzni die Erste Dame.

Goebbels vermerkt in seinem Tagebuch: »Im Festspielhaus sehe ich dann die ›Zauberflöte‹ in einer ganz einzigartigen, sowohl musikalisch, als ausstattungsmäßig und szenisch musterhaften Aufführung. Die Wiener Philharmoniker spielen die Partitur mit einem seidigen Glanz. Es ist ein wahrer Hochgenuß, ihnen zu lauschen. Das Parkett ist diesmal in der Hauptsache von Soldaten, Verwundeten und Arbeitern besetzt. Welch ein gänzlich anderes Bild gegenüber den letzten Festspielen aus dem Sommer 1939, als wir kurz vor dem Ausbruch der europäischen Krise standen! Das Leben in Salzburg geht einen fast frie-

densmäßigen Gang. Man möchte manchmal die Städte beneiden, die so weit ab vom Kriegsgeschehen liegen. Aber ich glaube, daß es nach dem Kriege ehrenvoller sein wird, mitten im Getriebe des Krieges, als abseits gestanden zu haben. Nach der Aufführung der ›Zauberflöte‹ bin ich noch einige Zeit mit den dabei beschäftigten Künstlern zusammen.« (BA, NL 118/19, S. 13 f.)

6. August

»Le Nozze di Figaro« wird im Sinne »deutscher« Mozart-Pflege nun wieder als »Hochzeit des Figaro« (Übersetzung: Georg Schünemann) aufgeführt. »Böhm hat das Werk vor einigen Wochen in Dresden neu einstudiert und einen Teil seiner Sänger nach Salzburg mitgebracht. So war der in monatelanger Vorarbeit erreichte Konnex zwischen Dirigentenpult und Bühne da, die Aufführung erfüllt von der Persönlichkeit des Leiters.« (»Salzburger Volksblatt«, 8. 8.)

In den Dekorationen von Alfred Roller, den Besuchern früherer Festspiele bestens vertraut, agieren die Solisten, unter der eher unauffälligen Regie von Rudolf Zindler, dem Intendanten des Berliner Theaters des Volkes, mit »viel Witz und graziöser Beweglichkeit«. Paul Schöffler als Figaro steigert sich stimmlich und darstellerisch von Szene zu Szene, vorzügliche gesangliche Leistungen bieten Margarete Teschemacher als Gräfin, Mathieu Ahlersmeyer als Graf, Marta Rohs als Cherubin, Elfriede Weidlich als Susanne, Kurt Böhme als Doktor Bartolo und die übrigen Mitwirkenden. Am Schluß der Vorstellung gibt es Ovationen für den Dirigenten und das Ensemble.

8. August

Auf den Dresdener »Figaro« folgt ein Wiener »Don Juan«, ebenfalls in deutscher Sprache. »Das erhöhte mit Rücksicht auf die eingeladenen Wehrmachtsgäste zweifellos seine volkstümliche Wirksamkeit und seinen dramatischen Realismus.« (»B.Z. am Mittag«, 9. 8.)

Die Inszenierung aus dem Jahr 1938 (Regie:

W. A. Mozart: »Don Juan«, Festspielhaus. Dirigent: Hans Knappertsbusch, Regie: Wolf Völker, Bühnenbild: Robert Kautsky. Dora Komarek (Zerlina), Paul Schöffler (Don Juan) und Erich Kunz (Masetto)

Wolf Völker, Bühnenbild: Robert Kautsky) erhält einen neuen Dirigenten und eine neue Besetzung aus dem Ensemble der Wiener Staatsoper. »Hans Knappertsbusch gab dem Werk einen hochdramatischen Theaterimpuls. Zusammen mit den Wiener Philharmonikern entwickelte er mächtige Klangsteigerungen und setzte wuchtige Akzente.« (»B.Z. am Mittag«, 9. 8.)
Im Mittelpunkt der Aufführung steht in der Partie des Don Juan Paul Schöffler, »in Klang und Vortrag ein feinsinniger Gestalter mit wohlgebildeter, voluminöser Stimme«. (»Hannoverscher Anzeiger«, 11. 8.) Hilde Konetzni singt die Donna Elvira, Fritz Krenn den Leporello, Anton Dermota den Don Ottavio, Herbert Alsen den Komtur und Erich Kunz den Masetto. Helena Braun als Donna Anna und Dora Komarek als Zerlina bleiben etwas blaß.

»Soldat und Künstler – Sinnbilder deutscher Kultur«

8. August
Auf dem Presseempfang im Heckentheater von Schloß Mirabell erklärt Gauleiter Rainer die besondere Zielsetzung der Salzburger Festspiele: »Hier geschehe bewußt etwas grundsätzlich anderes als z. B. bei Wagner-Aufführungen in Bayreuth. Während es sich dort um feierliche Weihestunden handelt, sollen die künstlerischen Darbietungen in Salzburg entsprechend der musikalischen Tradition der Mozartstadt vorwiegend ein Fest der freudigen, glücklichen, unbeschwerten und doch gehaltvollen Lebensbejahung sein.« (»B.Z. am Mittag«, 4. 8.)
In seiner Ansprache gibt auch Reichsdramaturg Dr. Rainer Schlösser eine Erklärung über die Gründe der Wiederaufnahme der

15. August 1942, 19.00 Uhr:
Konzert des Kammer-Orchesters Edwin Fischer (Mozarteum, Großer Saal)
17. August 1942, 19.00 Uhr:
Beethoven-Orchester-Konzert; Willem Mengelberg (Mozarteum, Großer Saal)
20. August 1942, 19.00 Uhr:
Johann-Strauß-Konzert; Clemens Krauss (Mozarteum, Großer Saal)
Salzburg, 31. Juli 1942
Dr. Wolff, Gaupropagandaleiter der NSDAP.
Karten für diese Veranstaltungen sind zum Preise von RM 2,– bis RM 5,– ab 3. August in der Kartenverkaufsstelle der NS-Gemeinschaft ›Kraft durch Freude‹ am Kranzlmarkt zu erhalten.
Mit dieser Programmerweiterung ist trotz des Krieges erreicht worden, daß die Salzburger Bevölkerung in einem Umfang, der so groß wie eben möglich ist, an den Veranstaltungen der Festspiele teilnehmen kann, handelt es sich doch bei den großen Orchesterkonzerten um reine Konzerte der Festspiele unter der Stabführung hervorragender deutscher Dirigenten, die nur für die Salzburger Bevölkerung bestimmt sind.« (»Salzburger Landeszeitung«, 31. 7.)
Die angekündigten Veranstaltungen finden auch tatsächlich statt. Anstelle der »Iphigenie«-Generalprobe am 5. 8., die aus technischen Gründen entfällt, wird am 7. 8. eine zusätzliche Abendvorstellung eingeschoben, ebenso eine Aufführung von Nestroys »Einen Jux will er sich machen« am 23. 8. vormittags.
Ein Konzert zeitgenössischer Salzburger Musik mit Werken von Joseph Messner, Cesar Bresgen und Franz Wolpert am 24. 8. im Residenzhof findet ebenso großen Zuspruch bei den Einheimischen wie die deutsche Erstaufführung der »Friedensmesse« von Rudolf Mengelberg, dem Bruder des Dirigenten, am 9. 8. im Dom. Außerdem werden erstmals im Schloß Mirabell Schloßkonzerte veranstaltet, die vorwiegend alte Musik bringen.
»Wenn nun auch das Opernprogramm nicht so reichhaltig wie in früheren Jahren ist, und wenn da und dort auch die Aufnahme der ›Arabella‹ und der ›Iphigenie‹ in das Programm geteilter Meinung begegnet, dann möge erstens bedacht werden, daß es sich um Meisterwerke handelt und zweitens, daß es eben die Kriegszeit nicht erlaubt, friedensmäßige Mittel einzusetzen und an die Programmgestaltung Friedensmaßstäbe anzulegen. Wir begehen Kriegsfestspiele, deren Programm durch die Gegebenheiten sich in mancher Hinsicht zwangsläufig ergeben hat und für die daher einzig und allein die Qualität der Aufführungen entscheidend ist.« (»Salzburger Landeszeitung«, 30. 7.)

Repräsentativer Festspielalmanach
August
Mit Festspielbeginn erscheint ein Festspielalmanach in repräsentativer Aufmachung. Er enthält ausführliche Beiträge zu den vier szenischen Aufführungen und zu den Konzerten sowie einen Fototeil und ein Personalverzeichnis. Die redaktionelle Arbeit besorgte Hans Swarowsky.

Auf der Suche nach einem neuen Mozart-Stil – Felsenstein als Regisseur
5. August
Nach einer intensiven Probenzeit eröffnen die Festspiele mit Mozarts »Die Hochzeit des Figaro« in der Regie von Walter Felsenstein, musikalisch geleitet von Clemens Krauss. Die Ausstattung stammt von Stefan Hlawa. »Einen Begriff von den Grundsätzen der neuen Salzburger Mozart-Pflege vermittelte sogleich die Neuinszenierung von ›Figaros Hochzeit‹ im Festspielhaus. Dabei stellt Krauss einen Inszenierungsgrundsatz zur Diskussion, der von der landläufigen Aufführungsart der Mozartwerke erheblich abwich. Ausgehend von der Überlegung, daß dem Bühnenbild in der Oper nicht die Rolle zufallen kann, einfach den historischen Hintergrund abzugeben, war versucht worden, durch eine konsequente Irrealität der Szenerie Mozarts Musik in Bildern widerzuspiegeln, die das Schwebende, Spielerische der musikalischen Form optisch einfingen.« (»Volksstimme«, Linz, 2. 9.) Die

W. A. Mozart: »Die Hochzeit des Figaro«, Festspielhaus. Dirigent: Clemens Krauss, Regie: Walter Felsenstein, Ausstattung: Stefan Hlawa. Franz Normann (Antonio), Erich Kunz (Figaro), Hans Hotter (Graf Almaviva), Irma Beilke (Susanne) und Helena Braun (Gräfin)

Bühnenbilder Hlawas lösen zum Teil auch Befremden aus und geben Anlaß zu kritischen Stellungnahmen: »Innerhalb eines festlichen, von Kronleuchtern belichtbaren Raumes wurden je nach den szenischen Bedürfnissen der Akte Dekorationsteile gestellt, die sowohl auf realistische Illusion, wie auf konsequente Stilisierung verzichteten, und gewissermaßen einem ›Als ob‹ des Spiels als bildhafte Entsprechung dienen sollten. Alles war farblos gehalten, porzellanartig kühl. Zweifellos diente diese geistreiche Idee in außerordentlichem Maße der Hervorhebung der handelnden Personen, die nun farbig und bewegt gegenüber dem leblos glatten und unrealen Hintergrund sehr stark betont als Mittelpunkt des Stücks erschienen, wenn man auch zugeben wird, daß der Charakter einer solchen Dekoration nur der kristallenen Klarheit, nicht aber der Wärme und Menschlichkeit

der Mozartischen Musik gerecht wird.« (»Münchner Neueste Nachrichten«, 1. 9.)
Walter Felsenstein, Regisseur am Schillertheater in Berlin, befreit das Szenische von allem Konventionellen, indem er das Individuelle und ganz Persönliche der einzelnen Figuren hervorhebt. »Felsenstein zeichnete die Charaktere mit einer Schärfe, mit einer Unerbittlichkeit, die ihn manchmal gar veranlaßte, auf beliebte Wirkungen zu verzichten (Duett Marzelline-Susanna). Er bereicherte das wundervolle Spiel des Beaumarchais durch tausend psychologische Feinheiten, die nicht als aufgesetzte Effekte wirkten, weil sie einer profunden Kenntnis der Partitur entsprangen.« (»Pariser Zeitung«, 30. 8.)
Ein durch die lange Probenzeit homogenes Ensemble schöner Mozart-Stimmen von verschiedenen deutschen Opernbühnen trägt entscheidend zu diesem Abend bei: Irma

Beilke (Susanne), Gerda Sommerschuh (Cherubin), Hans Hotter (Almaviva), Erich Kunz (Figaro), Gustav Neidlinger (Bartolo), Res Fischer (Marzelline) und Helena Braun (Gräfin).

»So steht der ›Figaro‹ von 1942 in der Tat am Beginn einer neuen Aera der Salzburger Festspiele, berufen das Mozart-Bild unserer Zeit bestimmend mitzuformen und das in Mozart beschlossene Stilproblem als eine immer wieder neu zu bewältigende zentrale Aufgabe des musikalischen Theaters der Gegenwart herauszustellen.« (»Kölnische Zeitung«, 2. 9.)

Neue Ideen – Zehnjahresplan

6. August

Bei dem Presseempfang im Kasinosaal des Hotels Mirabell entwickelt Clemens Krauss die Neuplanung der Festspiele. »Vor Jahresfrist ist nun Gauleiter Dr. Rainer an mich mit der Frage herangetreten, wie man die Salzburger Festspiele auf eigene Füße stellen könnte. Wir sind zu dem Ergebnis gekommen, daß das nur möglich sei, wenn sich das Reich für diese Spiele interessierte. Das ist nun geschehen. Reichsminister Dr. Goebbels hat mich berufen, die künstlerische Gesamtleitung der Festspiele zu übernehmen. Der Führer hat diesen Entschluß gebilligt, und so wurde ich hier mit allen Vollmachten eingesetzt. [...]

Aber ich ging an die Arbeit und habe den Winter über Planungen getroffen, die dahin abzielen, den Salzburger Festspielgedanken wirklich in die Bahn lenken zu können, die von allen Kunstfreunden und von allen Künstlern gewünscht wurde und gewünscht wird. In Zukunft soll es in Salzburg nur noch Vorstellungen geben, die allein für Salzburg einstudiert sind und die nur in Salzburg gehört werden können. Es wird also nur mehr eigene Vorstellungen geben, keine Wiederholungen von Aufführungen der Wiener oder der Münchner Oper. Das Ensemble der Künstler soll gebildet werden aus den Kräften aller großen Bühnen des Reiches. Das Salzburger Festspielensemble soll aus den hervor-

ragendsten deutschen Sängern bestehen. Nach wie vor wird das Wiener Philharmonische Orchester als wichtige Helferin den Opernvorstellungen und Konzert die Qualität geben. [...]

Daß Mozarts Werk im Vordergrund der programmatischen Gestaltung der Festspiele steht, ist selbstverständlich. Es sollen Aufführungen gestaltet werden, die ein Urbild der Irrealität der Mozartschen Musik geben. In diesem Sinne soll die Inszenierung dieser Oper neu gestaltet werden. Sie soll nicht ein Hintergrund für das Theaterbild sein, sondern optisch einen Widerschein der Musik geben. [...]

Die Aufführungen sind in einer gewissen Kontinuität für die nächsten Jahre geplant und es ist im Aufbau vorgesehen, daß die Werke, die man heuer und nächstes Jahr spielt, und die zu den besten der Festspiele gehören, nach Jahren wieder zeigt. [...]

Eine Salzburger Vorstellung soll das vollkommenste sein. Ausschlaggebend ist nicht die Quantität, sondern die Qualität. Nicht darum handelt es sich, hier fünf oder sechs Opern zu geben, sondern darum, eine so herauszubringen, wie man sie nirgends anders sehen kann. Und ich glaube kaum, daß auch in Friedenszeiten mehr als drei Werke der Opernliteratur aufgeführt werden, weil für mehr die Zeit, die Kraft und die Energie nicht reicht. Es soll hier ja auch kein Querschnitt gegeben werden, sondern eine Auslese der hervorragendsten Aufführungen der Opern Mozarts, seiner Zeitgenossen, seiner Vorgänger und jener Werke des süddeutschen Barock, die in diese Landschaft passen.

Auch das Schauspiel wird in erlesenen Aufführungen die Werke deutscher Sprache bringen, allerdings auch nicht in Massen, sondern in Einzelleistungen, die das Höchste darstellen sollen, was die Schauspielkunst in Deutschland zu bieten hat.« (»Salzburger Landeszeitung«, 7. 8.)

J. W. v. Goethe: »Iphigenie auf Tauris«, Felsenreitschule. Regie: Lothar Müthel, Bühnenbild: Wilhelm Reinking. Fred Liewehr (Orest), Hedwig Pistorius (Iphigenie) und Ewald Balser (Thoas)

Wiener Burgtheater bringt »Iphigenie« und »Jux«

6. August

Die seit langem gewünschte Beteiligung des Wiener Burgtheaters bei den Festspielen wird durch Lothar Müthel realisiert. Der Wiener Generalintendant selbst inszeniert in der Felsenreitschule Goethes »Iphigenie auf Tauris«, wofür Wilhelm Reinking eine mächtige, von Zypressen und Pinien umrahmte Tempelfront in die weitläufige Naturkulisse stellt. Hedwig Pistorius bietet eine eindringliche Gestaltung der Titelrolle. Fred Liewehr ist der vom Schicksal getriebene Orest, dem die »von edlem Feuer erfüllte Jünglingsgestalt des Pylades von Siegmar Schneider« gegenübersteht. Und die beherrschende Figur:

Ewald Balser als Taurerkönig Thoas, der auch stimmlich die akustischen Tücken der Felsenreitschule meistert. Franz Herterich spielt den Arkas.

10. August

Mit dem Burgtheatergastspiel von »Einen Jux will er sich machen« findet sich erstmals eine Nestroy-Posse im Festspielrepertoire. Herbert Waniek ist der Regisseur und Stefan Hlawa der Ausstatter dieser Inszenierung, die sich einfallsreich der technischen Möglichkeiten der Landestheaterbühne bedient. Die Drehbühne ist aufgeboten und ein Wandelpanorama, das die Wiener Landschaft während der Kutschfahrt des »verflixten« Weinberl alias Hermann Thimig und seines »Gefolgsmannes« Christopherl – bezaubernd gespielt

angeknüpft.« (»Deutsche Allgemeine Zeitung«, 29. 8.) Krauss besetzt die Papageno-
Rolle mit dem bekannten Wiener Schauspieler Paul Hörbiger, die Papagena mit Gusti
Huber, – sehr zur Freude des Publikums, wie
Heinrich Damisch in der »Wiener Kronen
Zeitung« am 30. 8. berichtet: »Als gute alte
Bekannte vom Film her wurden sie von dem
bereitwillig genießendem und freundlich auf-
geschlossenem Publikum […] begrüßt. Das
wienerisch improvisierende Buffopaar fand
sich auch mit dem gesanglichen Teil der Rollen ganz gut ab und war, obzwar in diesem
modernen wienerischen Typus eine Art stistischer Fremdkörper, doch eine Quelle
harmloser Belustigung. […] Einen Höhe-
punkt der künstlerisch ausgezeichnet funktio-
nierenden Vorstellung bildete die Szene vor
dem Weisheitstempel zwischen Julius Patzak
als Tamino und Hans Hotter als Sprecher.
Georg Hann gab als Sarastro den weihevollen
Grundton im Reich des Lichtes, […] die Königin der Nacht wurde von Hildegard Kapfe-
rer mit glitzernden Sternen eines wohl-
geschulten Koloraturgesanges ausgestattet.
Irma Beilke als Pamina offenbarte in der Gesangskultur ihrer klaren Sopranstimme die
Eignung für die Rolle.«

Paul Hörbiger (Papageno) und Gusti Huber (Papagena)
in Mozarts »Zauberflöte«, Festspielhaus. Dirigent und
Regie: Clemens Krauss

Eine neue »Iphigenie«
5. August
In der Szenerie von Wilhelm Reinking aus
dem vergangenen Jahr wird abermals
Goethes »Iphigenie auf Tauris« in der Felsenreitschule gezeigt. Diesmal inszeniert Otto
Falckenberg, Leiter der Münchner Kammer-
spiele, der besonderes Gewicht auf eine sorg-
fältige Wortregie legt. Mit Liselotte Schreiner
als Iphigenie verfügt Falckenberg über eine
Schauspielerin, »die das eigene, durch des
Bruders Tragödie erst zu Konflikten reifende
Drama unter Verzicht auf jedes statuarische
Pathos […] ausschließlich von einer tiefen
Menschlichkeit, richtiger Fraulichkeit her
zu stillem, desto intensiverem Aufglühen
brachte.« (»Salzburger Zeitung«, 29. 8.) Auch
alle weiteren Rollen sind neu besetzt: Gert

Brüdern (Orest), Hans Jungbauer (Thoas),
Bernhard Wicki (Pylades), Karl Hanft (Arkas).

»Der G'wissenswurm« und »Der Mein-
eidbauer« als Ensemblegastspiel der Exl-
Bühne
Im Rahmen des auf lokale Bedeutung redu-
zierten »Salzburger Theater- und Musiksommers« ist die Innsbrucker Exl-Bühne unter
der Leitung von Eduard Köck mit zwei Stük-
ken von Ludwig Anzengruber zu Gast.
7. August
Der Premiere von »Der G'wissenswurm« mit
Eduard Köck als Dusterer und Ilse Exl als
Horlacher-Lies folgen noch vier Vorstellungen.

15. August
Auch die Bauerntragödie »Der Meineidbauer«, mit Eduard Köck in der Titelrolle,
wird viermal wiederholt.

Wiederaufnahme der »Arabella«

8. August
Fast unverändert wird »Arabella« im Festspielhaus wiederaufgenommen. Die Partie
der Zdenka ist mit Maud Cunitz neu besetzt.
Ihre »im stimmlichen Einsatz wie in der Charakterisierung des Jünglings-Mädchenhaften
gleich ausgezeichnete Leistung fügt sich dem
Ensemble auf das schönste ein.« (»Deutsche
Allgemeine Zeitung«, 9. 8.)

Richard-Strauss-Uraufführung im Kon-
zertsaal

11. August
Nach dem ersten Orchesterkonzert (6. 8.) mit
Richard Strauss als Dirigenten und einem reinen Mozart-Programm bringt das zweite Orchesterkonzert die Uraufführung von Strauss'
»Zweitem Konzert Es-Dur für Horn und Orchester«, das der Komponist im November
1942 vollendet hatte. Es entstand rund sechs
Jahrzehnte nach seinem ersten Werk dieser
Gattung und verlangt dem Soloinstrument
»fast ein Übermaß an virtuoser Brillanz« ab.
Die Wiedergabe durch den Solisten Gottfried
Freiberg und die Wiener Philharmoniker unter Karl Böhm findet die vollste Zufriedenheit
des Komponisten. In diesem Sommer dominiert neben Mozart eindeutig Richard
Strauss; auch das Programm des ersten Kammermusikabends am 7. 8. im Mozarteum ist
ausschließlich seinen Werken gewidmet.

»Hohe Kunst in schlichtem Gewand«

Ende August
»Wehrmacht und Rüstungsarbeiter als Gäste
Salzburgs« berichtet in Schlagzeilen die
»Salzburger Zeitung« am 29. 8. »Schier grotesk schien einem die Erinnerung an Zeiten,
da endlose Autoreihen des internationalen
Besitzes vor dem Festspielhause auffuhren, ja
selbst der Begriff ›Festspiele‹ wäre heuer ana-
chronistisch erschienen. [...]
Dennoch war es wieder ein richtiger klingen-
der Alpensommer, und wieder waren seine
Gäste die genesenden Kämpfer und die
Schaffenden der Rüstungswerke. Wochenlang war das Straßenbild der schönen Stadt
von den grauen und tropenbraunen Unifor-
men der Wehrmacht, Waffen-SS, OT und
RAD gekennzeichnet, [...] wochenlang klang
es aus dem Munde der DRK-Schwestern und
Arbeiterinnen im Tonfall aller deutschen
Stämme. Und ergreifende Bilder boten stets
wieder die Veranstaltungen selbst, gleich ob
man sich abends im stimmungsvollen Däm-
mer der Reitschule zusammenfand oder im
zierlichen Schmuckraum des Landestheaters,
ob im strahlenden Großen Saal des Mozarteums zu mittäglichem Konzert oder wieder
im späteren Abend zur Serenade im feierlichen Hof der Residenz. Denn da häuften sich
unmißverständlich die Spuren des Krieges, in
Schienen und Prothesen und hohen Orden
der Wehrmacht, in Zeichen und Runen auf
weiblichen Antlitzen. Doch ebenso eindeutig
leuchtete aus aller Haltung die Gesammelt-
heit schöner Erwartung zuerst, sodann die
Versunkenheit des Aufnehmens und schließlich die freudige Entspannung und der
Dank.«
So schließen auch diese Spiele in Salzburg
mit den üblichen Durchhalteparolen des Dritten Reiches.

Tod Reinhardts im amerikanischen Exil

31. Oktober
Max Reinhardt stirbt 70jährig in New York an
den Folgen eines Schlaganfalls.

1944

»Salzburger Theater- und Musiksommer«:
5.–31. August (abgesagt)

Planung des zweiten »Salzburger Theater- und Musiksommers«

Juni/Juli

Obwohl sich die Lage auf den Kriegsschauplätzen ständig verschlechtert (Invasion der Alliierten in der Normandie am 6. 6.), laufen die Vorbereitungen für den zweiten »Salzburger Theater- und Musiksommer«, der laut Aussendung der Generalintendanz »in der Zeit vom 1. bis 31. August zum Großteil für Wehrmachtsangehörige und Rüstungsarbeiter stattfinden« soll. (ASF)

Das vorgesehene Programm hat den Charakter von Friedensfestspielen:

5.8.: Eröffnung mit der Reprise der »Zauberflöte«, diesmal mit Maud Cunitz als Pamina (sechsmal)

8.8.: »Emilia Galotti« von Lessing.
Regie: Peter Stanchina, Bühnenbild: Adolf Mahnke, Kostüme: Elisabeth von Augenmüller. Mit Gefion Helmke in der Titelrolle, Ewald Balser als Odoardo, Paul Hoffmann als Ettore Gonzaga, Bernhard Minetti als Marinelli und Maria Koppenhöfer als Gräfin Orsina (fünfmal)

11.8.: »Lumpazivagabundus« von Nestroy.
Regie: Hubert Marischka, Bühnenbild und Kostüme: Stefan Hlawa. Mit Robert Lindner in der Titelrolle, Hans Holt als Leim, Theo Lingen als Zwirn und Paul Hörbiger als Knieriem (zehnmal)

15.8.: Uraufführung von »Die Liebe der Danae«. Libretto von Joseph Gregor, Musik von Richard Strauss. Regie: Rudolf Hartmann, Dirigent: Clemens Krauss, Bühnenbild und Kostüme: Emil Preetorius, Kostüme der Danae: Erni Kniepert. Mit Viorica Ursuleac in der Titelpartie, Horst Taubmann als Midas und Hans Hotter als Jupiter (fünfmal)

19.8.: «Così fan tutte» von Mozart, Übernahme der Staatsopernproduktion.
Regie: Rudolf Hartmann, Dirigent: Karl Böhm, Bühnenbild: Adolf Mahnke, Kostüme: Elisabeth von Augenmüller. Mit Irmgard Seefried als Fiordiligi, Marta Rohs als Dorabella, Anton Dermota als Ferrando, Erich Kunz als Guglielmo, Paul Schöffler als Don Alfonso und Alda Noni als Despina (viermal)

Auf dem Konzertsektor sind sieben Orchesterkonzerte mit den Wiener Philharmonikern und erstmals zwei Orchesterkonzerte mit den Berliner Philharmonikern angesetzt, ferner sechs Schubertiaden und sechs Serenaden.

Unterbrochene Bahn- und Straßenverbindungen sowie Benzin- und Lebensmittelrationierungen erschweren die Probenarbeit. Trotzdem wird versucht, die Vorbereitungen in vollem Umfang durchzuführen, wie ein Probenplan vom 18. 7. bezeugt.

»Der totale Krieg wird Wirklichkeit« – Absage des »Salzburger Theater- und Musiksommers«

20. Juli

Bombenattentat auf Hitler im Führer-Hauptquartier Wolfsschanze.

25. Juli

Erlaß Hitlers über den »totalen Kriegseinsatz«.

Proben zu J. Nestroys »Lumpazivagabundus«. Regie: Hubert Marischka, Ausstattung: Stefan Hlawa. Szene mit Robert Lindner (Lumpazivagabundus)

Hans Holt (Leim), Theo Lingen (Zwirn) und Paul Hörbiger (Knieriem)

GENERALINTENDANZ DER SALZBURGER FESTSPIELE
DIREKTION

SALZBURG,29.7.44.
Jul 2021   GÖ./Ha.

Gauleiter und Reichsstatthalter Dr.Scheel hat mir am 29.Juli 1944 mitgeteilt,dass ~~auch~~ auf Anordnung des Herrn Reichsministers Dr.Goebbels
der für Wehrmacht und Rüstungsarbeiter geplante Salzburger Theater-u.
Musiksommer in diesem Jahre ~~unterbleiben~~ muss.

Diese Entscheidung hat Herr RM Dr. Goebbels in seiner Eigenschaft als
Reichsbevollmächtigter für den totalen Kriegseinsatz getroffen in Erfüllung des Führererlasses,wonach das gesamte öffentliche Leben den Erfordernissen der totalen Kriegführung in jeder Beziehung anzupassen ist.
Der Herr Gauleiter hat den Wunsch geäussert,um die bereits geleistete
Arbeit nicht gänzlich fruchtlos zu opfern,dass die eine oder andere ~~der~~
beabsichtigte Aufführung im örtlichen Rahmen für die Salzburger Bevölkerung durchgeführt werden soll,worüber zur Zeit Verhandlungen zwisch
en
dem Herrn Gauleiter und mir laufen.

Mit dem Entfall der geplanten Opernaufführungen von "Zauberflöte"und
"Cosi fan tutte",sowie der Serenaden und Schubertiaden ist zu rechnen.
Hingegen laufen die Proben zu "Die Liebe der Danae" weiter.Ebenso werden
die Vorarbeiten zu "Emilia Galotti" und"Lumpazivagabundus" noch nicht
eingestellt.

Aus der durch die Entscheidung des Herrn RM Dr. Goebbels erfolgten Absage ergeben sich eine Reihe vertragsrechtlicher Fragen.Die Regelung der
selben wird Herr Dr.Götze im Benehmen mit den Stellen des Reichsministe-
riums für Volksaufklärung und Propaganda sofort in Angriff nehmen.

Clemens Krauss, (m.p.)

Generalintendant Clemens Krauss gibt mit einem Anschlag im Festspielhaus die Absage des »Salzburger Theater-
und Musiksommers« bekannt. (Clemens-Krauss-Archiv, Wien)

26. Juli

Goebbels, von Hitler zum Reichsbevollmächtigten für den totalen Kriegseinsatz ernannt, wendet sich in einer Rundfunkansprache an die Bevölkerung, in der er auf die Ereignisse des 20. Juli und den Führererlaß eingeht, sowie notwendige Maßnahmen ankündigt. Die Rede wird in der Tagespresse publiziert, in der »Salzburger Zeitung« erscheint sie am 27. 7. unter dem Titel »Waffen, Hände und Herzen schaffen den Sieg«:

»Unter dem gestrigen Datum hat der Führer einen Erlaß unterzeichnet, der heute in der Presse veröffentlicht worden ist. Er bestimmt, daß der gesamte Staatsapparat einschließlich Reichsbahn und Reichspost sowie alle öffentlichen Anstalten, Einrichtungen und Betriebe mit dem Ziel zu überprüfen sind, durch noch rationellere Ausnutzung der Dienstkräfte, durch Stillegung oder Einschränkung minder kriegswichtiger Aufgaben und durch Vereinfachung der Organisation und des Verfahrens ein Höchstmaß an Kräften für Wehrmacht und Rüstung freizumachen.

Der totale Krieg wird Wirklichkeit.

Ferner ist nach diesem Erlaß das gesamte öffentliche Leben den Erfordernissen der totalen Kriegsführung in jeder Beziehung anzupassen. Alle öffentlichen Veranstaltungen sollen der Zielsetzung des totalen Krieges angemessen sein und insbesondere Wehrmacht und Rüstung keine Kräfte entziehen. Mit einem Wort: der totale Krieg wird damit praktische Wirklichkeit.«

29. Juli

Generalintendant Clemens Krauss gibt mit einem Anschlag auf dem schwarzen Brett im Festspielhaus die Absage des »Salzburger Theater- und Musiksommers« bekannt.

«Rettungsaktion Danae»

28. Juli

Clemens Krauss berichtet Strauss brieflich über die Störungen, die die Terminfixierung für die »Danae«-Uraufführung erschweren: »Erst heute haben wir eine Übersicht, zu welchem Termin wir ›Die Liebe der Danae‹ her-

ausbringen können. Bei den verschiedenen Luftangriffen in München ist ein Teil der Schreinerarbeit verbrannt, eine Anzahl Säulen, die für den zweiten Akt bestimmt waren und einige hundert Meter Stoff, die in der Färberei zur Bearbeitung lagen. Mit den Transporten von München nach Salzburg hatte es große Schwierigkeiten. Wir mußten versuchen die fertigen Dekorationsteile in Möbelwagen, die mit Holzgas fahren, herüber zu schaffen. Erst heute ist der letzte Transport eingelangt. Die Dekorationen werden nun aufgestellt. Wir können morgen genau übersehen, was uns noch fehlt und welche Stücke wir neu anfertigen müssen. Die Malerarbeiten für die drei Bilder des dritten Aktes sind in Prag angefertigt worden und vorige Woche hier programmgemäß eingetroffen. Die gesamte Schneiderei von München, die dort in ihrer Arbeit stecken geblieben ist, da – wie Sie ja wissen werden – viele Tage kein elektrischer Strom und kein Licht vorhanden war, ist vorige Woche mit allen angefangenen Kostümarbeiten und mit den noch notwendigen Stoffen nach Salzburg übersiedelt und hat sich hier zur Arbeit in provisorischen Werkstätten niedergelassen.

Alle diese Störungen haben dazu geführt, daß wir das ursprüngliche Datum für die Uraufführung nicht halten konnten.

Wir haben nun so disponiert, daß in der Voraussetzung, daß hier in Salzburg nichts dazwischen kommt, die Uraufführung am 15. August stattfinden soll. Öffentliche Generalprobe am 13. August.

[…] Wann werden Sie also zu uns kommen? Wir beginnen mit den Kostümproben am Montag, den 7. August. Wenn Sie also zum 9ten hier wären, könnten Sie schon einiges sehen und wir hätten noch Zeit bis zur Premiere alle Ihre Wünsche zu verwirklichen.«

31. Juli

In Fortsetzung dieses Briefes teilt Krauss dem Komponisten die Absage der Festveranstaltungen mit, versichert ihm aber, daß Gauleiter Scheel den Wunsch habe, »die eine oder andere Aufführung, die in Vorbereitung war,

im örtlichen Rahmen in Salzburg herauszubringen, damit die bereits geleistete Arbeit
nicht fruchtlos getan ist. Ich setze natürlich alles daran, daß die Uraufführung Ihres Werkes
anläßlich Ihres 80. Geburtstags stattfinden
kann. Die Salzburger Stellen sind auch damit
einverstanden. Ich will also den Termin am
15. August nach Möglichkeit einhalten. Da
aber die kostümlichen und dekorativen Arbeiten noch immer im Rückstand sind, so will ich
eine endgültige Entscheidung über den Termin am Sonntag, den 6. August treffen. Ich
werde Sie dann sofort telegrafisch verständigen. Die Proben bleiben jedenfalls so, wie ich
sie oben angegeben habe.« (Strauss/Krauss:
Briefwechsel, S. 267f.)

6. August
Strauss bedankt sich in einem Brief an Dr.
Heinz Drewes für die »Rettung« der »Danae«. »Wollen Sie mich bitte dem Herrn Minister empfehlen und ihm meinen Dank
übermitteln, daß er ›Danae‹ auf dem Salzburger Programm belassen hat! Das ist eine
große Freude für mich, kann ich das Stück
nun doch noch hören vor meinem seligen
Ende!
Die Aufführung scheint großartig zu werden,
auch berichtet man mir über das Werk selbst
recht Gutes! Kommt der Minister zur Premiere?
Ich bin von Mittwoch ab in Salzburg. Wann
kommen Sie selbst? Abgesehen von dem Ver-
gnügen, Sie wiederzusehen, habe ich ein paar
für mich sehr lebenswichtige Anliegen!« (Die
Welt um Richard Strauss in Briefen. Hrsg.
von Franz Grasberger in Zusammenarbeit
mit Franz und Alice Strauss, S. 422)

9. August
Strauss trifft in Salzburg ein, um an den Proben zur »Danae« teilzunehmen. Zwei Tage
später, am 11. 8., erscheint in der »Salzburger
Zeitung« die Gauleiterrede vor dem politischen Leiterkorps: »Unser Schwur: Wir wollen!« – Salzburg bekennt sich zum totalen
Krieg.

16. August
Nach Absage der »Danae«-Uraufführung und

der vier Folgevorstellungen kann Krauss wenigstens die Abhaltung einer Generalprobe
vor geladenem Publikum erwirken.
Tiefbewegt und dankbar, seine Oper doch
noch szenisch erlebt zu haben, hält der 80jäh-
rige Komponist seine Eindrücke am 25. 9. in
einem Brief an seinen Biographen Willi
Schuh fest: »Es war wirklich ein ›einmaliges‹
Ereignis von kulturhistorischer Bedeutung.
Schon die beispiellose Energie, mit der
Krauss im Verein mit Hartmann allen äußern
und durch das Werk selbst bedingten Schwierigkeiten zum Trotz es bis zur Generalprobe
trieb, ist ein Persönlichkeitsdokument, das
ganz großen Beispielen der Vergangenheit
würdig gleichzustellen ist. Eine ausgewählte
Besetzung: drei erstklassige junge Tenöre in
Haupt- und Nebenrollen ihr Bestes gebend,
die große Künstlerin Ursuleac, ihren zehn
Straussrollen gleich als letzte Uraufführung,
in ungeminderter Stimmpracht, inniger und
stylvoller Darstellung auf alter Höhe, und zuletzt das ganz große Erlebnis: überragend
Hotter, ein wirklicher Jupiter von göttlicher
Größe, erhabener Weihe und erschütterndem
Zorn – die vier Königinnen bezaubernd, die
verstärkten Chöre von Wien und München
vollendet. Die von Krauss' Alles beherrschen-
dem, die letzte polyphone Mittelstimme zum
Singen bringenden Zauberstab zum höchsten
Klangrausch getriebenen und doch mit letztem Feingefühl die Sänger begleitenden und
stützenden Wiener Philharmoniker – Hartmann, von Preetorius' schönen Bildern unterstützt, die großen szenischen Schwierigkeiten
meisternd und Sänger und Chor mit überle-
gener Hand führend und die Dichtung deu-
tend – das wären so die Hauptschlagworte,
eine Aufführung zu charakterisieren, die in
dieser Vollendung auf der deutschen Bühne
nicht so bald wieder erscheinen wird. Die
Wirkung war denn auch außerordentlich und
etwa tausend Personen, die der Generalprobe
beiwohnten, in heller Begeisterung, die sich
zum Schluß zum Gefühl tiefer Ergriffenheit
und Bewunderung für das Werk steigerte, das
ich selbst mit dankbarer Rührung und Ge-

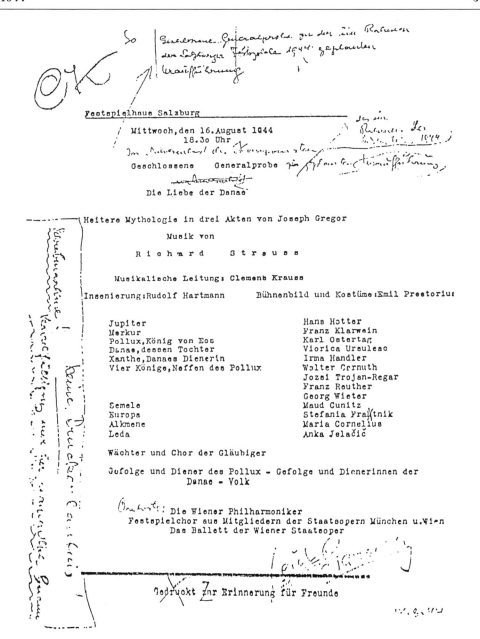

Festspielhaus Salzburg

Mittwoch, den 16. August 1944
18.30 Uhr

Geschlossene   Generalprobe

Die Liebe der Danae

Heitere Mythologie in drei Akten von Joseph Gregor

Musik von

R i c h a r d   S t r a u s s

Musikalische Leitung: Clemens Krauss

Inszenierung: Rudolf Hartmann   Bühnenbild und Kostüme: Emil Preetorius

Jupiter   Hans Hotter
Merkur   Franz Klarwein
Pollux, König von Eos   Karl Ostertag
Danae, dessen Tochter   Viorica Ursuleac
Xanthe, Danaes Dienerin   Irma Handler
Vier Könige, Neffen des Pollux   Wolter Cernuth
                                         Jozsi Trojan-Regar
                                         Franz Reuther
                                         Georg Wieter
Semele   Maud Cunitz
Europa   Stefania Fraktnik
Alkmene   Maria Cornelius
Leda   Anka Jelačić

Wächter und Chor der Gläubiger

Jefolge und Diener des Pollux - Gefolge und Dienerinnen der
Danae - Volk

Die Wiener Philharmoniker
Festspielchor aus Mitgliedern der Staatsopern München u. Wien
Das Ballett der Wiener Staatsoper

Gedruckt zur Erinnerung für Freunde

Hektographierter Besetzungszettel für die öffentliche Generalprobe zu »Die Liebe der Danae« von R. Strauss am
16. 8. 1944, Festspielhaus. Dirigent: Clemens Krauss, Regie: Rudolf Hartmann, Ausstattung: Emil Preetorius (ASF)

Schlußapplaus für Viorica Ursuleac (Danae), Richard Strauss und Hans Hotter (Jupiter) nach der »Danae«-General-
probe

Richard Strauss mit den Hauptdarstellern der »Liebe der Danae«, Horst Taubmann (Midas), Viorica Ursuleac (Danae) und Hans Hotter (Jupiter)

nugtuung nun doch selbst noch genießen konnte, wobei ich konstatieren mußte, daß es kein Abstieg ist, sondern sich in ungeminderter Schöpferkraft nicht nur seinen Vorgängern würdig an die Seite stellt, und im III. Akt auch Töne anschlägt, die ich meinen besten Eingebungen in ›Rosenkavalier‹, ›Ariadne‹, ›Arabella‹ an die Seite stellen kann. Doch nun genug des Eigenlobes. Sie wollten aber doch einen sachlichen ›Bericht‹. Warum sollte er diesmal, statt in der Presse, nicht aus der Feder dessen kommen, der das Stück nächst Krauss und Hartmann doch am besten kennt? Also die Kritik des Autors: sehr lebendiger Anfang: plastische Chorszenen in graubraunem Kolorit, hierauf in stärkstem Kontrast der Goldzauber mit Jupiters strahlendem Trompeten- und Posaunenglanz und das in schön-

stem Goldglanz flimmernde, sehr glückliche Frauenduett, mündend in den originellen 5/4-Takt-Aufmarsch der vier Königinnen und ihrer Gemahle, der den Hörer in seinem schwankenden Rhythmus bis zum Erscheinen des Schiffes kaum zur Besinnung kommen läßt – alles dramatisch sehr gut gestaltet und guter Kontrast, frisch in Tempo und Erfindung. Hierauf ein kleines Zurückgehen nach dem Auftritt des Midas – vielleicht dramaturgisch bedingt und als Exposition neuer, für späterhin wichtiger Themen notwendig, aber mir selbst mit Ausnahme der Goldkleid-Stelle nicht zur Zufriedenheit ausgefallen. Vielleicht ist hier der etwas trockene Text schuld. Hofmannsthal würde mir da wahrscheinlich eine anregendere Unterlage geschaffen haben. Ich reagiere eben sehr stark auf glückliche Worte

– siehe Terzett ›Rosenkavalier‹, Duette ›Arabella‹, Schlußverse ›Helena‹.

[…] Ich fahre fort: in der Zwiesprache Danae-Midas ist mir trotz ›zwangvoller Müh und Plag‹ nichts besseres eingefallen. Aber auch dies ist, vielleicht dank dem schönen Tenor, niemand anderem als mir selbst aufgefallen, ging rasch vorüber; so wollen wir also die strenge Kritik des Komponisten für uns Auguren behalten.

Der Schluß des Aktes dagegen ist, fast gegen meine Befürchtung, wieder sehr wirkungsvoll, schon dank der imponierenden Erscheinung Hotters und dem von intensiver Spannung erfüllten Spiel von Frau Ursuleac. Jedenfalls als Aktschluß und Erwartung auslösend recht apart.

Vom II. Akt an hätte ich kritisch an mir selbst nichts mehr auszusetzen. Jupiters Szenen mit den vier Göttinnen, von Hartmann meisterhaft geführt, weisen, gegen meine eigenen Bedenken, keinerlei Längen auf, sind sehr amüsant, und der Gott und Schwerenöter Jupiter wächst allmählich zu einer schönen und bedeutenden Gestalt empor, die großen Eindruck machte. Auch hier sind alle Szenen in glücklichem Gegensatz und die dramatische Steigerung bis zum Schluß in ununterbrochenem Aufbau. Szenisch sehr hübsch war der kleine Hochzeitszug mit nach Vasen gestellten Fackelträgern. Die Verwandlung in die Goldstatue besonders geglückt und wirkungsvoll. Am III. Akt hätte ich selbst nun auch nichts mehr auszusetzen, sondern möchte mir doch das (wohl von Allen gebilligte) Lob spenden, daß er zum Besten gehört, was ich je geschrieben habe.« (Richard Strauss: Betrachtungen und Erinnerungen. Hrsg. von Willi Schuh, S. 168ff.)

Und doch noch Konzerte

6. August
Als Veranstaltung des Hauptamtes für die NS-Volkswohlfahrt findet zugunsten des Roten Kreuzes ein Orchesterkonzert im Mozarteum statt. Unter der musikalischen Leitung von Clemens Krauss spielen die Wiener Phil-

harmoniker Werke von Schubert und Johann Strauß. Als Draufgabe erklingt der Donauwalzer.

14. August
Mit einer Sondergenehmigung aus Berlin kann im Festspielhaus die 8. Symphonie von Anton Bruckner mit den Wiener Philharmonikern unter Wilhelm Furtwängler aufgeführt werden. Auch der für den 15. 8. vorgesehene Mozart-Abend mit dem Schneiderhan-Quartett findet statt.

Ende des Kulturlebens im »Tausendjährigen Reich«

24. August
Im Rahmen der »Maßnahmen zur totalen Kriegsführung« ordnet Goebbels an: »Sämtliche Theater, Varietés, Kabaretts und Schauspielschulen sind bis zum 1. 9. 1944 zu schließen«. (»Salzburger Zeitung«, 25. 8.) Unter der Überschrift »Opfer« bringt das genannte Blatt am 30. 8. folgenden Artikel: »Die Stillegungsmaßnahmen auf dem Gebiete der Kultur sind angesichts des Willens der Staatsführung, nunmehr alle Kräfte der Nation auszuschöpfen für des Reiches und Volkes Zukunft, erwartet worden. Sie sind vom Volk selbst verstanden worden als Unterpfand dieser eisernen Entschlossenheit. Wir werden diesen Winter über also kein Theater mehr besuchen können, keine Ausstellung besichtigen und von unserm Buchhändler auch kein neues Buch mehr in die Hand gedrückt bekommen. Allerdings, durch die vollständige Erfassung der Arbeitskraft im Reiche sowohl nach der Seite der Menschenreserven als auch der Zeitreserve des einzelnen hin, durch die Einführung des Zehnstundentages für alle Betriebe, wäre ohnedies der Besuch der Theater eine problematische Angelegenheit geworden.

[…] Das auf dem Theater Gebotene, das in den Galerien Gezeigte, das aus den Büchern Erlesene ist so tief ins Volksbewußtsein eingedrungen, daß ein augenblicklicher Stillstand der Anregung von Seiten der Kunstvermittlung keine Gefahr für die kulturelle Haltung der Nation darstellt.

[...] Vielleicht staut diese Pause des Verzichtes auch eine ungeheure neue Bereitschaft für Kulturempfängnis und für kulturelles Schaffen auf, die dereinst unmittelbar hervorbrechend sich als höchste Sendung für unser Kulturleben auswirken werden. Gewiß, es ist ein Opfer, das wir bringen, aber es ist der Sinn des Opfers, der den Schmerz verklärt.

[...] Ein so tief innerliches Volk wie das deutsche kann sehr wohl eine Zeitlang des äußeren Schaugepräges der Kunst entbehren und sich mit der geringen Anregung, die aus stilleren, deshalb aber nicht weniger wirkungsvollen Bezirken kommt, begnügen. Vergessen wir niemals: die Dauer der Opfer ist begrenzt, endlos aber ist der Sieg.«

16. Oktober

Schwerer Bombenangriff der Amerikaner auf Salzburg, bei dem auch die Domkuppel und Mozarts Wohnhaus zerstört werden.

Der Salzburger Dom nach dem Bombenangriff am 16. 10. 1944, bei dem durch Luftdruck die Kuppel zerstört wurde

1945

17. April
Gauleiter Scheel verhängt über Salzburg das
Standrecht.
2. Mai
In Salzburg wird der Tod Hitlers bekannt.

4./5. Mai
Die Stadt wird den einrückenden amerikanischen Truppen kampflos übergeben.

VERZEICHNIS DER ARCHIVE UND ABKÜRZUNGEN

Archiv der Wiener Philharmoniker
ASF	Archiv der Salzburger Festspiele
BA	Bundesarchiv Koblenz
Hellmann NL	Dr. Paul-Hellmann-Nachlaß; London
HHSt	Österreichisches Staatsarchiv/Haus-, Hof- und Staatsarchiv; Wien
KAS	Konsistorialarchiv; Salzburg
LA/HS	Salzburger Landesarchiv/Handschriftensammlung
LA/Rehrl NL	Salzburger Landesarchiv/Dr.-Franz-Rehrl-Nachlaß (Rehrl-Briefe bzw. Rehrl-Akte)
LA/RStH	Salzburger Landesarchiv/Reichsstatthalterei
LGBl	Landesgesetzblatt
ÖNB/ThS-Re	Österreichische Nationalbibliothek/Theatersammlung; Max-Reinhardt-Nachlaß; Wien
RGBl	Reichsgesetzblatt

Salzburger Stadtarchiv
StA/BKA	Österreichisches Staatsarchiv – Archiv der Republik / Akten d. Bundeskanzleramtes; Wien
StA/BMF	Österreichisches Staatsarchiv – Archiv der Republik/Akten d. Finanzministeriums; Wien
StA/Bürckel Archiv RStH	Österreichisches Staatsarchiv – Archiv der Republik/Bürckel Archiv, Akten d. Reichsstatthalterei; Wien
StA/Bürckel Archiv STIKO	Österreichisches Staatsarchiv – Archiv der Republik/Bürckel Archiv, Akten d. Stillhaltekommissars; Wien
Thw. I/Hunger NL	Institut für Theaterwissenschaft/Hunger-Nachlaß; Wien
VA/BMU	Österreichisches Staatsarchiv – Archiv der Republik/Allgemeines Verwaltungsarchiv, Akten d. Unterrichtsministeriums; Wien
VSF	Salzburger Festspiele/Verwaltung

Zentrales Staatsarchiv Potsdam

ZITIERTE LITERATUR

Gusti Adler: . . . aber vergessen Sie nicht die chinesischen Nachtigallen. Erinnerungen an Max Reinhardt. München, Wien 1980 (Langen Müller Verlag)

Henry Alter: Salzburger Vignetten 1935–1985. In: Bühne der Welt. Glanzvolles Salzburg. Bayreuth 1985, S. 284–287 (Hestia Verlag)

Boguslaw Drewniak: Das Theater im NS-Staat. Szenarium deutscher Zeitgeschichte 1933–1945. Düsseldorf 1983 (Droste Verlag)

Die Fackel. Hrsg. von Karl Kraus. Nr. 601–607, November 1922. Neuedition der Neuausgabe 1968–1976. Bd. 8, London 1977 (Ben Fischer)

Die Fackel. Hrsg. von Karl Kraus. Nr. 912–915, Ende August 1935. Neuedition der Neuausgabe 1968–1976. Bd. 11, London 1977 (Ben Fischer)

Stephen Gallup: A History of the Salzburg Festival. London 1987 (Weidenfeld and Nicolson Ltd.)

Die Tagebücher von Joseph Goebbels. Sämtliche Fragmente. Hrsg. von Elke Fröhlich. Teil I, Aufzeichnungen 1924–1941, 4 Bde., München, New York, London, Paris 1987 (K. G. Saur Verlag)

Franz Hadamowsky: Richard Strauss und Salzburg. Salzburg 1964 (Residenz Verlag)

Ernst Hanisch: Franz Rehrl – Sein Leben. In: Franz Rehrl. Landeshauptmann von Salzburg. 1922–1938. Hrsg. von Wolfgang Huber. Salzburg 1975 (SN Verlag)

Ernst Hanisch: Nationalsozialistische Herrschaft in der Provinz. Salzburg im Dritten Reich. Salzburg 1983 (»Salzburg Dokumentationen« Nr. 71, Schriftenreihe des Landespressebüros) (Landespressebüro Salzburg)

Oskar Holl: Dokumente zur Entstehung der Salzburger Festspiele. In: Maske und Kothurn, Jg. 13, Wien, Köln, Graz 1967, Heft 2/3, S. 148–179 (Hermann Böhlau Verlag)

Clemens Holzmeister: Architekt in der Zeitenwende. Selbstbiographie, Werkverzeichnis. Salzburg 1976 (Verlag »Das Bergland Buch«)

Josef Kaut: Festspiele in Salzburg. Salzburg 1965 (Residenz Verlag)

Gert Kerschbaumer: Faszination Drittes Reich. Kunst und Alltag der Kulturmetropole Salzburg. Salzburg 1988 (Otto Müller Verlag)

Anton Kuh: Luftlinien. Feuilletons, Essays und Publizistik. Wien 1981 (Löcker Verlag)

Mitteilungen der Salzburger Festspielhaus-Gemeinde. Hrsg. von der Salzburger Festspielhaus-Gemeinde. Wien, Salzburg 1918–1922 (Salzburger Festspielhaus-Gemeinde)

Der Prinzipal. Clemens Krauss. Fakten, Vergleiche, Rückschlüsse. Hrsg. vom Clemens-Krauss-Archiv Wien. Tutzing 1988 (Hans Schneider)

Harvey Sachs: Toscanini. Eine Biographie. München 1982 (Goldmann-Taschenbuch 33071) (Wilhelm Goldmann Verlag, Musikverlag B. Schott's Söhne)

Harvey Sachs: Salzburg, Hitler und Toscanini. Unbekanntes Briefmaterial aus den dreißiger Jahren. In: Neue Zeitschrift für Musik, Jg. 148, Mainz 1987, Juli/August-Heft, S. 17–22 (Schott Verlag)

Richard Strauss [und] Franz Schalk. Ein Briefwechsel. Hrsg. von Günter Brosche. Tutzing 1983 (Veröffentlichungen der Richard-Strauss-Gesellschaft, Bd. 6) (Hans Schneider)

Richard Strauss [und] Hugo von Hofmannsthal. Briefwechsel. Hrsg. von Willi Schuh. Zürich, Freiburg i. Br. 1970 (Atlantis Verlag)

Richard Strauss [und] Clemens Krauss. Briefwechsel. Hrsg. von Götz Klaus Kende und Willi Schuh. München 1963 (Verlag C. H. Beck)

Richard Strauss. Betrachtungen und Erinnerungen. Hrsg. von Willi Schuh. Zürich, Freiburg i. Br. 1957 (Atlantis Verlag)

Der Strom der Töne trug mich fort. Die Welt um Richard Strauss in Briefen. Hrsg. von Franz Grasberger in Zusammenarbeit mit Franz und Alice Strauss. Tutzing 1967 (Hans Schneider)

Christian W. Thomsen: Leopoldskron. Frühe Historie. Die Ära Reinhardt. Das Salzburg Seminar. Siegen 1983 (Verlag Vorländer)

Bruno Walter: Thema und Variationen. Frankfurt a. M. 1967 (S. Fischer)

Joseph Wulf: Musik im Dritten Reich. Frankfurt a. M., Berlin, Wien 1983 (Ullstein-Taschenbuch 33032) (Ullstein Verlag)

Carl Zuckmayer: Als wär's ein Stück von mir. Horen der Freundschaft. Frankfurt a. M. 1966 (S. Fischer)

Stefan Zweig 1881/1981. Aufsätze und Dokumente. Hrsg. von der Dokumentationsstelle für neuere österreichische Literatur in Zusammenarbeit mit dem Salzburger Literaturarchiv. Wien 1981, Zirkular Sondernummer 2, Oktober 1981

ZITIERTE ZEITUNGEN UND ZEITSCHRIFTEN

8-Uhr-Abendblatt, Berlin
Allgemeine Musik-Zeitung, Berlin
Arbeiter-Zeitung, Wien
Berliner Börsen-Courier
Berliner Lokal-Anzeiger
B. Z. am Mittag, Berlin
Breslauer Tagblatt
Deutsche Allgemeine Zeitung, Berlin
Deutschösterreichische Tageszeitung, Wien
Deutschösterreichische Volks-Presse, Wien
Dresdner Nachrichten
Der eiserne Besen, Wien
Le Figaro, Paris
Fledermaus, Wien
Hannoverscher Anzeiger
Das interessante Blatt, Wien
Das kleine Volksblatt, Wien
Kölnische Zeitung
Der Merker. Österreichische Zeitschrift für Musik und Theater, Wien
Die moderne Welt, Wien
Der Morgen, Wien
Münchner Neueste Nachrichten
National-Zeitung, Essen
Neue Freie Presse, Wien
Neues Wiener Abendblatt
Neues Wiener Journal
Neues Wiener Tagblatt
Neue Zürcher Zeitung

New York Times
Pariser Zeitung
Prager Presse
Prager Tagblatt
Reichspost, Wien
Salzburger Chronik
Salzburger Landeszeitung
Salzburger Volksblatt
Salzburger Wacht
Salzburger Zeitung
Die Stunde, Wien
Der Tag, Wien
Tagblatt, Linz
Tagesbote, Brünn
Tagespost, Graz
Tagespost, Linz
Tonfilm-Theater-Tanz, Wien
Utrechtsch Dagblad
Völkischer Beobachter (Wiener und Berliner Ausgabe)
Volksstimme, Linz
Volks-Zeitung, Wien
Wiener Allgemeine Zeitung
Wiener Kronen-Zeitung
Wiener Neueste Nachrichten
Wiener Tagblatt
Wiener Wirtschafts-Woche
Wiener Zeitung
Die Zeit, Wien
Zürcher Neueste Nachrichten

VERZEICHNIS DER SCHAUSPIEL-, OPERN- UND BALLETTAUFFÜHRUNGEN
BEI DEN SALZBURGER FESTSPIELEN 1920–1944

Schauspiel

Amphitryon 1938 (6×)
Das Apostelspiel 1925 (2×)
Der Barbier von Berriac 1921 (1×)
Der Bürger als Edelmann 1939 (3×)
Der Diener zweier Herren 1926 (4×), 1930 (4×), 1931
   (4×)
Egmont 1938 (6×)
Der eingebildete Kranke 1923 (4×)
Faust I 1933 (4×), 1934 (6×), 1935 (6×), 1936 (6×),
   1937 (6×)
Der G'wissenswurm 1943 (5×)
Iphigenie auf Tauris 1928 (6×), 1942 (6×), 1943 (6×)
Jedermann 1920 (6×), 1921 (7×), 1926 (8×), 1927
   (8×), 1928 (10×), 1929 (10×), 1930 (12×),
   1931 (12×), 1932 (7×), 1933 (8×), 1934 (6×),
   1935 (6×), 1936 (6×), 1937 (6×)
Einen Jux will er sich machen 1942 (7×)
Kabale und Liebe 1927 (4×), 1930 (4×)
Der Meineidbauer 1943 (5×)
Das Mirakel 1925 (8×)
Das Perchtenspiel 1928 (6×)
Die Räuber 1928 (10×)
Das Salzburger große Welttheater
   UA 1922 (14×), 1925 (7×)
Der Schwierige 1931 (4×)
Ein Sommernachtstraum 1927 (8×)
Stella 1931 (3×)
Turandot 1926 (7×)
Victoria 1930 (6×)
Viel Lärm um nichts 1939 (4×), 1941 (6×)

Oper

Die Ägyptische Helena (UA der Wiener Fassung)
   1933 (2×), 1934 (1×)
Arabella 1942 (6×), 1943 (6×)
Ariadne auf Naxos 1926 (3×)
Il Barbiere di Siviglia 1931 (4×), 1939 (2×)
Bastien und Bastienne 1928 (3×)
Der Corregidor 1936 (2×)
Così fan tutte 1922 (3×), 1928 (3×), 1931 (2×),
   1932 (2×), 1933 (2×), 1934 (1×), 1935 (2×),
   1936 (2×)
Don Giovanni s. Don Juan
Don Juan 1922 (5×), 1925 (2×), 1926 (2×), 1927
   (2×), 1929 (5×), 1930 (2×), 1931 (2×),
   1934 (5×), 1935 (5×), 1936 (4×), 1937 (3×),
   1938 (4×), 1939 (3×), 1941 (4×)
Don Pasquale 1925 (2×), 1930 (4×), 1931 (2×)
Elektra 1934 (1×), 1937 (2×)

Die Entführung aus dem Serail 1922 (4×), 1926 (2×),
   1931 (2×), 1932 (3×), 1935 (3×),
   1939 (3×)
Euryanthe 1937 (2×)
Falstaff 1935 (4×), 1936 (4×), 1937 (3×),
   1938 (4×), 1939 (2×)
Fidelio 1927 (4×), 1928 (3×), 1929 (3×), 1930 (2×),
   1931 (2×), 1932 (2×), 1933 (1×), 1934 (2×), 1935
   (4×),
   1936 (4×), 1937 (2×), 1938 (4×)
Die Fledermaus 1926 (5×)
Die Frau ohne Schatten 1932 (2×), 1933 (1×)
Der Freischütz 1939 (4×)
Die Hochzeit des Figaro 1922 (4×), 1925 (3×),
   1927 (2×), 1930 (3×), 1931 (3×), 1932 (1×),
   1933 (2×), 1934 (1×), 1935 (2×), 1936 (2×),
   1937 (3×), 1938 (3×), 1939 (3×), 1941 (4×),
   1942 (6×)
Die Höhle von Salamanca 1928 (3×)
Iphigenie in Aulis 1930 (2×)
Die Liebe der Danae (öffentliche Generalprobe) 1944
   (1×)
Il Matrimonio segreto 1931 (2×)
Die Meistersinger von Nürnberg 1936 (4×),
   1937 (3×), 1938 (4×)
Le Nozze di Figaro s. Die Hochzeit des Figaro
Oberon 1932 (3×), 1933 (3×), 1934 (2×)
Orpheus und Eurydike 1931 (2×), 1932 (3×),
   1933 (2×), 1936 (2×), 1937 (2×)
Der Rosenkavalier 1929 (5x), 1930 (3x), 1931
   (3x), 1932 (4x), 1933 (3x), 1934 (3x), 1935 (3×),
   1937 (3×), 1938 (4x), 1939 (5x), 1941 (4x)
La Serva padrona 1926 (4x)
Ders steinerne Gast 1928 (2x)
Tannhäuser 1938 (4x)
Tristan und Isolde 1933 (3x), 1934 (3x), 1935 (1x),
   1936 (1x)
Der unsterbliche Kaschtschey 1928 (2×)
Die Zauberflöte 1928 (4×), 1931 (3×), 1932 (2×),
   1933 (2×), 1937 (4×), 1941 (4×), 1943 (6×)

Ballett

Broadway (nur als Generalprobe) 1925 (1×)
Don Juan (Gluck) 1926 (4×)
Die grüne Flöte 1925 (3×)
Das jüngste Gericht (UA) 1931 (1×), 1932 (2×)
Das Leben hängt an einem Faden 1925 (3×)
Les petits riens KV 299b 1926 (4×)
Spiegelbild 1925 (3×)
Tanzabende 1921 (3×), 1927 (2×), 1928 (1×), 1941
   (3×)

Stückregister

Kursiv gesetzte Zahlen verweisen auf Bildlegenden.

Personenregister

Kursiv gesetzte Zahlen verweisen auf Bildlegenden.

BILDNACHWEIS

DANK

Die Autoren danken für die Bereitstellung von Material, für Auskünfte und Anregungen an erster Stelle Dkfm. Hans Jaklitsch, ferner folgenden öffentlichen und privaten Sammlungen und deren Mitarbeitern: Archiv der Wiener Philharmoniker; Bundesarchiv Koblenz; Dr.-Paul-Hellmann-Nachlaß, London; Institut für Theaterwissenschaft, Wien; Konsistorialarchiv, Salzburg; Österreichische Nationalbibliothek (Bildarchiv, Theatersammlung), Wien; Österreichisches Staatsarchiv (Haus-, Hof- und Staatsarchiv, Archiv der Republik), Wien; Salzburger Festspiele (Archiv, Verwaltung); Salzburger Landesarchiv; Salzburger Museum Carolino Augusteum; Salzburger Stadtarchiv; Universitätsbibliothek Salzburg; Zentrales Staatsarchiv, Potsdam.
Dr. Rudolph Angermüller, Insp. Franz Fuchs, Mag. Rosemarie Gruber, Dr. Ernst Hintermaier, Dipl.-Vw. Dr. Franz Kolator, Margarethe Lanz, Landeshauptmann a. D. DDr. Hans Lechner, Prof. Veva Gräfin Treuberg-Tončić, OR Dr. Christine Unterrainer, Dr. Heinz Wiesmüller, Dir. Ltd. OR Dr. Friederike Zaisberger, Salzburg, OR Dr. Franz Dirnberger, Mag. Michael Göbl, Andrea Hackel, Dr. Rudolf Jerabek, Dr. Robert Kittler, Gen.-Dir. HR Dr. Kurt Peball, Dr. Hubert Steiner, Prof. Dipl.-Ing. Otto Strasser, Dr. Renate Wagner, Wien, Dr. Ilse Hellmann, London.
Besonderer Dank für Förderung und Unterstützung gilt Landeshauptmann a. D. Dr. Wilfried Haslauer, Univ.-Prof. Dr. Wolfgang Greisenegger, Festspielpräsident Prof. Albert Moser.
Weiters danken die Autoren Dr. Ursula Simek für Recherchen und Mithilfe sowie Dr. Martin Hecher, Angela Huemer, Dr. Ursula Kneiss, Dr. Gerlinde Lerch, Dr. Siegrid Schmidt, Hubert Stocker-Reicher.
Die Herstellung der Bildvorlagen übernahmen dankenswerterweise: Landesstelle für AV-Lehrmittel (Karl Feldbacher, Otto Wieser), Salzburg; Photo Schaffler, Salzburg.
Der Dank gilt nicht zuletzt dem Residenz Verlag, vor allem Renate Buchmann (Lektorat) und Friedel Schafleitner (Herstellung).

INHALT